2012
中国媒介素养研究年度报告

主　编：彭少健

副主编：刘宣文　王天德

中国国际广播出版社

前　言

"媒介素养"最早起源于1933年的英国，20世纪90年代中后期被学者引入中国，并得以迅速推广，这一状况的存在是与改革开放后我国社会转型带来的媒介运行机制和媒介传播环境的变化分不开的。相较于改革开放前，此时我国媒体不仅在数量上迅猛增加，诸多新媒体、新的媒介形态也开始广泛介入人们的生活，并成为社会公众日常生活中须臾不可分离的有机构成部分。相对于计划体制下的传统运营模式，现被媒体广泛采用的"事业单位、企业化管理"的二元运作方式也使其自主活动空间大大增加，一方面是媒体的经济利益属性开始显现，另一方面，泛娱乐化、庸俗恶搞、拜金主义等备受人诟病的媒体现象也层出不穷。就是在这一背景下，强调培养公众对大众传播媒介负面影响的反省能力和抵御能力，提升公众理性辨识及参与使用媒介能力的媒介素养教育，开始进入人们的视野。

浙江传媒学院作为全国较早涉入媒介素养研究领域的高等学府，一直以来都在为推进我国媒介素养教育实践及理论研究作出努力。我们不仅通过和杭州市夏衍中学、夏衍小学，永康市大司巷小学，缙云县长坑小学以及甘肃省康县一中等学校的合作，积极推动中小学媒介素养教育的实践运动，并且积极探索传媒专业类学生媒介素养专业课程的开发和教学活动。从目前的情况来看，这门综合了多学科背景的媒介素养专业课程设置已在本校大学生中产生了一定积极影响。当然，作为一门理论与实践相结合的新兴学科，媒介素养研究并不能仅仅止步于一种实践运动，从学术层面来看，它更应在学理上得以总结与升华，而这也正是我们编撰《中国媒介素养研究年度报告》系列丛书的意义所在，我们希望通过理论上的提升来促进实践中的行动，这二者应该是一个相辅相成的过程。

当前，媒介对我们的影响无处不在，特别是面对以电子计算机和互联网为基本特征的新媒介信息传播过程，人们所要应对的，不仅是一种新技术，更是一种崭新的生活环境和信息传播环境。被各种媒介包围着的人们，究竟是被环境改变，沦为被媒介牵着鼻子走的"中弹者"，还是成为一个能够辨识媒介的各种讯息，反思自己的媒介接触行为，进而成为主动积极、不易受媒体摆布的阅听人，将在很大程度上取决于人们自身的媒介素养。正因如此，作为媒介素养研究领域的拓荒者，我们任重而道远！

综观2012年我国媒介素养研究状况，其仍延续了一个较好的发展势头。首先，对媒介素养和媒介素养教育这两大核心问题的关注度持续发酵。不仅相关研究论文数量继续增加，论文质量亦有较为明显的提升，少了空洞的泛泛而谈，多了具体而翔实的实证调研。其次，摒弃了单纯的"拿来主义"，注重把西方经验与中国现实相结合。学者们不仅梳理了中国媒介素养教育本土实践的发展概况、存在问题与不足，还从我国社会转型的实际出发，理性思考了我国媒介素养教育目标体系的建构、核心价值取向的选择等问题。再次，除保持往年对弱势群体，如农民工、留守儿童媒介素养问题的关注外，相关研究中对某些特殊群体如职业运动员、聋哑人等媒介素养的关注度也得到加强。2012年我国媒介素养研究中出现的新情况新问题，我们都力求通过相关论文的选编予以体现。

到今年，《中国媒介素养研究年度报告》已走过第二个年头，作为一套系列丛书，我们希望能以年度报告的形式，全面梳理中国媒介素养的状况，对我国媒介素养研究的最新动态和发展趋势作一介绍和评析。我们力图通过本书的编撰为大家提供一幅清晰的媒介素养研究年度路线图，为此，编者及其团队集结了国内研究媒介素养的专家学者的研究成果，从文章立意、新颖度、写作质量、文献出处、该部分文献总量等多方面进行考量，最终选取、摘录了其中最具有参考价值的文章录入本书。透过这些研究者在实证调研中获取的专业、权威数据及其独特的理论视角分析，我们可以解读到中国媒介素养的发展大势，盘点出我国媒介素养发展中的热点、难点和焦点。

为保证研究重点突出，《2012 中国媒介素养研究年度报告》分为"学术前沿"、"热点聚焦"、"硕博论文"、"论文索引"四大板块，其中"学术前沿"板块下分"媒介素养"和"媒介素养教育"两大专题，而"媒介素养教育"又由"国外媒介素养教育"和"国内媒介素养教育"两个主题组成。"热点聚焦"板块则集中了 2012 年度媒介素养研究领域最受研究者关注的话题，包括"不同群体媒介素养"和"高校媒介素养教育"。总体而言，这两大板块下的不同主题，分别代表了该年度媒介素养研究的不同侧重点。

为保证全书在体例上的一致，我们还将"学术前沿"和"热点聚焦"这两大板块下的每一专题都统一为由"全文刊登"、"学术卡片"和"年度述评"三大部分组成，其中"全文刊登"主要收录当年发表的有关该主题的最重要或最具代表性的学术论文，一般每一主题选取四至五篇。"学术卡片"则是对该主题的一些重要论点或较具创新性观点的摘录，从十篇左右的论文中选取。年度述评则由我们邀请相关专家学者撰写，这是他们对该年度已发表的媒介素养相关主题学术论文所进行的总结、分析与思考。

除"学术前沿"和"热点聚焦"外，《2012 中国媒介素养研究年度报告》还有"硕博论文"和"论文索引"两大板块。限于篇幅，硕博论文主要以内容摘要的形式呈现。在这一板块中，我们精选出 2012 年完成的媒介素养研究方面的优秀硕士、博士论文进行摘录。为方便读者检索相关资料，在"论文索引"板块，我们列出了 2012 年发表的所有媒介素养研究论文的标题、发表期刊、期数以及页码，并按字母对论文进行了排序。

自 1997 年媒介素养概念被引入中国，至今十余年的时间已过去，而基于其基础之上的媒介素养教育实践也在中国呈蓬勃发展之势，这些都为本丛书的编撰提供了理论及实践上的支持，是它们得以面世的现实基础。从最初构想这套丛书时，我们就希望这一系列的媒介素养研究年度报告不仅能成为大家了解中国媒介素养研究发展状况的重要窗口，还希望能借此为国内从事媒介素养研究的专家学者提供一个沟通与交流的学术平台。这是因为我们一直认为，中国媒介素养研究的发展需要有识之士的共同推动，这不仅仅是指实践上的参与，更包括对实践中所取得的宝贵经验教训的总结与升华。而我们亦有理由相信，通过学术思想火花的不断交锋与激荡，未来中国媒介素养研究的前景必将更加辉煌和璀璨！

浙江传媒学院院长、教授　彭少健

（注：本书各篇文章皆代表作者个人观点。）

目　录

学术前沿

媒介素养

媒介素养教育

国外媒介素养教育

全文刊登

学术卡片

年度述评

我国媒介素养教育

全文刊登

学术卡片

年度述评

热点聚焦

不同群体媒介素养

全文刊登

学术卡片

年度述评

高校媒介素养教育

2012 中国媒介素养研究硕博论文摘要

2012 中国媒介素养研究论文索引

学术前沿

媒介素养

全文刊登

当前我国媒介素养研究前沿与热点综述

彭少健

近两年来，中国社会各界对于媒介素养研究的认识在不断加深，重视程度不断提高，研究领域、对象、范畴不断扩大，正在初步建构适合我国国情的媒介素养研究体系。可以说，全国的媒介素养研究和实践出现了蓬勃发展的生机，参与媒介素养研究的面越来越广，开展媒介素养教育的单位越来越多，介入媒介素养实践的层次越来越高，从事媒介素养理论研究的程度越来越深，特别是以《人民日报》2011年6月16日发表评论员文章《"媒介素养"体现执政水平》一文为标志，媒介素养的理论研究、社会实践、公民教育已经引起政府和主流媒体的关注。现在社会上，特别是大、中、小学关于媒介知识和信息知识的普及教育、媒介信息知识的技能教育已经进入课堂。笔者主编的《2012中国媒介素养研究报告》汇集了中国媒介素养教育研究的最新理论和实践成果。本文以该书以外的视野来透视当前我国媒介素养研究的前沿与热点，作为对该书的补充。

一、媒介素养研究的新视角

从媒介发展史和媒介素养内容变迁等历史发展维度看，媒介素养教育的内容是不断变化的（姚争，2010；赖大彬、徐叶巧，2010；张宏树，2010；高晶晶，2011；刘加勤，2011；张立芬，2011；刘昂，2011）。姚争在《媒介形态演进与加强公共媒介素养建设》中指出，媒介变迁与融合赋予传统的媒介素养新的内涵，要基于全新的媒介生态环境，充分考虑传受双方以及介于中间的传媒环境等因素，来加强媒介素养教育工作。何雪莲（2012）在《超越解构主义——新媒体时代之媒介素养教育》中，从超越解构主义视角出发，探讨新媒体时代之媒介素养教育。刘加勤在《传播理论视野下的大学生媒介素养教育》中指出，根据传播学的"议程设置"理论，媒介通常根据自身性质和需要及所要达到的宣传目的来选择报道的重点及对某一个事件报道的侧重点和角度等。

从媒介素养的人学解读角度看（李欣人、叶玲珍，2010；胡德贵，2011），社会现代化是一个不可逆转的趋势，人的现代化要求具备很高的综合素养，而在媒介不断发展并对人们的生活学习产生日趋重要影响的时代，媒介素养的高低对人的现代化也起到了非常重要的作用。胡德贵在《媒介素养教育对人的现代化的影响与途径分析》中就这一观点进行了深刻分析。从微观事件层面，从以人为核心的事件实证来研究媒介素养已成趋势。主要成果有：《从突发事件信息报道看我国媒介素养教育》（徐晓红，2010）、《虚假新闻泛滥中的媒介素养问题》（杭琳琳、于磊，2011）、《娱乐选秀活动中的媒介素养》（赵晓漾，2011）、《人肉搜索负向影响中的媒介素养教育紧迫性》（张芹，2011）、《番禺垃圾焚烧厂事件体现的媒介素养养成》（冯仕妍，2010）等等。

《风险社会公众媒介素养的内涵与养成研究》（张燕、陈宝峰，2011）认为，当前社会公众在信息获取上对大众传媒的高度依赖，使得当下的风险沟通很大程度上嵌入到媒介逻辑当中。在风险和利益面前，媒介逻辑很容易沦为权力的逻辑。而风险自身的普遍性和知识依赖性对公众的媒介素养提出了新的要求。《关于媒介素养教育作为性别平等倡导战略的研究》（卜卫，2011）以及《媒介社会中的媒介素养教育》（石磊，2011）论述了媒介素养教育运动对社会性别认同的作用。

有学者从语言视域解读媒介素养——过程式定义等视角探讨视觉文化与媒介素养、媒介素养教育的内在联系，提出从视觉文化为导向的媒介素养教育理念以及对人的要求（张舒予，2010；王帆，2011；何海山，2011）。王帆在《视觉文化为导向的媒介素养教育：超越保护主义》中认为，以视觉文化为指导的媒介素养教育应消解"保护主义"等方面的限制，并发挥受教育者的能动性和自主性。

从媒介素养教育与思想政治工作（德育）之间的联系、机制生成与路径构建等维度来探讨的文章也不少见。方乐莺（2011）在《大学生网络媒介素养教育中的道德生成机制研究》中提出，要通过大学生网络媒介素养教育中的道德生成机制研究，来促使大学生具有社会责任意识的道德人格的生成。张宝在《从非智力因素角度看中学生媒介素养教育》中，从中学生非智力因素的角度，从意志、社会动机、兴趣爱好、人格特征和情感这几个方面详细阐释了中学生媒介素养能力的培养，指出中学生媒介素养培养的途径和关键点所在。张鹏、张红伟（2011）从传播心理学角度列举了受众媒介素养缺失的问题和表现，包括对传播者形象的盲目迷信或全盘否定、受众独立意识模糊产生传媒依赖、混淆传播媒介创造的"拟态环境"和客观环境、难以辨别纷繁庞杂的传播内容、传播效果方面产生信息恐慌等，并根据上述媒介素养缺失问题提出了有针对性的建议。

二、媒介素养研究对象群体的扩大与深入

两年来，随着人们对受众媒介素养问题的研究不断升温，针对不同类型受众群体的媒介素养研究有所增加。涵盖了我国各社会群体的调查分析，其中，关于大学生媒介素养的研究最多，主要包括大学生网络素养现状调查（刘昱，2011；张进良、张克敏，2012）、媒介接触行为调查（杨道、魏泓全，2011）、校园 BBS（何石妹、王宪政，2010）、QQ 使用（张洪孟、侯西龙、周金辉、张敏、李晓飞，2011）、博客使用（詹小路、王淑华，2010；徐晓红、周海英，2010）等。其中对华中师范大学、浙江师范大学、湖北咸宁学院（夏洪文、柏忠贤、刘芳华，2010）、广东高校（张宁、阳翼生，2010）、杭州高校（周东、田春玲，2011）、湖南工业大学（李军林、蒋为莉，2011）、青海大学（陈江兵，2011）、西藏民族学院（常凌，2011）等近 30 所高校大学生媒介素养进行了专项调查。有些学者以地区来考察，调研了河北省（张波、宋爽，2010）、宁夏地区（张学霞，2010）、辽宁省（孙琳琳、郝燕妮，2011）等地大学生媒介素养情况。调查结果显示，当前我国大学生媒介接触与使用率非常高，呈现复合化趋势，了解生活资讯和娱乐成为大学生接触大众媒介的主要动机，但同时存在媒介接触不良倾向，媒介道德规范认识模糊、自律意识不足，大学生利用大众媒介进行创作的能力相对薄弱等问题，有学者提出，大学生媒介素养需要营造媒介素养教育的氛围和环境，开设媒介素养教育课程，将媒介素养教育纳入大学文化建设的范畴，树立大学生选择和使用媒介的自我教育意识等发展策略。

领导干部媒介素养这两年越来越受到重视，对南京市局级领导干部（丁柏铨、彭铮，2010）、西安市党政干部（李菲，2010）、成都市成华区领导干部（张延茜等，2011）等进行了专项调查研究，其中，骆正林（2010）在《党政干部的媒介素养与执政能力建设》中认为，对传播环境、传播事业、传播过程、传播效果等方面的认知是党政干部媒介素养的主要内涵，必须通过建立健全信息传播制度、新型选拔党政干部制度、聘请媒体传播顾问、不断更新培训内容和创新培训方法等途径，不断提高党政干部媒介素养。而班允凤（2011）

在《政府领导干部媒介素养的内涵与提升途径》中提出了提高政府领导干部媒介素养的主要途径。

新闻从业人员的媒介素养问题也受到关注,陈万怀(2010)在《节目主持人的媒介素养问题及提高路径》中,分析了我国广播电视节目主持人媒介素养的相关问题,对提高节目主持人媒介素养的必要性进行阐述,并对广播电视节目主持人媒介素养教育的实现途径提出了建议。戴和平(2011)在《媒体人媒介素养缺失原因及提升措施》中指出,媒体人媒介素养缺失的主要原因是职业精神不够、社会责任感淡化、新闻道德失范,提高媒体人的媒介素养必须增强职业责任感,重塑媒体责任;加强自律,形成媒体内在调控范式,树立正确的权威观和权力观。廖峰(2012)在《媒介素养与网络传播"把关人"的颠覆与超越》中,从主体、过程、模式等角度剖析传统把关人角色的颠覆趋势,分析普通网民在信息接收、解读、发布等层面对传统把关人角色的超越进程,从而进一步提出公众对当前把关人提升自身媒介素养的迫切要求。

至于农民媒介素养问题的研究,近年来,农民媒介素养问题逐渐引起人们的关注。有学者认为,媒介素养低下已成为农民致富的"软肋",也是我国农业信息化发展以及新农村建设的瓶颈。提高农民媒介素养需要借助社会合力。郑素侠(2010)在《城镇化进程中农民工媒介素养教育的途径》中,对我国劳务输出大省河南省郑州市的农民工进行了一次问卷调查。结果显示,农民工的媒介素养现状不容乐观。而张曼玲(2010)在《京郊农村电视受众媒介素养研究》中,通过对京郊五区农村电视受众的电视接受状况、参与状况与信息反馈状况等展开针对性调查,以期把握京郊农村电视受众的媒介素养水平与问题,进而提出较切合实际的建议和对策。

网络新媒体在社会生活中扮演着越来越重要的媒体角色,因此,网民的媒介素养也引起了研究者的注意。李春雷、钟雪燕(2010)在《山寨文化与网民媒介素养》中指出,山寨文化形态是进入自媒体时代以来受众主体意识觉醒的集中体现,同时也显露了网民媒介素养的多方面问题。克服山寨文化中存在的问题,需要从立法规范、媒介素养教育、媒介精英更多介入等方面来进行。姚小云(2011)在《从"网络哥姐"现象谈网民媒介素养》中认为,"网络哥姐"这一独特网络景观的出现,对网民的媒介素养提出了新的考验。杨柳(2011)在《从"网络打手"的存在看媒介素养教育的重要性》中指出,在当今纷繁复杂的媒介环境下,人们必须拥有良好的媒介素养,才能获取有效信息并利用其提升自己,由于"网络打手"误导舆论现象的存在,提高受众媒介素养教育显得尤为迫切和重要。

在少数民族以及弱势群体媒介素养的研究方面,张宏树(2010)在《媒介素养与民族地区的信息公平——主体能力保障策略探析》中,从信息公平维度探讨了民族地区因信息资源和民众的主体能力相对匮乏,信息公平问题更加凸显。因此,国家在制度设计上应该考量在民族地区实施媒介素养教育、建构公民的媒介素养,这是实现信息公平的主体能力保障的策略,有利于信息扫盲,促进民族地区的信息公平。李端生(2010)在《民族地区媒介素养与媒介生态关系初探》中认为,我国民族地区人们媒介素养与这些地区的媒介生态存在内在关联,二者对民族地区的综合发展具有特别意义。要实现二者自身的和谐发展,还需要从加大媒介素养教育等途径入手。

三、对我国媒介素养教育体系的构建

1. 中外媒介素养教育对比研究

近年来,我国学者参照国外媒介素养教育成功经验,从教学理念、教学内容以及教学方法等维度不断研究与探讨我国本土化的媒介素养教育,主要有对美国(赵云铃,2010;陈晓慧、杨菲,2011;耿益群、刘燕梅,2012)、加拿大(王卓玉、李春雷,2010;代香顺，2011；王莹，2011）、英国（姚进凤，2010）等国家与地区媒介素养教育实践的研究。董烈波（2011）在《西方媒介素养教育的比较及对我国的启示》中认为，英国媒介素养教育的出发点比较高，从保护高尚文化和主流价值观开始，比较主动，更加强调独立意识的培养；而美国的媒介素养教育从如何避免媒介对青少年的负面影响开始，形式比较被动，实用性很强，它要求青少年除了会接触使用媒介，更为重要的是为我所用；加拿大看到了媒介对青少年的积极作用，把媒介作品当艺术品来看待，并没有要求学生对媒介完全持怀疑态度，比较符合青少年对媒介充满期待的特点。袁军（2010）在《媒介素养教育世界视野与中国模式》中提出，西方国家媒介素养教育的蓬勃发展，形成了媒介素养教育的三范式：免疫、分析与破译范式，并根据我国国情提出媒介素养教育模式的制度框架、开展方式以及原则。

2. 对中国本土化媒介素养教育体系的构建

当前我国媒介素养教育研究工作，已由理论研究为主转向模式构建为主的实践，有学者针对大学生媒介素养教育问题提出适合我国的媒介素养教育模式。主要有：（1）大学生媒介素养课程建设，包括从大学教育改革（黄洁、陈莉娟，2010）、课程研究（马雪玲，2011）、精品课程建设（聂竹明、张舒予，2010）、优秀教学团队（骆敏、徐小立，2010）、教学策略（姚进凤，2010；张玲潇、王晓阳、刘毅，2010）等维度来研究大学生媒介素养课程建设问题。马雪玲（2011）在《大学生媒介素养教育课程研究》中提出了大学生媒介素养教育课程体系的层级式培养模式、梯度教学目标和多样化课程设置策略。（2）大学生媒介素养教育方法、途径（耿强，2010；谢纳泽，2010；竺亚珍，2011；郝志刚，2012）。竺亚珍、阮海红（2011）在《基于信息共享空间的大学生媒介素养教育研究》中提出，高校图书馆已经采用不同途径开展媒介素养教育，比如整合媒介素养教育内容到文献检索课程与新生图书馆利用课程中开展媒介素养专题，并着重探讨利用 IC 平台开展媒介素养教育的途径与方法。（3）大学生媒介素养教育模式研究（刘杨，2010；王宪政、雷鸣，2010；周燕琳，2012）。牛鸿英（2010）在《文化视野中的主体性建构——对中国青少年媒介素养教育本土化的思考》中，从文化身份与认同等视角，探讨了媒介素养教育本土化策略。

对领导干部媒介素养的提升，有学者从新闻传媒发展与建构和谐社会关系（罗以澄、王俊荣，2011）、新媒体政治环境下（鲍磊，2010；张品良，2010；彭伟步、李贺，2011）同媒体交流能力（张国军，2011）、舆论引导（任洪涛，2010）等层面来加以探讨。王秀清（2012）在《领导干部如何提高媒介素养》中，从了解媒体、尊重媒体、科学使用媒体等方面探讨了领导干部提升媒介素养的方法。

有学者对社会公众媒介素养培养教育提出了一些建议。李莉（2011）在《网络舆论下的公众媒介素养》中认为，公众媒介素养的提升也应被提上日程，并从媒介认知、媒介解构和媒介建构三个方面，对如何增强公众素养进行了探讨，以期提升网络舆论的整体水平。宋红岩（2011）在《网络社群生成与群体性媒介素养教育》中，针对网络社群这种新兴媒介传播势力的媒介素养教育问题，提出网络社群群体性媒介素养教育的概念与路径选择。王筱孛（2012）在《微博中受众媒介素养的培育》中认为，应从提高分析把握问题的能力、培养管理和创新的能力、培养理性民主意识等方面加强公众的媒介素养教育问题。

（作者单位：浙江传媒学院　原文刊登于《中国广播电视学刊》2012 年第 6 期）

父母因素、抵制效能感与青少年新媒介依赖行为的关系

许　颖　苏少冰　林丹华

一、前言

新媒介是相对于传统媒介（如报刊、电视、广播等）而言的新兴媒介，主要包括互联网、手机、数字视频记录、电子游戏等基于应用型高新技术的媒介，目前在我国最为普及的就是网络和手机（赵亭，2011）。截至 2011 年 6 月底，中国网民规模达到 4.85 亿，较 2010 年底增加 2770 万人，手机网民达 3.18 亿，较 2010 年底增加 1495 万人（CNNIC，2011）。媒介概念最早在传播学研究领域中提出并被广泛使用，之后研究者运用媒介依赖理论解释传统媒介依赖的原因和作用（易丽平，2011）。随着社会的发展和高新技术的日新月异，受众对媒介的依赖已从对报刊、电视等传统媒介的依赖转变为对网络和手机等新媒介的依赖。网络和手机因其具有多功能性、便利性、实时性和互动参与性等特点而广为青少年所喜爱，并使之更易于沉溺其中，表现出使用时间长、使用频率高等特点（中国青少年网络协会，2009；Yen et al.，2009）。为此，本研究拟沿用传播学已有的媒介和媒介依赖的概念，将对网络和手机这两种最具代表性的新媒介的依赖称为"新媒介依赖"，并尝试从心理学角度对"新媒介依赖"进行界定，在此基础上探讨青少年新媒介依赖的特点及其影响机制。

从心理学的视角，结合研究者对新媒介以及网络成瘾和手机依赖的界定，将新媒介依赖定义为过度使用网络、手机等基于应用型高新技术的媒介而导致个体对这些媒介产生依赖感，并出现明显的社会和心理功能损害。新媒介依赖主要表现为网络成瘾和手机依赖，一者都没有受到任何摄入物质的影响，是一种最为单纯的行为成瘾（高文斌，陈社妍，2006），更强调成瘾或依赖的心理和行为症状。网络成瘾指的是上网行为冲动失控，表现为由于过度使用互联网而导致个体明显的生理、心理和社会功能的损害（Goldberg，1995）。网络成瘾损害青少年的身体健康、干扰其日常生活和学习，会引发青少年孤独、压抑和焦虑等情绪，容易产生自卑、孤僻的心理（李满林，刘晓红，2007）。手机依赖则指过度沉迷于以手机为媒介的各种活动，对手机使用产生强烈、持续的渴求感与依赖感，而导致个体出现明显的社会、心理功能损害（Yen et al.，2009）国内的一些研究发现青少年的手机依赖率达到 16.7%～30.2%（Leung，2008；Yen et al.，2009；黄林娟，林丹华，2011），并呈现逐年上升的趋势。青少年的手机依赖行为往往与焦虑、抑郁、孤独、低自尊（Ha，Chin，Park，Ryu & Yu，2008）和吸烟、饮酒等物质滥用行为（Leena & Aria，2005）显著相关。青少年正处于个体发展的关键阶段，任何依赖和成瘾行为都会对其生理和心理造成不良影响。因此有必要考察青少年新媒介依赖的情况，并探究其影响因素。

在问题行为领域，研究者认为青少年多种问题行为之间存在"共生性"的特点，即特定的行为群在青少年群体中具有较高的流行率（Prochaska，2008），如吸烟是青少年出现饮酒、吸毒等其他物质滥用行为的入门物质，青少年可能同时存在吸烟、醉酒、吸毒等问题行为（Keller，Maddock，Hannöver，Thyrian & Basler，2007）。一些研究者关注影响青少年问题行为群的关键因素，考察环境和个体因素对青少年多种物质滥用行为的共同影响机制，发现不同的物质滥用行为共享某些关键的影响因素（林丹华等，2009）。由于网络成

瘾和手机依赖同属于行为依赖，在青少年群体中都存在较高的流行率（中国青少年网络协会，2009；黄林娟等，2011），且二者在心理、行为表现和对个体功能的影响上都具有一定相似性，是新媒介依赖的主要表现形式（赵亭，2011），因此本研究假设以网络成瘾和手机依赖为主要表现的新媒介依赖行为可能共享某些关键性的影响因素。

在影响青少年行为的诸多因素中，外在环境对个体行为产生直接或间接的影响作用。其中，家庭是儿童青少年社会化的第一个也是最重要的环境。社会联结理论认为个体可以通过与父母等传统社会关系的联结而减少或避免出现越轨行为，父母行为监控是青少年重要的社会联结（Krohn, Massey, Skinner & Lauer, 1983），父母监控多的青少年出现吸烟、饮酒等物质滥用行为的可能性均较小。社会学习理论也指出父母等重要他人的行为和态度对青少年的行为、态度起到模仿和强化的作用（Krohn, Skinner, Massey & Akers, 1985），可以显著地预测青少年问题行为的发生和发展。有研究发现，父母监控能减少青少年形成网络成瘾的趋势（Lin, Lin & Wu, 2009），父母的态度能显著预测青少年的网络使用及网络成瘾行为（Park, Kim & Cho, 2008）。以往有关青少年行为领域的研究也已经证实了父母行为和态度以及父母监控等因素对青少年问题行为的预测作用（Scholte, Poelen, Willemsen, Boomsma & Engels, 2008；邓林园，方晓义，李一飞，万晶晶，2006）。

另一方面，青少年的行为也受到其自身因素的影响。社会认知理论指出，个体的自我效能感对特定行为的获得、保持和消除均具有重要作用（Bandura, 2003）。其中，抵制效能感被认为是预测个体行为改变和健康行为发生的最重要的个体认知因素。已有研究发现抵制效能感对个体的问题行为影响主要表现在三个方面：（1）直接作用，近来的一些研究发现抵制效能感能负向显著地预测网络成瘾行为（Zhang, Fang, Wan & Deng, in press），同时抵制效能感对青少年的吸烟、饮酒、毒品使用等物质滥用行为也具有直接负向的抵制作用（Sterling, Diamond, Mullen, Pallonen, Ford & McAlister, 2007；Young, Connor & Ricciardelli, 2006；Yu & Ko, 2006）；（2）调节作用，如 Oei 和 Jardim（2007）发现抵制效能感能调节其他危险因素对青少年饮酒行为的危害作用；（3）中介作用，现有更多的研究发现抵制效能感在环境因素和个体的网络使用行为以及吸烟、饮酒等物质滥用行为中起到中介作用（Li, Pentz & Chou, 2002；Watkins, Howard-Barr, Moore & Werch, 2006；罗喆慧，万晶晶，刘勤学，方晓义，2010）。根据班杜拉的自我效能感理论，当一个人对自己某方面的能力缺乏现实的判断依据或知识时，重要他人的替代性经验和态度可显著预测其自我效能感（Bandura, 1997）。同时，在父母、同伴和学校等环境因素影响青少年行为的过程中，个体的自我效能感、态度、期待等认知因素通常发挥着中介的作用（Campbell & Oei, 2010）。基于此，在本研究中我们假设，父母因素通过青少年的抵制效能感对其新媒介依赖行为起到间接的影响作用。

综上，本研究拟从系统的角度同时考虑父母因素、抵制效能感与青少年网络成瘾和手机依赖等新媒介依赖行为的关系，并探讨抵制效能感在父母因素与青少年新媒介依赖行为间的中介作用机制。目前，研究者多关注青少年的网络成瘾问题，极少数研究探讨了青少年的手机依赖问题，主要考察手机依赖行为与个体人格特质（Bianchi & Phillips, 2005）和物质滥用行为的关系（Leena et al., 2005），尚未有研究深入、细致地考察青少年手机依赖行为的影响因素。此外，迄今为止几乎没有研究同时考察网络成瘾和手机依赖这两种新媒介依赖行为的特点及其影响机制。为此，本研究同时考察这两种重要的新媒介依赖行为，并探讨父母因素、抵制效能感与青少年新媒介依赖行为的关系，以为未来的干预研究奠定基础。

二、研究方法

（一）被试

选取广西玉林市 2 所普通初中和 2 所普通高中，在初一、初三、高一、高二四个年级中以班级为单位进行整体抽样，共获得 932 名有效被试。其中，拥有手机的 500 名被试（53.65%）成为最终的分析样本。被试的基本信息如下：男生 205 人（42.3%），女生 280人（57.7%）；初一学生 107 人（21.5%），初三学生 89 人（17.9%），高一学生 154 人（30.9%），高二学生 148 人（29.7%）。

（二）研究工具

1. 网络成瘾（IAT）

采用 Young（Chang & Law，2008）编制的网络成瘾量表，该量表由 20 个项目组成，采用 5 点积分，分别为"完全符合，比较符合，不确定，比较不符合，完全不符合"，分值在 20～100 分之间。据 Young 的评分标准，得分在 20～49 分者为非网络成瘾者，得分在50～79 分者为边缘网络成瘾者，得分在 80 分以上者为网络成瘾者。本研究中，量表的内部一致性信度（Cronhach α）为 0.81。

2. 手机依赖（CPU）

采用颜正芳等人（Yen et al.，2009）编制的手机依赖问卷中的手机依赖症状表现分量表，量表包含 7 个项目，采用"是/否"计分。当存在 4 种或 4 种以上症状表现时，可判定为手机依赖。编制者测得量表各项目的 2 周重测信度为 0.41～0.78。本研究中，量表的内部一致性信度（Cronhach α）为 0.72。

3. 对问题行为的抵制效能感

最早参考 Fills 等人（Wills，Gibbons，Gerrard，Murry & Brolly，2003）研究中所编制的中文版量表，包括 3 道题，衡量个体在抵制吸烟、饮酒和吸毒诱惑的自我效能感，在中国青少年被试群体中已得到良好的信度验证（林丹华等，2009）。本研究根据需要在原来基础上增加 2 道题目，要求被试报告他们对网络过度使用和手机短信过度使用的抵制效能感，最终量表包括 5 个项目。采用 5 点计分，从"非常不愿意"到"非常愿意"，总分越高表明被试感知到的抵制效能感越高。本样本中，该量表的内部一致性信度（Cronhach α）为 0.71。

4. 父母长时间上网/使用手机的行为和态度

（1）父母长时间上网/使用手机的行为。为自编问卷，共两个项目，要求被试分别报告父母长时间上网/使用手机的行为，如"你的父亲（母亲）是否长时间使用手机?"采用 3点计分，从"从来没有"到"经常有"。为便于统计，将父母在两种行为上的得分相加求平均数获得父母长时间上网/使用手机行为的得分，分数越高表示父母长时间上网/使用手机的行为越多。（2）父母长时间上网/使用手机的态度。为自编问卷，共两个项目，要求被试报告他们的父母对他们长时间上网/使用手机的态度，如"你的父母对你长时间上网的态度是什么?"为 5 点计分，从"完全反对"到"完全赞成"，总分越高表明父母对长时间上网/使用手机的态度越宽容。

5. 父母行为监控

采用 Li 等人（Li，Fang，Stanton，Su & Wu，2003）所使用的父母行为监控问卷，共8 个项目，为 5 点计分，从"从不知道"到"总是知道"，分数越高表明父母对青少年行为的监控程度越高。本样本中，该量表的内部一致性信度（Cronhach α）为 0.87。

（三）施测程序与数据分析

由经过培训的心理学专业研究生担任主试，以班级为单位进行集体施测。剔除无效问卷后，采用SPSS18.0和AMOS17.0对数据进行统计分析。

三、结果分析

（一）青少年新媒介依赖的特点

在本样本中，网络成瘾的青少年仅占3.4%，但边缘成瘾的青少年比率达36.6%，说明有40%的青少年至少存在边缘网络成瘾的情况。青少年总体手机依赖率为19.8%。检验的结果表明（表1），男生边缘网络成瘾或网络成瘾的比率显著高于女生（47.8% vs 33.2%），而手机依赖率在性别上不存在显著差异（22.9% vs 17.6%），男生稍高于女生。此外，青少年边缘网络成瘾或网络成瘾的比率在年级、是否住校等变量上的差异显著，而青少年的手机依赖率在相应变量上则不存在明显差异。进一步将网络成瘾和手机依赖变量合并为新媒介依赖变量，分成"无网络成瘾和无手机依赖行为"，"网络成瘾或手机依赖"和"同时有网络成瘾和手机依赖行为"三种情况。结果发现，13.4%的青少年同时存在网络成瘾和手机依赖症状，33.0%的青少年有网络成瘾或者有手机依赖，说明有46.4%的青少年存在至少一种新媒介依赖行为。同时，青少年的新媒介依赖状况在性别上存在显著的差异，男生出现新媒介依赖行为的比率显著高于女生（53.7% vs 40.4%）。在年级、是否住校等变量上的差异不显著。

同时探讨网络成瘾和手机依赖的关系发现，青少年网络成瘾和手机依赖具有显著关联性（$X^2 = 39.57$，$p < 0.001$），边缘或已网络成瘾青少年的手机依赖行为显著高于无网络成瘾青少年的手机依赖行为（33.7% vs 10.7%）。同时，手机依赖青少年中边缘或已网络成瘾者的比率高于无手机依赖青少年的网络成瘾发生率（66.7% vs 33.1%）。

表1　青少年网络成瘾和手机依赖的基本特点

		边缘或已网络成瘾	X^2	手机依赖	X^2	新媒介依赖			X^2
						无	一种	两种	
总体		200（40.0%）		99（19.8%）		268（53.6%）	165（33.0%）	67（13.4%）	
性别	女	93（33.2%）	11.00**	49（17.6%）	2.08	167（59.6%）	84（30.0%）	29（10.4%）	9.49**
	男	98（47.8%）		47（22.9%）		95（46.3%）	75（36.6%）	35（17.1%）	
年级	初中	92（46.9%）	12.60**	37（19.0%）	0.20	96（49.0%）	71（36.2%）	29（14.8%）	2.79
	高中	107（35.4%）		62（20.6%）		171（56.6%）	93（30.8%）	38（12.6%）	
是否住校	是	108（35.8%）	15.58***	58（19.2%）	0.22	172（57.0%）	94（31.1%）	36（11.9%）	4.20
	否	91（47.2%）		40（20.9%）		92（47.7%）	71（36.8%）	30（15.5%）	

注："无"：无网络成瘾和无手机依赖；"一种"：网络成瘾或手机依赖；"两种"：网络成瘾和手机依赖；
* $p < 0.05$，** $p < 0.01$，*** $p < 0.001$（下同）

（二）父母因素、抵制效能感与青少年新媒介依赖的关系

Pearson相关分析结果显示，青少年的网络成瘾和手机依赖之间存在显著的正相关（$\gamma = 0.28$，$p < 0.01$），青少年的网络成瘾及手机依赖情况与父母长时间上网/使用手机的态度以及父母长时间使用手机的行为显著正相关，表明父母对长时间上网、使用手机的态度越宽松，自己越经常长时间使用手机，青少年就越容易出现网络成瘾及手机依赖行为。此外，青少年的网络成瘾和手机依赖行为与父母监控以及青少年自身的抵制效能感呈现显著负相关性，表现为父母行为监控以及青少年自身的抵制效能感越高，青少年出现网络成瘾和手机依赖的可能性越低（表2）。

表 2 父母因素、抵制效能感与青少年网络成瘾及手机依赖的相关

	1	2	3	4	5	6	7	8
1. 网络成瘾	1							
2. 手机依赖	0.28**	1						
3. 父母长时间上网	0.15**	0.02	1					
4. 父母长时间用手机	0.15**	0.12**	0.28***	1				
5. 父母长时间上网态度	0.11*	0.10*	0.15**	0.16***	1			
6. 父母长时间使用手机态度	0.13**	0.09*	0.09*	0.28***	0.73***	1		
7. 父母行为监控	−0.22**	−0.18***	0.02	−0.12**	−0.10*	−0.12**	1	
8. 抵制效能感	−0.34**	−0.29***	−0.15**	−0.15**	−0.30***	−0.29***	0.21***	1

（三）抵制效能感在父母因素与青少年新媒介依赖关系中的中介作用

鉴于网络成瘾和手机依赖二者之间存在显著的相关性，因此考虑将其合二为一形成"新媒介依赖"潜变量。根据研究假设，首先构建父母行为/态度和父母行为监控为自变量，新媒介依赖为因变量的回归模型。结果表明，父母行为/态度和父母行为监控均能显著地预测青少年的新媒介依赖，路径系数分别为 0.21（p<0.01）和−0.35（p<0.001）。

表 3 回归模型和中介模型的拟合指数

	X^2	X^2/df	NFI	IFI	CFI	GFI	RMSEA
回归模型	20.58	2.06	0.97	0.98	0.98	0.99	0.05
中介模型	25.62	1.83	0.97	0.98	0.98	0.99	0.04

在此基础上进一步探讨抵制效能感在父母因素与青少年新媒介依赖之间的中介作用（图1），结果表明，父母行为/态度和父母行为监控对抵制效能感的预测作用显著，路径系数分别为−0.32（p<0.001）和 0.16（p<0.01），贡献率为 14.4%。抵制效能感可以显著地预测青少年的新媒介依赖行为，路径系数为−0.52（p<0.001）。同时，加入中介变量后，父母行为/态度对青少年新媒介依赖的直接效应由原来的显著变成不显著（由 0.21 变为 0.05）父母行为监控对新媒介依赖的直接预测效应显著减少（由原来的−0.35 变成−0.26），说明青少年抵制效能感在父母行为/态度与青少年新媒介依赖之间起到完全中介的作用，在父母行为监控与青少年新媒介依赖之间起到部分中介的作用。各影响因素对青少年新媒介依赖的预测率为 42.2%。

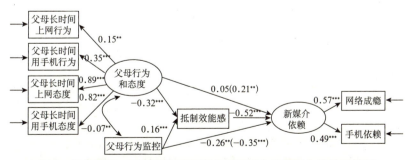

图 1 父母因素、抵制效能感与青少年新媒介依赖行为的关系模型

四、讨论

（一）青少年新媒介依赖的特点

本研究发现青少年网络成瘾者所占的比例不高，仅占 3.4%但却存在较高比率的边缘网络成瘾者，这一人群是沉迷于网络使用而未达到成瘾程度的群体，最容易发展成为网络成瘾者的高危人群，应引起我们的高度关注。同时，本研究结果发现 19.8%的青少年存在手机依赖行为，这与国外的一些手机研究结论基本相符（Leung，2008；Yen et al.，2009），这一发现提示已有接近五分之一的青少年手机使用者出现手机依赖问题。手机依赖对青少年生理、心理健康（Ha et al.，2008）以及日常学习和生活（师建国，2009）均造成不良影响，正日益成为一种新型媒介成瘾形式，其影响可能不亚于网络成瘾对青少年的影响，因此同样需要受到高度的关注。

此外，拥有手机青少年的边缘网络成瘾或网络成瘾比率存在明显的性别差异，但手机依赖率的性别差异则未达到显著水平，这与国外的研究结果相似（Rees & Noyes，2007），可见新媒介依赖的性别差异更多地表现在网络成瘾而不是手机依赖上。其可能的原因是：男生追求新异、刺激和挑战的感觉寻求水平高于女生（Lin & Tsai，2002），而电脑网络比手机更能满足男生的这些需求。同时，与电脑网络不同，手机满足即时性沟通和社交需求的特性更突出，既能满足青少年沟通联系的需求又能在一定程度上满足他们寻求刺激、娱乐的需求（黄林娟等，2010），其所具有的吸引力变得中性（Bianchi et al.，2005）。总体上男生出现新媒介依赖的比率比女生高，因此父母、学校应针对新媒介依赖的不同性别特点开展有针对性的预防干预教育，以提高预防干预的效果。

（二）父母因素、抵制效能感与青少年新媒介依赖的关系

青少年新媒介依赖与抵制效能感、父母因素关系的结果表明，父母长时间上网、长时间使用手机的行为和态度、父母行为监控和抵制效能感可以显著地预测青少年的新媒介依赖行为。

首先，父母行为监控能直接预测青少年的新媒介依赖行为，又通过影响青少年的抵制效能感，对青少年的新媒介依赖行为产生间接的影响作用，其主效应值为 0.17。其次，父母的行为/态度也通过影响青少年的抵制效能感间接地预测青少年的新媒介依赖行为，其主效应为 0.11。这些结果说明父母行为监控及父母态度/行为对青少年新媒介使用行为的重要影响。一方面，父母的行为监控促使青少年与父母之间形成了良好的联结关系，既能对青少年的新媒介行为形成直接的约束作用，同时又使得青少年充分感知到抵制新媒介依赖行为的必要性，因此能有效地控制自己的新媒介使用行为，减少新媒介依赖。另一方面，青少年可能通过模仿和学习父母的新媒介使用行为及态度形成自己对新媒介的认识，这种认识作用于青少年的抵制效能感进而间接地影响到他们的新媒介使用行为。此外，作为父母与青少年联结的一个重要部分，父母行为监控对青少年新媒介依赖行为的作用更明显，表明父母对青少年有效的行为监控能减少青少年不恰当或过度的新媒介使用行为，该结果与父母监控在青少年物质滥用行为中的作用机制基本相符（林丹华等，2008；方晓义，2001；Li et al.，2003），也提示我们干预中应注意引导父母对青少年的行为进行有效的监控。

本研究发现抵制效能感对青少年新媒介依赖行为具有较强的预测作用，主效应值为 0.26，而以往很多研究也发现了抵制效能感在青少年应对饮酒、吸烟、吸毒等问题行为中发挥着重要作用（Zhang et al.，in press；Watkins et al.，2006；Li et al.，2002；罗品慧

等，2010；林丹华等，2009）。根据保护动机理论，自我效能感可以有效地促进个体出现健康行为，是避免个体身处威胁、情境中的最重要的因素（林丹华，方晓义，李晓铭，2005），影响着个体的行为选择和决定。抵制效能感在父母行为监控、父母行为/态度与新媒介依赖之间的完全或部分中介的作用，呈现了青少年抵制效能感与新媒介依赖行为的关系及其作用机制，既说明抵制效能感是青少年新媒介依赖的重要保护因素，又初步阐明了其发挥作用的条件，再次说明了自我效能感是影响个体行为发生和改变的最重要因素之一。

综上，上述影响因素是预测青少年新媒介依赖的关键因素，且确实存在同时影响青少年新媒介依赖行为发生和发展的因素，这一结果与以往在青少年吸烟、饮酒和吸毒等领域进行的相关研究结果基本一致（林丹华等，2009）。同时，本研究也存在不足之处，尽管青少年网络成瘾和手机依赖行为之间存在显著的相关，但相关系数偏低（$\gamma=0.28$），未来的研究应更关注二者之间的共生性现象及特点，并更深入地探讨能预测青少年网络成瘾和手机依赖行为的关键性影响因素。此外，未来的研究也可以纳入同伴和学校等环境因素，更全面地揭示青少年新媒介依赖的影响模型机制，进一步拓宽具有"共生性"的行为群，为青少年问题行为预防干预研究提供有力的理论依据。

五、结论

（1）40%的青少年至少存在边缘网络成瘾行为，19.8%的青少年为手机依赖者，青少年网络成瘾和手机依赖这两种新媒介依赖行为具有显著关联性，46.4%的青少年存在至少一种新媒介依赖行为。

（2）父母长时间上网和使用手机的行为与态度、父母行为监控与青少年自身的抵制效能感是影响青少年新媒介依赖的关键因素。青少年抵制效能感在父母行为/态度与青少年新媒介依赖行为之间起到完全中介的作用，在父母行为监控与青少年新媒介依赖之间起到部分中介的作用。

（作者单位：北京师范大学心理发展研究所　原文刊登于《心理发展与教育》2012年第4期）

媒介素养与网络传播"把关人"的颠覆与超越

廖　峰

马歇尔·麦克卢汉（Marshall McLuhan）在电子媒介普及的洪流中曾预言："它们（媒介）逆转为一种非常独特的电子环境，这种电子环境是数字在线时代的互动能力，是它对守门人（把关人）功能的削弱。"进入21世纪，以因特网和无线电通讯技术为基础构建的传播平台——网络数字即时互动媒介（简称网络媒介）迅速发展，带来以网聊、短信、博客、播客、维客等为代表的传播新模式，更是将这种趋势推向极致。网络传播载体私人化、传播内容复杂化、传播主体隐匿化、传播对象自由化、传播过程交互化，宣告"后大众传播"时代的到来，传统"把关人"角色受到了颠覆与超越。

"把关人"又称"守门人"，作为一种传播学理论的代称，最早是由美国社会心理学家、传播学四大先驱之一的库尔特·卢因（Kurt Lewin）率先提出的。在网络出现之前，报纸、杂志、广播和电视等媒体承担着信息大众传播的主要角色。什么样的信息能被发布，信息被如何发布，决定权紧紧握在职业"把关人"手中。所以乔治·格伯纳（George Gerbner）在"涵化理论"（Cultivation Theory）中提出，"多看电视使得人们对'真实'世界的看法趋于一致"，受众所认知的真实世界其实只是"把关人"精心建构的虚拟现实而已。在政治、经济、文化等因素驱使下，传播效果总是围绕既定的中心议题展开。网络媒介的出现，正给这种传统带来挑战。网络去中心化的传播模式，使传统"把关人"地位和作用受到批判与质疑。新的媒介生态环境又委以"把关人"新的使命和规则，从而使得这一伴随大众媒介上百年的角色遭到颠覆与超越。而在这场传播领域史无前例的巨变中，原有的媒介生态平衡被打破，公众媒介素养的作用得以彰显。

一、传统"把关人"的颠覆

（一）职业把关与非职业把关并存

网络对传统媒介的最大革命就是从技术、资金层面将普通公众利用媒介接收和发布信息的准入条件降到最低限度。这种充分的双向性和能动性使传播权力得到最大限度泛化，"全民传播"时代到来的直接结果是"把关人"的大众化。

在传统线性媒介时代，传者和受众是"社会与个人"的固定关系。作为传者"把关人"掌握绝对的信息处理权，普通受众很少参与信息的传播及处理过程。随着网络媒介的发展，普通公众同样可以成为信息的发布者，整体互动传播模式的时代真正到来。媒介已不再是少数人拥有的稀缺资源，普通网民可以通过个人网站、主页、博客、微博等个人网络媒体发布消息，也可以在其他网站利用论坛、聊天室、QQ、电子邮件等方式传递心声，原来被职业"把关人"拒之门外的大量信息得以自由传播。这种宽松的传播氛围，使传统媒介"把关人"地位和作用受到挤压和削弱，网民个人"自我把关"作用不断得到凸显。由谁传播、传播什么、对谁传播、如何传播以及预设什么样的传播效果，这些原本视为职业"把关人"的特权已被越来越多的普通公众所共享。这种"平民化"的传播模式最终导致传统"把关人"信息垄断地位的丧失。

在我们听到更多不同声音、见证世界更多矛盾侧面的同时，"把关人"已不再是一种职业的代称，它的外延已经发生变化。每一个网络用户都被赋予信息的大众传播权，每个人都成为个体传播行为的"把关人"。

（二）事前把关向事后把关过渡

首先，网络信息传播数量上的爆炸性使得事前把关无能为力。媒介似水库，信息如水流，"把关人"形同堤坝上的闸门。传统媒介信息主要来源于职业记者的采集，由于版面、时间的限制，进入库区的水量原本有限，在"沙漏式"传播模式下，职业"把关人"往往经过周密考虑、慎重筛选，才将审核过的信息通过闸门流向公众，形成水到渠成的传播效果。他们担负着"议程设置"的职责，即将某信息放在何版面（节目）位置刊播、设计多大版面（节目时间）刊播、以什么方式组织报道，等等。然而网络容量的无限性，使得进入库区的信息洪流大大超出其承受能力，造成大坝决堤、洪水泛滥之势，职业"把关人"经常是鞭长莫及，只能望洋兴叹。其次，网络传播的即时交互性大大加快了信息的传播速度，使得事前把关遥不可及。过去向报社投篇稿子可能几个月杳无音信，现在只要点击鼠标和键盘，瞬间你的帖子就可以被亿万人所共享，轻而易举地参与到网络信息重组的进程中去。它将公众从传统"点对面"带入"面对面"的传播模式中，人们开始前所未有地横向交流沟通。要想在极短的时间内循规蹈矩地选择、编辑、审核、发布每一条信息，对于任何一个"把关人"来说都已是天方夜谭。

网络平台上这种海量而又迅速的信息流迫使把关行为的时段从事前向事后过渡，各类"把关人"往往根据传播反馈效果对已发布的信息进行修正或删除。这种事前"即时把关"向事后"延时把关"的转变，对于普通公众而言是一种主动的偶然，对于职业"把关人"而言则是一种被动的必然。

（三）一元把关向多元把关转变

网络平台的开放性为多元化思想传播创造了条件。在传统大众传播流程中，供职于媒介机构的职业"把关人"（记者、编辑、决策领导）出于政治、经济、文化、组织意图及个人好恶等因素影响，将各种信息层层筛选、处处把关，再通过公共传媒渠道传递给受众。这些职业"把关人"垄断着信息的采集和发布，通过决定公众"想什么"，从而左右大家"怎么想"。由于职业隶属关系的限制，他们的把关行为往往体现出较高的社会公共色彩以及对个体利益诉求的漠视。而网络传播恰恰相反，这些草根阶层的非职业"把关人"没有很强的政治色彩和经济动机，少有组织的利益驱使，他们否认绝对权威，崇尚个人主义和多元化，不同的思想观点、价值取向和利益诉求都可以在网络这一相对自由的空间传播互动。

这种多元化趋势首先体现在传统"把关人"的单一价值体系出现分化。尽管这部分职业"把关人"整体上还是倾向于体现主流意识形态，但由于网络媒介本身完全是在市场经济体制改革大背景下的产物，与其他计划经济中走来的传统媒介相比，它的自由度更高，经济属性更为突出。一些网络媒体为了单方面追求点击率，故意降低把关力度，"软把关"甚至放弃把关，这是导致网络垃圾信息泛滥的主要原因。其次，大量非职业"把关人"多元价值观明显。由于网络传播主体来自社会各阶层，这种多样性及传播行为的相对自由化必然导致传统媒介"大一统"、"一家言"式的格局被彻底打破。网络既成为各种思想言论理性交流碰撞的最佳场所，也成为一些人争名夺利、谩骂攻击的演艺场，甚至成为各种谣言肆意传播的温床。

二、传统"把关人"的超越

正如传播学者马成龙所言，从微观（绝对数量）上看，网络所接受和提供的内容大大增加，这意味着需要对此有更多的筛选即把关，所以总体上把关地位本身不但没有削弱，反而强化了。但从宏观（相对数量）上看，人们第一次掌握信息的优先获得、自我解读和选择发布的权力，这意味着职业把关的相对减少，而普通公众的非职业把关迅速增加。网络传播的自由使网民成为主要把关群体，即"网民把关人"。这种对传统把关超越基础上的"自我把关"主要体现在以下三个方面。

（一）把关信息接收

在媒介行业垄断、信息较为匮乏的年代，普通公众对经过职业"把关人"过滤的信息是毫无选择权的，往往来者不拒、全盘接收。网络信息的大容量和多元性却使得公众对信息的自我选择成为可能和必然。面对来自信息海洋的各种文字、声音和图像，他们不得不根据自己的兴趣、爱好和识别能力，选择符合自己个性化需求的信息。从这个意义上讲，网民与传统媒体的受众相比具有了一定的把关权力，网民"自我决策"、"自我把关"的时代真正到来。

当网络平台将各类信息汇聚一堂时，人们惊奇地发现，这里只有你想不到的，没有你得不到的，日新月异的网络接收工具使得个人学习能力愈显重要。从被动接受到主动搜索，某种信息能否最终进入传播通道，主要取决于受众个人的选择获取能力。尽管我们早已耳闻谷歌、百度等著名搜索引擎，但真正能行之有效地寻找信息，帮助自身不断进步的寥寥无几。博客、微博亦已成为时下人们热议的话题，但真正能借之有效参与公共事务讨论，促进社会民主进步的更是凤毛麟角。大家更习惯呆坐电脑前，浏览门户网站的娱乐头条，或者 QQ 视窗中闲聊天气和时尚。此时媒介素养水平差异所导致的"信息鸿沟"非常明显，这种基于网民信息收集利用能力不同所造成的网络奴役与被奴役的趋势亦将愈发凸显出来。此外，网民还要时刻面临许多不良信息的侵袭。

（二）把关信息解读

网络信息爆炸对公众的最大考验不是来自于信息的海量和快速，而是你如何在这目不暇视、耳不暇听的信息世界中明辨真伪、区分良莠。网络色情和暴力的表现形式和危害性往往显而易见，近年来在受到政府层面的强力打压之后，其生存空间迅速萎缩。相对而言，网络谣言更具隐蔽性，甚至披着伪善的外衣。特别是近年来一些"网络水军"开始频繁地在同一时段、同一网络路径、同一 ID 上传发布大量虚假信息，对个人、社会造成极其恶劣的影响，引起各界高度关注。这一方面有待政府法规管理的完善，网络服务商加强自律和技术监管，更重要的是要提高公众的媒介素养，增强对信息的批判性解读能力。因为谣言之所以成立，是与网民的顺意互动密不可分的。作为内向传播的把关主体，不同的受众，往往会对同一则谣言的传播产生不同的内部解读。媒介素养水平较低的公众往往听而信之，甚至加入谣言进一步传播的队伍中去，而媒介素养水平较高的公众则会通过不同渠道收集的信息综合分析，理性判断，继而加入到发布客观信息、声讨造谣者、以正公众视听的行列中来。

（三）把关信息发布

网络传播过程是周而复始、永不停息的。但就某个具体的传播阶段而言，其发布过程仍然少不了把关程序。由于网络的海量优势，网民数量再多，仍不能做到"有闻必录"，必须经过主观性的取舍。于是网络提供普通公众自由发布信息平台的同时，也赋予其客串信息发布"把关人"角色的权利。

首先，随着网络的发展及各类论坛的兴起，受众上网的目的已不仅仅是为了获取信息更主要的是通过获取信息而发布信息。无论是陈述自己观点的"一次传播"，还是转发网络信息的"二次传播"，都体现出受众的直接把关。其次，受众可以借助网络交互性传播制造舆论，影响网络媒体的职业把关行为，从而间接地行使把关职能。网民的意见经过互动形成"滚雪球"效应，网络管理者往往迫于强大的舆论压力，不得不加大把关力度，对"众矢之的"的信息进行删除，甚至对相关账号进行封存。另外，受众的"个人把关"还表现在个人可以通过其技术特长对某些内容进行删改，或者强迫他人接触特定信息。这种所谓"个体把关人"通常具有随意性和破坏性，因为并不是每一个掌握技术的网络用户在行使自身权利的同时都能尊重他人的自由言论和选择的权力，他们可能仅图一时之快，对异己之见口诛笔伐，或者仅仅为破坏而破坏。这种把关缺少规范性、组织性和理性思维，其把关效果主要取决于网民自身素质水平的高低。

三、媒介素养在"把关人"颠覆和超越进程中的重要意义

网络时代，传统的大众传播模式、观念和规范发生了重大变化，职业"把关人"的信息特权遭遇挑战，普通公众的非职业把关迅速崛起。这种多元把关的现象势必将在很长时期内存在，并且有强化的可能。除了政府制度层面规范建设、网络供应商的技术约束外，推进媒介素养教育工程，增强媒体人的职业道德水平，特别是提升普通公民的网络素养，

让更多的人参与把关，在不同的环节实现不同的把关作用，这对构建绿色健康的网络生态环境至关重要。

（一）职业"把关人"的地位依旧不可替代

丹尼斯·麦奎尔（Denis McQuail）指出："关于供过于求（信息'过剩'和信息超载），还有一个看似矛盾的后果，即受众对把关服务的需求增加了。"与普通网民相比，职业"把关人"经过专门训练，掌握专业的新闻传播知识，具备信息高效搜索和传播能力，遵守统一的行业服务规范和职业操守，其把关效率和质量都是普通网民无法企及的。因此，在网络时代，他们依旧是"把关人"群体的重要成员，是构建网络生态平衡的重要力量。

增强职业"把关人"的媒介素养，主要是增强他们的职业道德素质，强化"把关人"的社会职责。在网络信息自由流通的情况下，一改传统以"堵"为主的把关行为，尽快完成从"控制者"向"引导者"、从"把关人"向"清道夫"、从"把关人"向"意见领袖"的角色的嬗变。当普通公众在纷扰复杂的信息世界中难辨真伪、手足无措之时，职业"把关人"要以其深厚的专业底蕴和公信力，引导大家选择规范信息，抵制不良内容的传播，为大众网络用户提供一种价值是非判断的参考标准，以促进网络传播的有序发展。通过去粗取精、去伪存真的过程，培养公众批判性思维，重塑"意见领袖"的权威形象。

（二）非职业"把关人"的作用日益凸显

在网络传播环境中，传统"把关人"的能力受到很大程度的削弱。网络受众所面临的主要挑战已经不是信息匮乏的问题，而是对信息的有效选择、理性认知和正确传播。网络传播的把关角色正由传统的"组织行为"向"个人行为"侧重，由"他人把关"向"自我把关"转变。"自我把关"是信息选择权、解读权、编辑权和传播权向受众倾斜后，网络传播主体利用其主观能动性对传播活动的自主选择和再创造，这种把关必须是建立在良好的网络媒介认知和网络生态环境基础之上，是信息把关机制由组织向个人转化的必然结果。

在这场网络革命中，公民"自我把关"除了强调道德修养之外，重点是增强自身媒介素养，即对信息的"选择能力、理解能力、质疑能力、评估能力、创造和生产能力以及思辨地反映能力"。一方面，要加强自身的思想道德建设，提高政治觉悟和欣赏品位，拒绝不良信息的侵蚀。另一方面，要充分利用网络提供的便利，扩大有用信息特别是知识性信息的接触范围，不断学习、积累，传播普及科学知识，充分借助这一现代科技促进个人、社会全面健康发展。要在学校、家庭、社会等多个层面开展媒介素养教育。通过开展媒介流行文化的解读与超越、日常新闻事件的剖析与批判、网络文本的解构与再创造等各类生动活泼的教育活动，"使网民了解网络传播特征，提高运用网络知识的兴趣，塑造网民追求真善美的品格，培养其批判性解读信息的能力，掌握有关网络生活的知识和社会认知技能，促进网民自律意识和自律行为的形成"。全面提升公民媒介素养不但能够彰显社会文明的进步，同时关乎媒介公信力发展，并且为人类意识的观照提供语境。

网络技术的普及，宣告传统全知型、全能型"把关人"时代的终结和"全民把关"新世纪的到来。在这场颠覆和超越进程中，需要更多的"把关人"来维护网络安全、网络公德以及网络秩序。除了国家有关部门要加大监管力度、网络服务商要加强行业自律之外，职业"把关人"要不断提高自身道德修养和专业水平，变监督为主向引导和监督并重转变，为公众提供更优质的把关服务。更关键的是，普通网民要树立"自我把关"的意识，不断提高媒介素养，真正体现网络传播者的把关作用，净化网络生态环境。这既是网络时代赋予普通公众的一项权利，亦是一项不可推卸的责任和义务。

（作者单位：丽水学院　原文刊登于《浙江传媒学院》学报2012年第1期）

社会资本对参与式媒介素养的影响机制

严　威　杨　鹏

数字媒体时代，媒介的受众同时又是媒介信息内容的创作者。这种对传播影响的主动性应对既归属于信息素养，又适应于媒介素养中合理利用媒介的能力要求。向来以技术见长的信息素养开始更多地关注人的主观能动性，逐渐泛化为包括媒介素养在内的全能素养[1]。而此时的媒介素养也得到进一步的拓展，不仅包括传统素养所指代的判断信息的能力，还包括有效地创作信息和传播信息的能力。这种因科技进步而催生的媒介素养与信息素养的融合，称之为参与式媒介素养。

一、参与式媒介素养的构成

数字媒体使信息传播的互动性得到了极大的增强，以一种更便于参与的媒介形式为公众使用。博客、微博等表达类的参与式媒介使公众分享信息、表达自己的创作成为可能，社交类的参与式媒介则让有共同兴趣爱好的人形成互动互助的社区。参与式媒介降低了公众表达和参与的门槛，给公众通过参与媒介进而参与社会，提供了更多的机会和方式。

对个体媒介素养的考量主要涉及对媒介信息的认知、理解和驾驭，包括具备媒介相关知识，形成媒介信息的解读、批判和运用的意识和能力，以及主动有效地管理自己的媒介行为[2]。区别于媒介素养，信息素养被视为个体收集、处理、分析信息的素养，一般涵盖信息意识、信息知识、信息能力和信息道德四个方面[3]。

融合媒介素养和信息素养，本文将参与式媒介素养的构成概括为媒介意识、媒介知识、媒介道德和媒介交往四个方面，如表1所示。与传统的媒介素养和信息素养相比，参与式媒介素养更加强调个体与他人之间的信息分享，以及个体与参与式媒介之间的互动。媒介交往在参与式媒介素养的构成中有着尤其重要的地位。

表1　参与式媒介素养的构成

维度	内涵
媒介意识	对媒介及其传播信息的主动性认知倾向，包括价值取向和行为取向，是获取媒介知识、发展媒介能力的基础。
媒介知识	个体对媒介类别和特性的认识、对媒介组织运行的了解以及对媒介使用制作知识的掌握。
媒介道德	在媒介接触和使用过程中对相关法律和规范的遵守，体现在良好的媒介行为中。
媒介交往	主动选择和利用媒介为自我和他人服务的能力，包括网络交往、识别和尊重不同观点、为了完成共同目标与他人分享和沟通、利用替代性身份进行即兴创作等一系列能力。

二、基于过程的观点

联合国教科文组织将"参与"定义为在较高层面上对传播媒介的公众介入，包括公众在制作过程以及传播系统的管理和计划中的介入。媒介参与渗透在参与式媒介的各个阶段，个体作为媒介信息的创作者、接收者和传播者，可以通过各种技术手段更好地控制和掌握媒介信息并使之为己所用。基于过程导向，参与式媒介素养可以分为获取媒介信息、选择性信息接收和利用媒介三个主要环节。相较于传统媒介素养所强调的接触媒介、解读媒介和利用媒介[4]，参与式媒介素养在各个环节更加突出了主动性的媒介参与。

在媒介信息获取环节，媒介发展现状影响了个体的媒介接触行为和规律，主观上的意识偏好和生活习惯则决定了个体的媒介接触取向。媒介接触行为与取向又影响和培养着个体的媒介意识和媒介知识。只有保持旺盛的信息获取动机并不断地实际参与媒介，个体才能充分明确自身信息需求，发展传播的主动性认知，并掌握媒介的特性和使用制作的知识。因此得到假设1：媒介信息获取对个体的媒介意识和媒介知识有正向影响。

在媒介参与中，交往互动使个体产生与他人较为一致的价值观念和选择标准，用于评价不同来源信息的可靠性与可信度。一致的信息选择标准又可以进一步强化个体与他人之间的关系，通过相互的交流和学习帮助个体发展出认识媒介和建设性使用媒介的能力，包括媒介信息的甄别、组织、加工与分析等，并能通过知识的共享和思维的碰撞进行富有成效的工作，所以有假设2：选择性信息接收对个体的媒介意识和媒介交往有正向影响。

利用媒介指对于媒介的信息反馈、借助媒介获取生活生产相关信息以及参与媒介活动的状况。个体在利用媒介的过程中需要遵守最基本的法律和规则，有效避免道德失衡和行为失范，并且在利用媒介的过程中，受信息和规范的影响，个体融入媒介越深，就越重视和相信所分享的信息，越懂得如何利用媒介合理发声和沟通交流，越能够借助媒介加强交往。得假设3：媒介利用对个体的媒介道德和媒介交往有正向影响。

三、社会资本的影响机制及假设

参与式媒介的价值来源于广大公众对媒介的积极参与以及因公众互动而形成的社会网络。在人与人的信任与合作基础上形成的社会网络，具有捕获信息、促进合作、替代缺失、获取资源的功能，被视为资源配置的重要方式[5]。基于社会网络产生的社会资本既指能够获得的社会网络中真实和潜在的资源总和，又可看作个体与社会的网络联系以及通过这种联系获取并运用稀缺资源的能力[6]。

作为社会网络中动员了的社会资源，社会资本可以降低交易成本、加快信息流动、促进成员合作[7]。是否拥有社会资本决定了个体能否进行某个特定的动作，社会资本存量的多少则使个体的社会行动受到不同的制约。参与式媒介素养的着力点正在于参与式媒介网络的构建，以期利用社会资本，通过提升媒介参与来增加个体权利、促进信息表达，从而使个体成为传播活动的积极参与者。

社会资本的构成包括结构、关系和认知三个维度，分别为信息的交换和共享提供了机会、意愿和能力[8]，其中，结构性社会资本是指有利于增强合作效果、产生互惠期望、降低交易费用的社会联系[9]。参与式媒介中基于血缘、地缘、学缘以及共同兴趣而形成的社会网络，为个体提供了通向资源的直接途径，个体之间的网络联系程度则决定了资源的可能摄取量。个体在社会网络中所处的位置越高，即中心性越强，网络就能为其带来越多的信息资源[10]。另一方面，网络结构的差异也会带来社会资本的非均衡分布。处于结构洞位置的个体往往成为网络联系的桥梁，从而[11]可以调度网络中的各种资源来满足其信息获取的需要。

假设4：结构性社会资本作用于媒介信息获取环节，并最终影响个体的媒介意识和媒介知识。

关系性社会资本描述个体通过交往与他人[12]发展起来的关系，反映了网络成员间互相信任的程度。信任作为关系性社会资本的核心，产生于与他人的合作和多次的接触中。良好的信任关系一方面可以降低成员对对方机会主义行为的恐惧，促进成员间正确、及时、有效的沟通，进而推动成员接收信息的主动性；另一方面也有利于产生有责任感的[13]互惠行为，增强选择性信息分享的动机和努力。信任氛围下的互动交往可以引起个体较高的信息感知价值[14]，对信息的选择性接收及共享意向具有显著的促进作用。

假设5：关系性社会资本作用于选择性信息接收环节，并最终影响个体的媒介意识和媒介交往。

认知性社会资本[15]指那些提供共同叙事、共同理解和共同意图的资源。认知源于共同的规范、价值观、信仰和愿景，反映了个体与他人共同的经历、相互的理解以及对各自意图的认识。当媒介网络成员对如何交往有着共同概念时，可以有效避免沟通中的误解，并有更多的机会去自由充分地交换信息和观点，从而激发个体参与的积极性。在和谐成熟的交往环境下，信息的高度共享使成员分析问题、解决问题的视野得以扩大，有利于形成差异化和创新性[16]的观点，为信息的整合和知识的创造提供条件。

假设6：认知性社会资本作用于媒介利用环节，并最终影响个体的媒介道德和媒介交往。

四、综合模型

综合以上观点，在获取媒介信息的环节中，个体可通过媒介网络来获得通向所需媒介资源的途径，结构性社会资本作用于该环节，并间接影响着个体的媒介意识与媒介知识；在选择性信息接收环节中，以信任为核心的关系性社会资本有助于媒介成员形成差异化的观点和较为一致的信息判断标准，从而对个体的媒介意识和媒介交往能力有着决定性的影响；认知性社会资本限制着个体的行动能力，作用于利用媒介的环节，并最终影响个体的媒介道德和媒介交往。社会资本对参与式媒介素养影响机制的综合模型如图1所示。

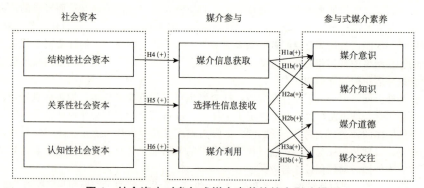

图1 社会资本对参与式媒介素养的综合影响模型

参 考 文 献

[1] 桂琳：《信息素养与媒介素养辨析》，《中国成人教育》2007年第24期．

[2] 张男星，王炳明：《当前我国大学生媒介素养调查研究报告》，《大学（研究与评价）》2008年第9期．

[3] 陈大广，梁灿兴：《信息素养本土研究评述》，《图书馆》2010年第4期．

[4] 张曼玲：《京郊农村电视受众媒介素养研究》，《电视研究》2010年第4期．

[5] 郑晓博，朱振坤，雷家：《社会网络与战略匹配及其对企业绩效影响的实证研究》，《科学学与科学技术管理》2011年第1期．

[6] 边燕杰, 丘海雄：《企业的社会资本及其功效》，《中国社会科学》2000 年第 2 期.

[7] 万俊毅, 秦佳：《社会资本的内涵、测量、功能及应用》，《商业研究》2011 年第 4 期.

[8] Adler, Paul & Kwon, Seok-Woo, "Social Capital: Prospects for a New Concept", Academy of Management Review, 2002, Vol. 27, Issue 1, p17~40.

[9] 孙凯：《在孵企业社会资本对资源获取和技术创新绩效的影响》，《中国软科学》2011 年第 8 期.

[10] 雷玉琼, 徐刚：《社会网络作为资源流动渠道的理论建构》，《学术交流》2010 年第 1 期.

[11] Burt, Ronald, Structural Holes: The Social Structure of Competition. Cambridge, Harvard University Press, 1992.

[12] 林筠, 刘伟, 李随成：《企业社会资本对技术创新能力影响的实证研究》，《科研管理》2011 年第 1 期.

[13] 杨爽, 周星：《虚拟社会资本、网络口碑与购买行为》，《经济与管理研究》2011 年第 6 期.

[14] 孙红萍, 王静一：《社会资本和知识共享意向的作用机制：基于知识密集型企业的实证研究》，《科技进步与对策》2009 年第 1 期.

[15] Nahapiet, Janine & Ghoshal, Sumantra, "Social Capital, Intellectual Capital, and the Organizational Advantage", Academy of Management Review, 1998, Vol. 23, Issue2, p242~266.

[16] 陈璐, 杨百寅, 井润田等：《高层管理团队内部社会资本、团队冲突和决策效果的关系——研究综述与理论分析框架》，《南开管理评论》2009 年第 6 期.

（作者单位：中国传媒大学　原文刊登于《中国广播电视学刊》2012 年第 12 期）

学术卡片

东西部地区大学生媒介素养现状调查研究

——以杭州和西安部分高校为例

韩　燕　洪浩轶　刘佳佳

《新闻知识》　2012 年第 05 期

进入新媒介时代，人们的媒介接触行为发生了改变，进而影响了人们的行为方式和思维方式。本文通过量化的研究方法，对东西部地区大学生媒介素养现状进行调查，研究不同地区的大学生在媒介接触行为、媒介使用目的、媒介认知水平以及媒介参与度等方面的差异性，为整体提升大学生媒介素养提供第一手资料。

研究发现，东西部地区大学生媒介素养存在异同。首先，在媒介接触情况上，包括媒介接触时间和目的，东西部大学生各种媒介的使用情况极其不平衡，电脑、手机是大学生接触的主要媒介，东西部地区大学生网上购物现象比较普遍。不同点在于西部地区的大学生每天人均使用电脑时间比东部大学生平均少 1 个小时左右。另外，受经济状况的影响杭州地区大学生使用新媒介的人数略高于西部地区。其次，大学生具备了初级的媒介知识，他们对媒介语言有了一定了解，对各类媒介作品有了一定的分析、鉴赏能力。当代大学生对媒介社会角色的认知已经趋于理性，走出了媒介无所不能的误区。另外，调查还显示大学生最信赖的媒介是报纸和电视，其次是网络，信度最差的是手机，尽管大学生使用电脑和手机媒介最多，但是对其发布的信息还存在一些质疑，必要时会从传统媒体上寻求证实。最后，调查显示东西部地区大学生新媒体的制作能力和参与能力都比较强，但报纸、电视等传统媒体的制作和参与能力较弱。大学生利用媒介为自己服务的能力都比较强，但这种利用处于无意识的阶段。

根据以上调查分析，可以得知虽然东西部地区大学生在媒介使用时间和参与制作等方面有一定的差异，但是整体来说，当代大学生主要通过电脑、手机等新媒介获取信息，已经具备了一定的媒介认知能力、媒介批判能力和媒介参与制作能力。但这些媒介素养基本上是自发形成或零散教育的结果，大学生对于媒介的功能和作用还认识不足。还需要各高校重视媒介素养教育，整体提升大学生媒介素养。

（张锐娟 摘）

概念分析视阈的报刊媒介素养研究

葛 红 徐晓梅

《学术论坛》 2012 年第 11 期

概念就是一种意义分析方法，以关键词为载体。概念分析的对象主要是抽象名词，分析方法通常是基于字面解读惯常与之搭配的含有现象类信息的物理行为动词。目的是确定个体或集体语言意识中词语深层次的、潜在的联想联系，展现抽象实质如何深层次地投射于物的世界。

广义的和狭义的媒介素养定义都指出媒介素养包含诸多能力，与之相关的两个概念：媒介识读能力和媒介制作能力。本研究从语言学视角对媒介素养进行研究，试图解决如何实现媒介素养所包含的诸多能力。本文从概念分析的视角，以《21 世纪英文报》（大学版）校园生活作为语料分析对象，在本文"校园生活"是概念分析的关键词，对校园生活版从 2011 年 6 月 22 日至 2011 年 8 月 17 日总共八期校园版所囊括的文章进行分析。校园生活版的内容涉及范围较广，包括国内外高校相关文章和学生校内以及校外课外活动，其必不可少的内容是购书和读书。

概念分析方法的运用，实现了了解社会，认识世界的媒介素养目标。通过对比国内外大学生活的具体阅读，培养了用批评的眼光看待媒体提供信息的媒介素养能力。《21 世纪英文报》在培养学生的媒介素养方面起到积极的作用。

笔者认为，概念分析是媒介素养目标达成与实现的机制。概念分析法在英文报刊阅读课具体运用在关注学生词汇、句子、篇章这类语言知识的同时，要上升到媒介素养层面，这是时代媒介语境的需要。

（张锐娟 摘）

近代报刊对中国媒介素养的启迪

《编辑之友》　2012 年第 3 期

外国人进入中国办报百年之后，随着中国的政治、社会变动，报刊在 20 世纪初是与革命紧紧捆绑在一起的。伴随着中国近代报业的发展，我国报纸媒介素养教育也拉开了序幕。报刊因其本身的特殊条件而成为一种特殊的媒体，近代报刊具有资产阶级的民主性。

中国第一份近代中文报刊是《察世俗每月统记传》，采用了线装书册式、竹纸木版雕印，它具有最重大的意义是将西方报刊重视舆论、传递知识、促进民主的观念带入了中国，其采写编辑的手段启迪了中国的知识分子。1833 年普鲁士传教士郭士立在广州创办了《东西洋考每月统记传》，这是在我国境内出版的第一份中文近代报刊。宗教色彩逐渐减弱，科学文化的内容增强，政治、经济色彩越来越浓，采用"中为洋用"的宣传策略。近代报刊因其宣传作用促进了革命的成功，1900 年 1 月资产阶级革命的第一份报纸《中国日报》在香港创刊，《中国日报》报馆也是革命党人的秘密根据地；1902 年上海《苏报》开始刊登大量革命派的文章；《民报》是中国同盟会机关报纸。

通过报刊宣传范围扩大，近代报刊给中国人最早的媒介素养教育，主要体现在以下五个方面：第一，报刊普及了公众的知识；第二，报刊扩大了传播的范围；第三，报刊加强了民主的意识；第四，报刊引介了新闻的概念；第五，报刊开始了广告的刊载。

（张锐娟　摘）

受众媒介素养提升中的媒体作用

《新闻世界》　2012 年第 4 期

媒介素养就是指人们面对媒体各种信息时的选择能力、理解能力、质疑能力、评估能力、创造和生产能力以及思辨的反应能力。在信息时代，媒体是受众媒介素养形成过程中的主体，媒体的积极性和主动性影响到受众媒介素养的形成与提高。

媒体应该依托自身的优势，在提升公民媒介素养的过程中发挥作用。首先，应该建立健全媒体信息传播的问责制度，既不能禁锢媒体的活力，也不能使对媒体的监督流于形式。同时，媒体应健全和完善采、编、审、播各程序制度，确立信息传播与商业行为各自独立的地位和运营模式，建立一些切实可行的考核制度，采用内外部监督相结合的方式。其次，强化媒体从业人员的媒介素养，在信息源上保证信息传播的可靠性。最后，积极引导受众媒介素养的提高，加大普及媒介知识，加深大众对信息的采集、制作、发布等过程的了解，培养大众参与媒介传播的主动性，加强受众健康的媒介解读和批判能力，使其在多元化的媒介环境中，充分合理地利用各种媒介资源。

随着传媒种类和传媒数量的增加，媒体必须肩负自身的责任，积极引导受众提高媒介素养水平，增强对媒介信息的分析和利用能力，有效地抵制各种不良思潮的影响，自觉消除媒介的负面影响，为社会主义和谐社会的建设营造良好的氛围。

（张锐娟　摘）

网民传媒素养对舆论监督水平的影响

党静萍

《中国广播电视学刊》　2012 年第 6 期

网民的监督水平，体现在对网络舆论监督信息的选择、理解上，更重要的体现在网民对信息的发布、述评、把握及创造过程的参与上。正确处理网民的传媒素养和监督水平之间的关系，掌握它们之间的内在联系，就能进行有效舆论监督。

随着网络媒介的崛起，大众传播出现了单向转向双向的传播范式，网民由被动接收信息转化为主动参与信息的生产和传播。在参与式的传播过程中，网民在行使监督的同时也存在一些明显的问题和不足，主要表现在：网络舆论具有非理性与极端化的特征；舆论环境呈现复杂化、多元化趋势；网络呈现出一个资源无法控制的局面；网络信息甄别更加困难；网络舆论引导更加被动艰巨。

网民要扮演好舆论监督者的角色，最重要的一点是提高传媒素养，好的传媒素养需要满足的条件：（1）具有对媒介内容的把关意识和判断能力；（2）对所要发布信息的真实性和有效性进行把关，对自己所发布信息和言论所能造成的社会影响进行判断；（3）在信息转载上，要避免传播有损他人权利、危害公共安全的言论等。

构建网民传媒素养主要包括以下几个方面：（1）通过培养网民有效信息的获得能力、对网络信息的辨识与分析能力、对网络信息的批判性解读能力，来提高网民网络信息消费素养；（2）提高网民发布舆论信息和信息再传播的素养，构建网络信息的生产素养；（3）网民应积极参与网络虚拟社区的建设，提高理性参与公共事务的能力，具备社会责任意识，来构建网民社会参与素养。通过以上三方面素养的建构能有效地提高舆论监督水平。

（张锐娟　摘）

新疆南疆高校各民族大学生媒介素养测评方法与指标体系研究

解庆锋

《东南传播》　2012 年第 8 期

新疆南疆高校是多元民族文化并存的校园，每个民族的大学生往往潜意识地基于自身民族文化背景来解读其他民族的传媒信息意义。因此新疆南疆高校各民族大学生的媒介素养状况是多元化的多样性呈现，对不同民族大学生的媒介素养状况测评要依据各民族文化的特点进行有针对性的测量，要注重把握宗教、民族等关键影响因素。课题组采用问卷调查法、深度访谈法和小组访谈法对新疆南疆高校各民族大学生媒介素养状况进行测评。

问卷调查法分 8 大部分：基本情况、媒介认知、解读评判信息、获取信息、使用媒介、制作传播信息、参与媒介、影像素养，来了解各民族大学生的媒介素养状况。深度访谈是指通过对新疆南疆高校各民族大学生群体中的个别人进行面对面的访问来了解该个体媒介素养的状况，以访谈的资料作为整体性问卷调查的辅助资料。深度访谈的内容与调查问卷内容多有重合，但对有关问题的探讨的深度与范围可能要远远大于问卷中的相应问题。

在新疆南疆高校各民族大学生媒介素养状况的测量中对不同文化背景的关注成为影响指标问题设置的重要因素，对少数民族和汉族大学生媒介素养测评有相同之处，也有不同之处，相同之处是新疆南疆高校各民族大学生媒介素养的基本内容相同。不同之处主要体现在民族间差异显著的民族、宗教等文化因素对少数民族大学生与汉族大学生媒介素养状况的影响上面。

（张锐娟　摘）

拥有≠会用：城市小学生媒介素养亟待提升

——以北京市某所城区小学的全校调研为例

张　洁　况瑞娟　李　篆

《中小学管理》　2012 年第 9 期

21 世纪以来，电子媒介已经成为中小学生生活与学习不可缺少的一部分。为了解当前小学生拥有、使用媒介的实际情况，以及小学生能否正确处理这些媒介和自身的关系，选择北京市城区某小学一至六年级的全体学生为调查对象，了解小学生拥有和使用电脑、平板电脑、网络、电子书等媒介和电子学习机的基本情况。共回收有效问卷 686 份，收集了全校学生 2011～2012 学年上学期语文、数学、英语三个学科的期末考试成绩。将学生按照是否拥有电子媒介和使用电子媒介的不同情况进行分类，并将学生拥有、使用电子媒介的频率与学生的考试成绩结合起来进行统计。

调研发现，学生拥有和使用电子媒介的情况：拥有率高，使用效益低，没有养成电子阅读习惯，不善于用电子产品学习，八成小学生在低年级就开始接触网络，但使用的娱乐功能多于学习功能。学生电子媒介使用、拥有情况与考试成绩之间大致成反比关系，主要体现在三方面：（1）拥有电脑和平板电脑等媒介的学生的考试成绩稍低；（2）学生上网频率越高、时间越长，考试分数越低；（3）学生拥有和使用电子学习机的情况与考试成绩之间没有明显的对应关系。

本研究仅仅是一个初步的探索，研究发现学生的媒介素养亟待提高，虽然在研究方法方面仍有不足之处，但此次调研仍给我们带来以下三方面的思考：（1）拥有电子媒介并不等于会用和用得好电子媒介；（2）学生应该学会正确处理电子媒介与自己的关系；（3）媒介素养必须经过专门的学习才能获得。

（张锐娟　摘）

政府网络舆情理念与媒介素养的培养

高苑敏

《新闻世界》　2012 年第 10 期

"第四媒体"互联网产业发展之后，一个全民麦克风时代就此诞生。越来越多的来自传播机构以外的组织以及个人的事件和言论，以及某些社会现象也成为大众舆论的来源。

在网络民间舆论领域，各政府部门推出了一系列媒介分析、交流平台和处理机制。但当在遇突发事件后，有些部门因处理不当，导致政府的公信力不断降低。政府现有的舆情应对机制，主要包括：（1）政府媒介素养和舆情理念，本文认为，政府的媒介素养包括信息公开理念和舆情处理理念两大部分，恰当的政府舆情理念应该把一切处理过程置于阳光之下，正视社会民情，反思自身；（2）网络问政平台建设现状，各级政府部门，建立与本部门工作相关的网络舆情监测工作机制。但由于政府网站本身的使用率较低，因此往往借助第三方机构来开通网络问政平台，但网络问政平台仍会有一些留言审核和回复效率滞后的弊端，政务微博恰好弥补了这方面的不足；（3）政府当前的网络舆情处理机制主要有突发应急机制、新闻发布机制、舆情引导机制等三大组成部分。

网络舆情的重要性逐渐被各级政府部门和党政机关所重视，但有些政府部门对网络舆情认知理念、操作层面和善后工作这三大方面存在一些误区。本文根据这三点不足，提出相应的三点建议：（1）提升网络舆情理念；（2）在操作处理层面上，公开处理环节；（3）反思不当，进行调整。

（张锐娟　摘）

网络媒介素养测量研究的现状分析及问卷设计

尚靖君　杨兆山

东北师大学报（哲学社会科学版）　2012 年第 5 期

在因特网充斥生活的背景下，如何测量人们的网络媒介素养，即测量人们认识网络媒介、合理地选择和接触网络、正确地理解和鉴别网络信息、有效地利用网络的程度和水平成为一个亟须讨论的问题，因为只有在此基础上我们才能有的放矢地对其进行网络媒介素养教育。

通过对网络媒介素养测量研究现状的分析发现，现阶段网络媒介素养的测量存在以下几方面的问题：（1）网络媒介素养测量研究领域和研究主体比例存在问题，包括以网络媒介素养为研究领域的文章所占比重过大和网络媒介素养研究主体所占的比例不平衡；

（2）网络媒介素养测量研究的具体内容存在问题，包括研究前提的缺失：网络媒介素养操作性定义缺失；（3）研究拟定的题目乏味：批量复制麦当劳式的题目；（4）研究方法单一：问卷法一统天下；（5）研究结论泛化：研究得出的结论空泛没有针对性。

那么，是否存在一种测量受众媒介素养的和问卷法有点区别的测量方法呢？文章给出了一种可能的针对研究生网络媒介素养的测量方法。

首先，文章对网络媒介素养下了一个操作性定义：网络媒介素养是受众在面对网络媒介时所应具备的基本素养，它包括网络媒介意识、网络媒介知识、网络媒介能力与网络媒介道德四个方面。

而后，其设计采用的研究方法和相关内容包括了以下几方面：（1）研究对象上，随机分层抽取研究生 1000 名，博士生 500 名，硕士生 500 名；（2）统计方法上，将问卷数据输入电脑，采用 SPSS16.0 统计软件进行统计分析；（3）研究方法上，采用现场问卷调查与实际动手操作电脑相结合的方法。

同时，考虑到研究的实际操作，文章给出了几点需要考虑的方面，呈现了问卷可能的问题设计，并提出了观察法等其他研究方法上的思考。

（杨若翰　摘）

年度述评

2012 年中国媒介素养发展观察

杨光辉　张　开

2012 年，中国的媒介素养的研究与实践呈现出继续发展、成绩突出、逐步推广的势头。

一、特点显著，选题多样

通过输入关键词"媒介素养"和"媒介素养教育"，笔者在中国知网（CNKI）进行检索，共得相关论文近 600 篇。依据笔者对这 600 篇文章的梳理和研究，认为该年度的媒介素养研究主要有以下几个特点。

（1）对某些新闻传播热点现象和事件，从媒介素养的角度出发分析其存在的问题和原因，提出解决方法。"三俗"文化泛滥的一个重要原因是"传媒工作者文化道德素养的欠缺"[1]，要解决该问题必须"提高媒介素养，构建和谐文化"[2]。郭美美炫富事件出现的内在原因是以郭美美为代表的 90 后自身缺乏媒介素养。要想减少此类现象的发生，"加强媒介素养的培养，提高 90 后青少年的判断能力"[3]就极为迫切了。在网络社会，当谣言邂逅微博，解决微博如何辟谣的关键是"建立辟谣平台、提升媒介素养、提高舆论引导"[4]。谣言的泛滥，在一定程度上与网络水军"破坏了市场的公平与正义"，"对正常舆论构成威胁，严重绑架了民意"[5]有关。要解决网络水军的问题，"政府等有关部门要重视媒介素养教育，媒体等相关部门要做好宣传工作，社会各界要鼎力支持，为媒介素养教育创造一个良好的环境"[6]。在文化消费泛滥的情势下，减少网络恶搞，让受众不再沉迷流行文化营造的虚拟世界里，需要"加强受众媒介素养与媒体自身素养"[7]。

27

（2）在微博为代表的媒介生态环境中，其受众是媒介素养研究的重要对象。微博等新媒介的广泛使用使得传统意义上的"受众"成为集传受两重身份于一身的"阅听人"。这种身份的转变使得该群体的媒介素养的变化成为研究者重视的研究领域。据笔者统计，2012年全年有超过230篇与此相关的研究论文发表在各类期刊杂志上，这些论文主要涉及新媒介生态环境下出现的各类积极或消极问题，通过探讨分析相关原因，指出提高新媒介受众的媒介素养是解决之道。

（3）对各类群体的研究仍然是2012年的热点和重点。大学生、公务员仍是媒介素养研究的主要对象。据笔者统计，2012年全年与大学生和公务员相关的研究论文共超过140篇。对农民工，特别是新生代农民工媒介素养的关注应该说是研究的亮点。《城市融入之推手：新生代农民工的网络媒介素养》以城市化进程中新生代农民工如何融入城市为研究视角，通过问卷调查来了解"当下新生代农民工的网络媒介素养如何？存在哪些问题？怎样借助网络更好地融入城市，促进身份转型？"[8] 新生代农民工身处网络时代，应该"提高这个群体的网络媒介素养，使他们成为自由自觉的网络受众，积极主动的网络传播者，参与网络公共议程建构，实现传媒接近权，成为媒介化社会的优质公民"[9]，不过要实现通过网络引导来推动新生代农民工的身份转型，需要全社会的共同努力才能真正完成。

（4）将媒介素养教育引入大学课程教学中，特别是引入思想政治教育课程教学中的研究显著增加。据笔者统计，2012年全年在高校思想政治教育方面与媒介素养相关的论文共超过25篇。这一方面表明媒介素养教育越来越得到重视，另一方面也表明研究者认为高校是开展媒介素养教育的有效平台。2012年媒介素养教育的有关研究大多聚焦于如何将媒介素养引入课程教育，特别是高校的思想政治和形势教育类的课程中，笔者认为这种观点有待商榷。如果媒介素养教育仅仅是为了从思想政治这一意识形态层面来提升人的素养，那么就很难通过媒介素养教育实现对人的素养的全面提升。

二、理论研究，相对薄弱

应该说，媒介素养理论研究一直都是该领域研究的一项软肋。2012年媒介素养理论研究虽然亮点不多，但有几篇文章还是很值得关注。如中国传媒大学张开教授的《从草根运动到政策推动》、厦门大学李凡卓的《走向媒介文化批评》等。

论及媒介素养的历史沿革及其未来发展，《从草根运动到政策推动》一文，从历史的维度梳理了近百年来媒介素养教育的发展历史，即从早期的草根性、自发性、批判性和实用性到如今的技能性、知识性、政策性和制度性。近十年来，在政策推动下，"媒介素养理念的动态化"[10] 特点越发凸显，信息化时代的公民教育重任很自然地落在媒介素养教育的肩上。如今全球媒介素养教育在"联合国教科文"和"联合国文明联盟"的推动下，"许多国家和地区也相继通过组织和机构积极为媒介素养教育的发展给予政策、项目，乃至资金等方面的支持"[11]，而"不少政府针对自己本国媒介环境、社会发展状态、民众文化认同感的需求，以及国际间的竞争和挑战，深切地认识到先行的制度性教育需要改革，媒介素养教育是教育改革的重要元素，并将其提升到提高国家竞争力和国民整体素质的战略政策高度"[12]。尽管媒介素养教育正得到越来越多国家、地区和政府的重视，然而要真正推进媒介素养教育的发展，仍有不少不利因素，目前全球媒介素养教育"缺少整体考虑，全盘研究，长远设计，发展资金不足，发展土壤不厚实"[13]，"由于政策背后的动机，不同程度上出现了'政治利用'的苗头"[14]，由于"地区、经济、文化、政治等因素，媒介素养教育发展的不平衡导致了世界地区差距非但没有缩小反而在扩大的现象"[15]，当然，即使是"由于媒介素养教育本身动态特质，各国学者、教育者对其的认识也在不断变化和深入，但始终没有像其他学科那样，在本体论、知识框架、教学内容、教学方法等方面形成较为一致的思想"[16]，"媒介素养教育的师资短缺是全球面临的共同问题"[17]。

《走向媒介文化批评》从批判主义的视角对中国媒介素养教育的理论进行反思，认为"当前我国大陆媒介素养教育研究以'信息主义取向的批评'来建构媒介素养教育理论，存在着批评对象片面、批评标准单一、批评视域封闭、批评理论和方法匮乏等问题"[18]。基于此，作者认为"可以将'文化研究'理论作为主要思想基础与话语资源去重新定义与理解'批评'，并以这种'文化研究取向的批评'为逻辑起点去进行媒介素养教育的理论研究与建构"[19]，进而形成媒介素养教育研究的新方向——文化研究取向。

媒介素养发展的历史演进伴随着媒介素养教育范式的演进。西方媒介素养教育范式的演进经历了免疫范式、甄别范式、批判范式和赋权范式四个阶段。面对中国目前的发展现状，"以赋权为特征的参与式媒介教育范式应该是符合当下中国社会现实需要的"[20]。要恰当推进媒介素养教育，既要考虑"媒介素养教育要与现代公民意识的培育相结合"[21]，又要"充分考虑到不同群体的本土经验和地方知识并根据该群体的特定文化需要来创造性地设计媒介素养教育的内容、形式并分阶段逐步地推进"[22]。

媒介素养教育本土化理论研究是中国推进媒介素养教育不能绕过的研究领域。媒介素养教育从西方"批判主义范式"走向了中国本土的"功能主义范式"，"面对一个民主、自由诉求日益高涨的媒介化社会，这种返璞归真的立场和态度恰恰是发展主义的，对未来中国的媒介素养教育来说，它所蕴含和预示的应该说是一种进步"[23]。《媒介素养教育的本土实践与推进策略》梳理了中国媒介素养教育本土实践的发展概况、存在的问题与不足，提出要"积极争取政府力量的重视和支持，实现媒介素养教育由学界自发到政府推动的转变；实施教育主体多元与整合策略，实现媒介素养教育由零星分散到整合提升的转变；实施典型案例示范带动策略，实现由点上试行到面上推广的转变"[24]。《家庭媒介素养教育：媒介素养教育本土化的重要途径》提出"以家庭教育为主体，从本土问题出发探索中国媒介素养教育实践本土化，既有利于促进媒介素养教育理论本土化的建设，又有利于借鉴形式多样的中国媒介素养教育实践的历史经验，从而避免现有研究中的国外理论、本国传统以及当代实践的矛盾与对立关系，逐步实现媒介素养教育本土化的目标"[25]。

推进媒介素养教育，如何建立教育目标体系与核心是中国开展媒介素养教育必须要解决的理论问题之一。《我国媒介素养教育目标体系的建构》提出我国开展媒介素养教育目标建构的前提是要回归当前社会转型的实践，原则是要遵循价值内涵的动态平衡，目标则是要培养自主人格的媒介公民。《媒介素养教育的核心价值取向》指出媒介素养的价值取向随着媒介素养教育本土化进程的推进而走向了"以人为本"为核心的媒介素养教育的核心价值取向。不过，《论媒介素养教育的核心》则坚持媒介素养教育的核心是培育批判型受众。这些目标体系与核心忽略了在当下新的媒介生态环境之下，无论何种形式的媒介素养教育，如果没有"参与"这一灵魂融入其中，媒介素养教育恐将难以推进。

三、突出人群，有点有面

社会由各个社会群体组成，每个群体的媒介素养现状如何，如何提升社会各群体的媒介素养一直以来都是媒介素养研究的重要内容。在众多群体中，大学生一直是媒介素养研究的主要群体，以政府官员为代表的公务员随着媒介生态环境及社会发展变化而成为另一重要研究群体。这样的研究群体分布在2012年几乎没有改变。

对大学生媒介素养的研究呈现以下特点。首先，大学生的媒介素养现状研究。通过问卷调查来探析如今大学生媒介素养现状成为今年来研究者们比较热衷的研究方式。这些调查研究一般都基于了解调查对象的媒介素养现状，发现存在的问题，进而提出应该进行媒介素养教育，即采用"现状—问题—解决之道"的路径来进行研究。在42篇有关的调查研究中，既有局部地区的大学生媒介接触情况的调查研究，如《福建山区高校本科生媒介素养实证调查》、《鲁西地区大学生媒介素养现状调查研究——以聊城大学为例》等；也有更大区域的大学生媒介素养状况调查研究，如《东西部地区大学生媒介素养现状调查研究——以杭州和西安部分高校为例》、《西藏大学生媒介素养状况及媒介素养教育路径》等。这些研究都是个案研究，其代表性并不广泛。其次，研究者开始关注新媒介与大学生媒介素养之间的关系，相关的研究路径仍然采用"现状—问题—解决之道"来展开，如《SNS网络环境对大学生的影响及对策》、《高校学生使用微博和社交网站的现状及其对策研究——基于南京理工大学的调查》等。最后，特殊群体也开始进入研究者的视线，如《高职听障生动漫媒介素养的课程教学研究》。关注弱势群体应该说体现了社会的进步。

对公务员媒介素养的研究依然是2012年研究者们关注的重要领域。相关的研究大都集中于党政领导干部媒介素养的研究，这一题材的论文超过20篇。这些研究有领导干部如何与媒体打交道的研究，如《领导干部要提高与媒体打交道的能力》、《论提高领导干部应对新媒体能力的基本路径》等；有领导干部媒介素养与执政能力的研究，如《网络信息时代党政干部的媒介素养与执政能力建设》、《我国执政者的媒介素养：局限、成因及超越》；当然也有少量的调查研究，如《基层党员干部的媒介素养对构建新农村的影响作用探析——以衢州七里乡为例》、《新媒体环境下的执政力挑战——以西安地区500名党政干部新媒体认知与使用调研为例》。上述的研究主要关注在当下的媒介生态环境之下领导干部在工作中出现的不当言行问题，提出应该提升领导干部的媒介素养。如果将公务员媒介素养研究集中在领导干部身上而忽视提升整个公务员群体的媒介素养，那么提升政府的执政能力将变得不现实。

对农民工及农村群体的研究是2012年媒介素养研究的一大亮点。在中国快速转型、城市化进程加速的过程中，对弱势群体的关照一直以来都是研究者触及不多的领域。对于农民工融入城市，媒体应该"积极为农民工融入城市提供信息平台、缩小其知识鸿沟、积极承担为农民工融入城市正名的职责、着力为农民工融入城市赋予话语权、加强农民工的媒介素养教育，提高其媒介使用水平"[26]。对于城市近郊失地农民，应该"提升失地农民的媒介认知能力、培养失地农民理解与评价媒介的能力、提升失地农民参与媒介的水平"[27]，只有这样才能解决失地农民媒介素养与可持续生计中存在的问题。对于农村留守儿童，"电视在留守儿童生活中的核心角色、网络已成为留守儿童获得消遣娱乐的工具、留守儿童媒介素养亟待提升"[28]。

四、教育实践，可圈可点

2012年中国媒介素养研究者们在学术研究的同时，积极开展媒介素养教育实践研究，并取得了不错的成绩。比如有关中小学媒介素养教育实践，《中小学媒介素养教育的困难与原因》一文认为，"媒介素养教育的课程定位、课程形态、教学目标、评价体系等宏观管理问题；学校如何选派师资，如何进行课程管理等中观问题；教师究竟要学习哪些知识，具备何种技能，如何学习，才能讲授媒介素养教育课程等微观问题"[29]。就如何通过教育手段培养青少年认知媒介能力，《中小学生媒介素养教育内容初探》一文认为，"引导中小学生了解媒介产品只是现实的片段，而非生活全貌，培养其分析鉴别能力；引导中小学生思考分析虚假伪劣媒介产品的成因，认识那些产品的价值取向，培养其媒介批判能力；指导中小学生调查、探究个别典型媒介产品背后的新闻事实，明了它们如此表达的劝服意图，培养其社会实践能力；引导中小学生全方位把握媒介，培养其正确地、建设性地享用大众媒介资源的能力"[30]。余军奇以深圳市龙城高级中学作为研究案例，探讨了中学媒介素养教育的目标、内容和策略。媒介素养教育的"终极目标是培养具有良好媒介素养的自主自觉公民，二级目标包括三个维度——知识与能力、过程与方法、情感态度与价值观"[31]；媒介素养教育的内容的重点在于"进行媒介知识教育、媒介能力教育、媒介方法和技术教育、媒介情感态度与价值观教育等"[32]；媒介素养教育的实施策略要从"文化、活动、课程三管齐下，系统推进"[33]。秦学智则"以北京市广渠门中学传媒素养课程教学实践为例，对我国高中传媒素养课程开发和实施的背景，课程开发和实施的目的、理念与原则，以及课程实践的价值和意义、主客观条件和效果等进行探究和反思"[34]。

在大学层面，媒介素养教育实践研究内容主要与思想政治教育课程有关。这些论文从高校思想政治教育课程中引入媒介素养教育的必要性和重要性、开展路径、内容与形式、策略等方面探讨新媒介环境下如何进行思想政治教育课程。南京师范大学在媒介素养教育方面的实践并没有表现出与思想政治教育紧密结合的指向，该校开设了《视觉素养》课程教学，旨在提升大学生的综合素养。

此外，2012年有少量的媒介素养研究关注课程教学，如《媒介素养教育课程本质探讨》就是其中一例。该文认为媒介素养教育课程是一门"重视学生课堂的经历和体验，强调在动手创作的过程中提升学生的思辨能力；以'媒介世界'为议题，强调师生间互动交流、提倡对问题进行反思，从而激发师生新思维的课程；经多学科知识重组，以'关键概念'为框架，螺旋式推进教学的课程"[35]。在这样的认识基础上，该文提出媒介素养教育课程的本质具有"互动"、"反思"、"综合"三大特征。《媒介素养融入"现代教育技术"课程改进初探》提出"将媒介素养融入师范类'现代教育技术'公共课程来培养和提高师范生媒介素养的思路"，从而"增强媒介素养技能，优化师范生的教育技术能力"[36]。关于"视觉文化与媒介素养"课程，《"视觉文化与媒介素养"课程核心理念与教学设计》和《新型媒介素养课程的策略与教学》从不同的层面介绍了该课程，具有一定的现实借鉴意义。

中国儿童中心与中国传媒大学合作，以科研项目形式对校外媒介素养教育进修了开拓性的研究，并编写了《中国青少年媒介素养教育手册》。2012年，在中国儿童中心向社会举行开放式的媒介素养教育亲子讲座，收效显著。

五、国际视野，有待拓宽

2012年对于国外媒介素养教育的经验介绍和研究不是特别多。全年共有9篇相关的论文研究，而这些研究也集中在长期以来研究者关注的国家，如美国、英国、加拿大和日本等国。

2012年国外媒介素养的研究主要集中在三个层面。第一，从整体层面来看国外媒介素养教育的研究。《英国高校媒介素养教育的特点及启示》一文通过梳理英国高校媒介素养教育的特点，提出在中国应该从"高校媒介素养教育必须重视教育政策的推动、要开掘本土化的教育资源、完善高校媒介素养教育师资培训机制"[37]等三个维度来推进高校媒介素养教育。《美国媒介素养教育的发展、实施及其经验》一文从媒介素养教育的概念、发展历程、基本发展理念、课程设置与模式等四个方面探讨美国的媒介素养教育，认为美国媒介素养教育之所以发展起来，其原因是在美国"成立全国性的媒介素养教育机构，专门负责媒介素养教育的开展与推进；形成若干组织良好的媒介素养教育组织及定期会议；将媒介素养教育课程真正纳入到中小学课程中；充分发挥教师在媒介素养教育推广过程中的积极作用"[38]。第二，有关外国媒介素养教育的课程研究。这些研究包括《美国K-12媒介素养教育课程及其特点分析》、《国外名校网络公开课对"视觉文化与媒介素养"课程建设的启示》、《加拿大媒介素养教育的启示——以大西洋省份初中媒介素养教育为例》和《国际中小学母语课程媒介素养教育及启示》。第三，机构推动媒介素养教育的研究。《信息时代欧洲媒介素养体系的建构——一种政府主导，多政府部门支持的模式》一文"梳理了欧洲媒介素养理念的发展与变迁轨迹，并从欧洲国家和欧盟两个层面分析欧洲媒介素养体系的建构理念、措施及实施情况"[39]，提出欧洲媒介素养建构了"政府主导，多种政府支持的模式"。《日本广播电视机构媒介素养实践研究》一文则从媒介机构的视角，探讨了"日本公共广播电视和商业广播电视不同体制下的媒介素养实践行为的内容与特点"，提出日本"公共和商业广播机构除了采用制作相关的节目进行相关知识普及这一传统的教育方式以外，更多地是让受众参与到节目制作过程中来"[40]，通过这样的途径，利用媒介素养实践活动提升媒介传、受双方的媒介素养，而要实现这样的诉求，"媒介素养教育需要政府部门予以重视和支持，完善相关法规和政策，广播电视机构本身应当积极投入媒介素养教育的实践"[41]。

此外，《美国媒介素养定义的演变和会议主题的变革》一文"对美国各时期媒介素养定义的演变以及美国媒介素养教育会议主题的概述与比较，研究它们在历史演变过程中呈现的特点和经验"[42]，认为"媒介素养教育研究的专业化和媒介素养教育运动的大众化对我国媒介素养教育的发展具有重大的启示和指引"[43]。

2012 年 8 月 27～28 日在甘肃兰州成功召开了"中国·兰州媒介素养教育国际研讨会"，本次大会由中国传媒大学和甘肃省广播电影电视局共同主办。大会吸引了来自美国、加拿大、新加坡、日本、中国香港以及国内各高校、科研院所的 60 余名专家学者，会议主题是"媒介素养教育与包容性社会发展"，专家学者们分别就"媒介素养与包容性社会"、"媒介素养与政府执政能力"、"媒介素养与媒体的社会责任"、"媒介素养与学科建设"等四个议题展开积极的研讨和交流。这次大会的成功不仅进一步推动了我国媒介素养教育的研究，也为国内外学者提供了交流和智慧碰撞的平台。

六、与时俱进，明显不足

通过对 2012 年中国媒介素养发展的全年观察，笔者发现本年度的研究和实践内容基本局限在传统媒体上，对于新媒介和新新媒介的发展动态、社会影响、使用技能的研究几乎没有。大家都知道，我们正在走向一个新新媒介创造文化、新闻和娱乐的世界，新新媒介将众多的消费者转化为媒介生产者，新新媒介使其使用者对媒介拥有一定的控制权，使用者不仅可以决定何时何地去获取新新媒介提供的文本、音频和视听，还可以通过自己制作和撰写来左右或影响媒介的传播内容。因此，媒介素养研究必须紧跟媒介的发展动态，扩大媒介使用者的使用习惯、认知能力和使用目的。

七、结语

媒介素养研究在短短十六年的时间里引起众多研究者的关注，并注意结合当下的媒介环境变化以及新近出现的媒介传播现象进行研究。从这一层面来说，2012 年的媒介素养研究可谓"与时俱进"。

综观 2012 年媒介素养研究，同 2011 年相比，研究的重点人群依然集中在大学生和公务员这两个群体上。对于大学生，有关高职学生群体的研究增多，而高职院校开展媒介素养教育研究的文章也有所增加。至于公务员群体的研究，领导干部依然是研究的主要对象。

实证研究依然集中在对学生群体，特别是大学生群体的媒介素养现状的问卷调查上，并且这样的问卷调查无论是范围还是规模都属小规模的。全国性的媒介素养问卷调查研究依然没有出现。

有关媒介素养教育课程研究与开展媒介素养教育所需师资培养的研究并没有太多的亮点，相关的研究不多。中山市教师进修学院启动的中小学媒介素养教育的师资培训实践证明，要使媒介素养教育能顺利开展下去，需要"为媒介素养教育在中小学课程体系中寻得一席之地；积极开发本土化的媒介素养教育课程体系；形成全社会关注中小学媒介素养教育的配合联动局面"[44]。

如今中国处于社会转型阶段，新媒介的快速发展也在改变着媒介素养教育的发展环境。2012年媒介素养研究注意到了这种变化。2012年8月在兰州举行的第三届中国媒介素养教育国际研讨会，将"媒介素养与包容性社会的发展"作为此次会议的主题，为今后将媒介素养研究与中国社会现实结合树立了榜样。为此，我们期待2013年的媒介素养研究会有相关的突破出现。

参 考 文 献

[1] 张波，陈晓楠."三俗"文化泛滥的原因及媒体的责任［J］.河北师范大学学报（哲学社会科学版），2012（1）.

[2] 同上.

[3] 杨敏.从郭美美"炫富"事件看90后青少年的消费观及其引导对策［J］.开封教育学院学报，2012（6）.

[4] 陈少波.当谣言邂逅微博，是自净还是泛滥——自媒体环境下微博谣言的传播学分析及辟谣方略［J］.新闻界，2012（15）.

[5] 张红红，杨新敏."网络水军"现象与网民媒介素养［J］.新闻研究导刊，2012（4）.

[6] 同上.

[7] 张春娜.以"怸忈"走红为例谈网络媒介构建的拟态环境［J］.北京印刷学院院报，2012（1）.

[8] 杨英新.城市融入之推手：新生代农民工的网络媒介素养［J］.中国劳动关系学院学报，2012（4）.

[9] 同上.

[10] 张开.从草根运动到政策推动——全球媒介素养教育正走向理性化的发展道路［J］.现代远距离教育，2012（4）.

[11] 同上.

[12] 同上.

[13] 同上.

[14] 同上.

[15] 同上.

[16] 同上.

[17] 同上.

[18] 李凡卓.走向媒介文化批评——媒介素养教育的理论反思与展望［J］.现代大学教育，2012（3）.

[19] 同上.

[20] 邱昊.数字时代背景下中国媒介素养教育的当下选择——西方媒介素养教育范式的演进及其启示［J］.湖南师范大学教育科学学报，2012（7）.

[21] 同上.

[22] 同上.

［23］李智．媒介素养教育的本土化：从批判主义范式到功能主义范式［J］．现代传播，2012（9）．

［24］郑春晔．媒介素养教育的本土实践与推进策略［J］．中国广播电视学刊，2012（2）．

［25］卢锋，张舒予．家庭媒介素养教育：媒介素养教育本土化的重要途径［J］．电化教育研究，2012（5）．

［26］朱丹．农民工城市融入与大众传媒报道的管理改进——基于符号资本视角的分析［J］．管理探索，2012（1）．

［27］王靖，刘卫春．城市近郊失地农民媒介素养教育的策略研究［J］．苏州教育学院学报，2012（8）．

［28］郑素侠．农村留守儿童媒介使用与媒介素养现状研究［J］．郑州大学学报（哲学社会科学版），2012（3）．

［29］张洁，徐雯．中小学媒介素养教育的困难与原因［J］．北京广播电视大学学报，2012（1）．

［30］廖玉娥．中小学生媒介素养教育内容初探［J］．龙岩学院学报，2012（7）．

［31］余军奇．中学媒介素养教育的目标、内容和策略——以深圳市龙城高级中学为例［J］．中国教育学刊，2012（9）．

［32］同上．

［33］同上．

［34］秦学智．对我国高中阶段传媒素养课程开发和实施的探究与反思——以北京市广渠门中学为例［J］．现代传播，2012（11）．

［35］张玲，况瑞娟．媒介素养教育课程本质探讨［J］．现代传播，2012（4）．

［36］王刚．媒介素养融入"现代教育技术"课程改进初探［J］．长春理工大学学报（社会科学版），2012（5）．

［37］潘有志．英国高校媒介素养教育的特点及启示［J］．教育探索，2012（6）．

［38］刘晓敏．美国媒介素养教育的发展、实施及其经验［J］．外国教育研究，2012（12）．

［39］王润珏．信息时代欧洲媒介素养体系的建构——一种政府主导，多政府部门支持的模式［J］．新闻界，2012（8）．

［40］高昊．日本广播电视机构媒介素养实践研究［J］．新闻界，2012（22）．

［41］同上．

［42］陈晓慧，王晓来，张博．美国媒介素养定义的演变和会议主题的变革［J］．中国电化教育，2012（7）．

［43］同上．

［44］朱鹏．媒介素养教育：中山市素质教育的新课题［J］．浙江传媒学院学报，2012（6）．

（作者简介：杨光辉，内江师范学院文学与新闻传播学院讲师；张开，中国传媒大学传播研究院教授、博士生导师）

媒介素养教育

国外媒介素养教育

全文刊登

澳大利亚的媒介素养教育及启示

李先锋　董小玉

　　媒介素养是指人们正确判断媒介信息的价值、意义和作用并有效使用和传播信息的素养。所谓媒介素养教育，就是指导学生正确理解、建设性地享用大众传播资源的教育。通过这种教育，培养学生具有健康的媒介批评能力，使其能够充分利用媒介资源完善自我和参与社会发展。[1]简而言之，媒介素养教育目标在于"培养更主动和更有批判性的媒介使用者"[2]。进入21世纪，媒介对人们的生活和思维习惯影响愈来愈大。作为培养国民媒介素养的教育，在一些发达国家开始迅速普及，并成为终身教育的一部分。目前，澳大利亚、加拿大、英国、法国、德国等国已将媒介素养教育设为全国或部分地区中小学的正规教育内容。2009年，由"经济合作与发展组织"主导的大型"国际学生素养评估项目"（简称PISA）的阅读评估已经首次对19个国家和地区的15岁学生的电子媒介素养：包括博客、网络论坛、电子报纸等进行了评估。自此，对各种报纸、杂志、网络等大众媒介的批判性阅读能力，逐渐成为国际中小学生一种极具战略竞争力的"新阅读素养"。[3]其中，澳大利亚通过国家法令，明确地把媒介素养教育单独或者整合于学科课程进行，并被国际公认为是当代西方媒介素养教育开展最好的国家。因此，本文试图在剖析澳大利亚媒介素养教育的深层推动因素的基础上，探析其媒介素养教育的课程、教学、评价特色，以期给正在兴起的我国的媒介素养教育提供较为详细的参考和借鉴。

一、澳大利亚媒介素养教育的推动因素

　　澳大利亚的媒介素养教育始于20世纪70年代。其时，一些颇具远见的学者如格雷莫·特纳和约翰·哈特利提出将媒介素养融入不同层次、不同门类的学科教育中，从而培养国民对媒介信息的思辨能力。经过四十多年的发展，澳大利亚的媒介素养教育"从初等教育开始逐渐推广到中等、高等教育等领域；并以正规课程为核心，辅以家庭和非政府公益组织进行的社会活动"，[4]成为当代西方颇为发达和最重视媒介素养教育的国家。[5]追溯它的历史，可以很清晰地看到深层推动其发展的国家政策、教育改革、社会思潮转向等影响因素。

（一）多元文化政策和教育改革

　　澳大利亚是一个典型的移民国家。境内有来自世界各地120多个国家、140多个民族的人口定居。在英国移民及其后代的基础上，逐渐演化成今天的澳大利亚民族，但在血缘种族、文化传统、道德标准等方面，它仍与英吉利民族一脉相承。20世纪70年代以前，澳大利亚一直奉行"白澳政策"，拒绝非欧洲地区的移民，企图将所有澳大利亚人都同化为

单纯使用英语的不列颠文化民族。当时的基础教育主要是面向来自欧洲的白人移民学童的；教育管理模式也是从英国移植过来的。70年代以后，澳大利亚的"白澳政策"结束，开始推行多元文化政策，[6]提倡不同种族、不同文化背景的国民以真诚合作的态度，以融合为目标，尊重与包容不同的价值观，从而实现社会和谐。随之，教育也开始转向多元文化教育。由于媒体在处理种族和社区文化认同以及社会群体归属的复杂关系中扮演着重要角色，因此，将媒介素养项目纳入教育范畴，便成为了澳大利亚政府推行多元文化主义的重要决策。1971年，澳大利亚教育改革，开始废除15岁学生的统考。自此，学校可以自己控制、管理课程和教学大纲以及自主开发校本课程。在此背景下，许多教师对媒介素养教育产生了兴趣，国家政府基金在教育上的投入也向媒介素养教育上倾斜。至21世纪，交互式卫星电视教育网、电脑辅助教学等现代教育技术在澳大利亚中小学逐渐普及，并在学生的学习中发挥着重要作用。

（二）新社会运动和跨文化交际

加拿大媒介学者曾经总结过：成功的媒介素养教育离不开自下而上的草根化运动，也就是所谓的"新社会运动"。通过这些新社会运动，学校内的媒介素养教育体系与校外团体（包括家长组织、社会团体、非营利性组织、商业公司）形成了密切的关系。澳大利亚的媒介素养教育也不例外。其中，所谓的新社会运动是指二次大战后兴起的，扩展于西方资本主义国家的、有别于传统形式的社会运动，主要包括：环境保护运动、反战和平运动、消费者运动、公共卫生运动、女性主义运动、同性恋运动，等等。有学者比照"新社会运动"与媒介素养教育运动后，发现二者具有同样的特点：第一，它是议题主导型的社会运动，其议题跨越国界，是具有普遍性的社会问题；第二，参与运动的活跃分子主要不是直接为了自身利益，而是为了广大受众；第三，抱有社会改革的目标，希望发挥促进社会公平正义等作用；第四，提倡尊重自由、个人自主、反对社会不公等基本信念；第五，并非作用于政治和经济制度层面，而是在民间社会针对价值变迁和生活方式变革而行动；第六，与传统的正规渠道动员与层级式组织不同，"新社会运动"的组织方式往往比较松散，大多属于非正式的民间机构。在澳大利亚典型的多元文化背景中，新社会运动又增加了更多的跨文化交际内涵，也被学者称之为"跨文化媒介素养教育"内涵。它的特征是将跨文化传播与媒介素养教育结合起来，着重培养国民对跨文化信息的思辨、交流与传播能力，从而"使那些来自不同种族和文化背景中的人们，理解和尊重相同及其差异，在多元文化社会中对社会和谐作出贡献"。[7]

20世纪90年代，随着全球化进程的加快，澳洲国民的意识形态与价值观受到巨大冲击，不少亚文化群体被置于敌对和边缘化语境中，不满与愤懑日益累积，不同文化族群之间的冲突开始频发。2005年，在澳大利亚悉尼市南郊发生了严重的种族冲突事件。其时，近五千名来自黎巴嫩的青年穆斯林移民，因长期被边缘化，积聚的怨愤突然爆发，暴力袭击当地居民、焚烧汽车、打砸街边商铺，严重损害了澳大利亚的国际形象。事件过后，澳洲教育学界和传播学界围绕全球化时代的文化身份认同、公民多元文化包容心态培养等主题，展开了一场有关多元文化融合的大讨论。媒介素养运动也由注重媒介文化的批判转向对多元文化的认同与包容。跨文化媒介素养教育也逐渐成为缓和社会矛盾，缩短不同族群之间文化鸿沟的有力工具。从1999年开始，澳大利亚启动了将近350个项目促进不同文化群体间的了解和交流。比如，平均每年投入约50万澳元开展的"友好运动"，让穆斯林、犹太人、华人等移民到不同的文化社区定期互访，讨论重大社会与媒介事件。这些，无疑为学校的媒介素养教育提供了丰富的跨文化交际内容。2005年，澳洲教育委员会将媒介素养的教学内容、教学方式与评估标准等都做了较大调整，并且明确规定中小学生所应具备的基本媒介素养为：欣赏和包容来自不同文化语境的丰富多彩的动态影像；能够在多元文化环境中，合乎社会道德标准地制作与使用动态影像媒介。随之，澳洲专家和学者开始关注跨文化语境中的语言与非语言交流和教学法的更新与拓展。由此可以看出，澳大利亚媒介素养教育的跨文化交际不仅包含着文化价值观、宗教信仰和社会组织等影响信息传播的认知要素，也包括语言和非语言要素。

（三）政府对国民媒介素养教育的积极推进

1973 年，西澳大利亚州开始实施一项媒介研究计划，有 60％的学校为 8 到 12 年级的学生开设了媒介教育课程。1978 年，这一计划又扩展成一个新的项目"媒介启蒙"，意思是在小学设置媒介知识和影视启蒙课程。到 1985 年，该州多数小学都不同程度地开展了媒介教育活动。1995 年，澳大利亚教材公司出版发行了《视听教育课本（第二版）》，内容主要包括有关视听行为对于学生教育发展的价值和相关性的信息，有关视觉语言教学活动的实用设计和建议。该教材被各州学校用来指导教师培养学生理解和表达可视形象语言的技能。

1996 年，南澳大利亚州和维多利亚州在修订 K-12 年级的学校课程指南的时候，进一步突出了媒介素养教育的重要性。在中学教育的最后两年，电影、新闻学和其他媒介课程明显增多，大学则提供各种媒介教育的本科和研究生课程。在西澳大利亚州和维多利亚州，为了支持教师从事媒介素养教育，已设立了媒介素养教育学位。在职教育中，澳大利亚的全国性教师组织"澳大利亚教师媒体"每隔 18 个月由其各州的成员组织轮流主持一次全国性的会议，讨论有关媒介素养教育的问题。

在媒介课程的宏观推进和完善上，澳大利亚政府同样也发挥了重要的主导作用。如今，在澳大利亚，几乎所有的州都将媒介素养教育单独或融合在母语课程中作为学生的必修内容，并建立了层次分明的国民媒介素养教育体系。它不仅涵盖学校教育领域，而且还包括社区、家庭等非学校的教育领域。

简而言之，澳大利亚的媒介素养教育在国家多元文化政策、新社会运动、教育改革等积极因素的推动下，走过了自下而上、自上而下的四十多年的发展历程。

二、澳大利亚的媒介素养教育模式

在媒介课程的理论建设上，澳洲学者翻译和编写了大量有关媒介素养教育方面的理论书籍与教材，并根据自身实际构建出相对完整的教育理论框架[8]。在这个框架中，"媒介文本"是广义的，包括所有与语言有关的信息交流。它较大范围地覆盖了现实生活中"那些印刷、非印刷、电波形式等与观众之间的交流方式，包括电视、录像、电影、计算机软件及收音机等"[9]。这种交际性的文本概念也使人们在媒介课程的设计中更容易考虑"真实的阅读环境中，某一水平的学生处理文本的典型方式"[10]。

在这个模式中，媒介文本既是一种静态产品，又是一种建构过程。因此，在澳大利亚，媒介素养教育者所要做的就是立足多元文化，围绕文本，以文本解读为中心，同时兼顾那些对学生意义建构产生作用的诸多外在因素，以及这些因素间的相互作用，来设计和实施媒介课程，培养学生的媒介批判意识。例如，通过分析和把握影响文本建构过程的社会、组织、阅听者以及文本表征特点等情景或文化因素等，来理解和把握媒介文本。

理论研究方面的批判范式，为媒介素养教育的教学法提供了更多的动力支持和指导原则。除了职业的媒介课程多采用实践教学法之外，澳大利亚大部分的"媒介"课程一般采用"媒介文本分析教学法"，也被称为"文本质疑法"或"TAP 媒介素养教学模式"。[11]这种模式要求从事媒介教育的老师，在宏观文化语境的把握上，围绕文本（Text）、受众

（Audience）、产制（Production）等微观维度提问，从而吸引学生饶有兴趣地、迅速投入到相关文本的批判性分析中，逐渐发展学生的跨文化媒介批判能力。其必要的教学环节如下。

（一）文本提问

这个教学环节关注如小说、诗歌、漫画、电影等文本类型或者文本体裁。比如电视的文本类型包括情景喜剧、现实剧、肥皂剧等。电影的文本类型包括幻想片、西部片、科幻片、警匪片、喜剧片等。除此，该环节也关注有关文本结构的问题，如情节、环境、人物冲突和问题解决等。在此环节，常用的问题是：这个文本是什么媒介？这个文本是什么体裁？这里边的人物怎么样？用了什么惯例？

（二）受众提问

受众提问环节的教学依据是：文本意义没有"栖息"在文本里，而是由个人建构的。它意味着从正确的阐释到创意阅读的可能性。该环节关注文本目标受众的特征和需要。它承认同样的文本能够或者应该以非常显著不同的方式去阅读和反映。该环节尊重个人兴趣、品味、偏好、性别、阶级、种族和生活方式等对生成文本阐释的可能性影响。在此环节，常用的问题是：这个文本的目标受众是谁？你能提供什么证据？谁没有被提到？这个文本是如何和为什么迎合它的目标受众的爱好的？

（三）产制提问

产制提问环节的教学依据是：媒体文本是由个人或机构创制的，它既是经济又是意识形态的代表。批判地分析文本的创制过程以及文本被创制、发行、销售、消费的语境，对深度理解文本具有重要的作用。此环节常见的问题是：什么个人、行业和机构创制了这个文本？什么制作技术被使用？这个文本是怎样发行和销售的？什么法令和制度指导这个文本的生产和销售？在实际操作中，这三个教学环节是相互交错进行的。随着时间的推移，所有年级的儿童，都能学会与年龄相适应的跨文化交际的 TAP 提问技能。如，通过质疑"谁控制生产过程，对最后的产品有何影响"，来理解媒体文本背后的话语霸权问题；通过考究"在里面（文本）出现的什么人群"以及追问"他们是如何表现的"来体味作者对性别、种族等跨文化交际的现实态度与看法。通过鉴别"构建信息时采用的手法是什么"以及"它如何表达对实际的看法"，来发展对不同文化语境下各类媒体文本劝服、宣传等典型模式的敏锐感知能力，减少媒体对自身的误导，从而更好地使用媒体而不是受限于媒体。因此，跨文化交际的媒体批判意识渗透于澳大利亚媒介素养教育模式的各个环节与阶段。

三、澳大利亚的媒介素养教育标准

澳大利亚媒介素养教育的执行与评价多受中央政府的或地方性的政策指导。对于媒介素养教育质量的评价，许多州通过相关的课程标准有着清晰的概念规定和衡量标准，集中体现为以下两点。

（一）课程标准明晰地陈述学生媒体文本学习结果与指标

在澳大利亚课程标准中，对于媒介素养教育的标准陈述，通常是由两个相互关联的因素组成，即学习结果和指标。学习结果回答这样的问题："作为该水平的学习结果，学生应当获得什么知识以及能够具备怎样的能力。"并且，学习结果是以用各种评价技术能够测量的术语来陈述的。每个学习结果都有一套指标。指标回答这样的问题："我们如何知道学生获得了特定的学习结果？"教师可以利用指标作为评价基础，以判断学生是否已获得标准所期望的学习结果。指标并不以狭隘限定的方式来指定一些必须完成的专门任务。学生将进行广泛多样的学习活动和任务，指标并不规定和限制范围。同样，指标也不企图决定教师应如何进行评价。也就是说，对媒体文本的学习，既有目标的概括界定，又有具体解释，易于人们对媒介素养的教育效果进行较准确的评价。比如，在维多利亚 K-12 年级英语课程标准规定，当学生达到 2 级（小学 1～2 年级）阅读水平时，他们的媒体文本学习结果是"识别作者或别人建构文本的方法"。与此对应的学习指标是：①在熟悉的文本中识别作者和插图作者的工作；②识别文本所提供的出版信息，看电视节目和电影的片头、片尾字幕，以了解制作者的角色；③说明文本出处和致谢，如讲述传说时；④识别一个文本的作者和编者，找出著作权标记。四项指标任何一项陈述的反应都可以证明学生获得特定的学习结果——识别作者或别人建构文本的方法。

（二）依据学生媒体思维发展，逐级评价学生媒体文本解读与批判能力

除了对学生特定阶段的媒体文本的学习效果进行准确的评价外，澳大利亚母语课程标准，还根据学生媒体思维能力的发展，逐级对各个学段的媒体阅读程度进行了规划。

在低年级（学前至 4 年级），学生的媒体思维主要是通过视觉和声音的方式进行的，对媒体文本形式的注意远超过对媒体文本内容的注意，"采取一种非常具体的、通常是图像化的思维方式"，[12] 学生主要阅读简单的媒体文本，对媒体的建构形式与内容也只是简单地识别与运用，侧重学生媒体视觉思维能力的发展。如："运用书籍和印刷作品有关的术语，如页码、作者、标题、封面、插图作者等"（学前教育结束时）；"识别文本所提供的出版信息，看电视节目和电影的片头、片尾字幕，以了解制作者的角色"或"观看电影时将剧中人物与演员进行区分（2 年级结束时）；阅读并描述书面文本和广告、电影、光盘等非书面文本中的各种视觉图像"或"识别广告、图画书和杂志等文本中的模式化的描述，说明他们如何以不同的方式表现出来"（4 年级结束时）。

到了中年级（5～8 年级），学生已经能更好地"理解电视和生活背后隐藏着的各种信息"，其媒体思维更多地倾向文字等抽象思维。表现在课程标准中则是要求学生对复杂的媒体文本的内容与建构形式有多种理解。比如，"讨论和理解报纸杂志或电视如何报道某一地区的问题或有新闻价值的事件"或"讨论电影和电视中用来营造气氛的技术"（6 年级结束时）；"联系自身经验讨论在小说、电子文本或电影等文本中探讨的主题或问题"或者"说明某种特征，例如非书面文本中的拍摄角度，如何影响文本的意思及读者的理解"（8 年级结束时）。

到了高年级（9～10 年级），学生媒体思维的批判性不断发展。对媒体文本的解读中有了更多的批判性的成分，对一些媒体文本的价值观和假设开始进行不断的分析、质疑和批判。例如在 10 年级结束时学生被要求"阅读与某个争端有关的大众传媒和电子文本，考察文本的视角，对证据的筛选、忽略和运用，尝试对一些观点作出评价"或"结合文本建构的情景和社会文化背景，分析文本（如媒体文本）对社会问题的不同阐述"。

四、澳大利亚媒介素养教育对我国的启示

通过上述分析可知，多元文化国家政策与社会思潮的转向是媒介素养研究诞生的基本条件，培养国民的媒介批判思维是媒介素养教育诞生的主要原因。但要取得进展，国家的教育改革、媒体技术在学校中的广泛应用是必要条件。在我国，媒介素养教育虽然只有十几年的发展时间，但在世界"终身教育"和"赋权"与"民主"的教育浪潮影响下，其在基础教育课程改革中获得了较大的发展。在我国，人们已经逐渐认识到发展国民媒介素养教育的必要性和重要性，也注意到了媒介素养教育对国家文化软实力的建设意义，并自觉

地把媒介素养教育扩展到党政干部等中高端社会精英管理阶层。[13]在微观的学校层面，人们也早已觉察到跨学科的媒介素养教育的重要性。在全日制义务教育语文课程标准里，引入了"电影、电视、广播、网络"[14]等媒体概念。在学校课堂教学中，现代信息技术和媒介也经常充当着吸引学生注意力的辅助工具与手段。在校本课程和综合性实践活动中，具有国际跨文化性质的探究性学习也经常延伸到电影、广告甚至网络游戏等领域。[15]

尽管如此，我国媒介素养教育的发展仍然存在着很多亟待完善的部分。首先，我国媒介素养教育起步晚，理论译介和局部试验还不能充分满足大面积实践和普及的需要；其次，我国的媒介素养教育缺失草根化的社会运动阶段，社会推动力量准备不足，总体上国民教育课程中的媒介素养教育宽度、深度和效度都不尽如人意。因此，为了使媒介素养教育更好地适应我国中小学以及更高水平的教育课程，进一步拓展我国媒介素养教育的深度、广度和效度，可结合我国实际，借鉴澳大利亚经验，从以下几个方面努力。

（一）在宏观教育层面，分层次推进国民媒介素养教育

在学校教育层面，明确规定学生应具备跨文化的媒介素养，并采取有步骤的分层试验措施，推进媒介素养教育课堂化、日常化、制度化。在中小学阶段，主要培养青少年健康的媒介使用意识和习惯，使他们在多元文化环境中不仅能够欣赏和包容来自不同文化语境的媒介讯息，而且能够在社会主义法律和道德规范的框架内运用媒介讯息，从而成为更具批判思维能力的公民，以适应民主社会的需要。在高等教育领域，以就业为指向，教授学生一定的媒介制作能力与创作能力。主要是为政府、新闻机构等培养具有较高媒介素养的人才，同时做好媒介素养教育人才的培养和储备工作。在社会教育领域，重点是把管理和教育结合起来，使媒介素养教育走进家庭和社区，形成家长、社会和学校齐抓共管的合力。媒介素养教育的具体实施大致可以分为四步：一是问题和对策的研究与论证，由专家、学者、教育管理部门和各级教育机构共同完成；二是制订科学合理的教学内容，完成教育所需的师资储备；三是推广普及相关知识，并通过媒介宣传、主题活动等方式实施学校、家庭、社会等不同层面的教育；四是通过对前期试验的不断总结和调整，形成科学完善的教育机制。

（二）在微观教育层面，强化媒介课程设计和教学创新

1. 在课程标准层面，尽量明确媒介素养教育的内容和要求

根据澳大利亚的课程标准可知，在制定时不但要描述期望学生应该知道的和能够取得的媒介学习成果，更重要的是，要提供针对不同水平媒介学习成果所设计的评价指标，帮助教师评价学生所取得的媒介学习成果。推进我国媒介素养教育，还需要加强媒介学习成果和评价指标的研究与建立。不仅用更显性、更具体的行为动词对期望学生取得的学习成果进行描述，还要根据学生的媒体认知能力，设计出由低级到高级水平的学习成果，并且每一水平的学习成果要明确描述学生应该知道的和能够做到的。在此基础上设计与每一学习成果对应的评价指标，以回答"我们如何知道学生所取得的媒介学习成果"的问题。在媒介教育内容方面，要明确规定中小学生应该具备的跨文化媒介素养；即欣赏和包容来自不同文化语境的丰富多彩的动态影像；能够在多元文化环境中，合乎社会道德标准地制作与使用动态影像媒介。

2. 在课程开发上，平衡多元文化与不同层次的媒介活动

同澳大利亚多元文化一样，在我国也存在着层次繁多，种类多样的文化。因此，媒介课程的开发要注意培养学生跨文化交际能力的发展，注意协调多元文化的文本比例。例如，少数民族文化和汉族文化、农村文化和城市文化、成人文化和儿童文化、女性文化和男性

文化、教师文化和学生文化、精英文化和大众文化等多种媒介文本之间的比重和关系。另外，媒介课程开发还要关注媒介的独特"语法"形式，根据学生认知发展，设计出丰富多彩的媒介任务，从而吸引学生饶有兴趣地投入到纪录片、电影、电视、网络等多模态的文本分析与创制活动中。例如，在小学，可设计动漫、戏剧角色扮演等媒介活动专题，帮助他们区分客观现实和媒介现实的异同，树立媒介拟态环境意识。在初中，可以设计广播新闻、电视新闻、报刊新闻等不同媒介的比较专题，从而使他们理解不同媒介的"语法"，为媒介解读和使用打下批判性思维的基础。在高中，除了对已有的新闻选修课进行深入的探究活动外，还可增加其他如跨文化的纪录片、影片等动态影像文本分析的内容。

3. 在教学层面，探索批判式的媒介素养教学模式

在教学上，除了传统的讲解式教学外，还可以基于文本分析或 TAP 教学模式，根据年级水平，从文本、受众、产制等范畴质疑媒体文本，与文本进行跨文化的深度对话。例如，对于新闻可以质疑：谁制造出这一信息？这一信息体现了什么样的生活方式、价值取向与观点看法？不同的人看到这一信息时会产生什么样的理解？与我的理解会有什么不同？这一信息中还遗漏了什么东西？谁的声音被忽视？对于不同民族与信仰的群体，我们是如何形成刻板印象的？等等。围绕文本、受众、产制的提问能使教师和学生既立足文本，又兼顾文本创制和销售的语境，更好地发展对媒介文本的批判性解读技能。因此，可以汲取 TAP 教学理念，从文本、受众、产制等领域对媒介文本进行多向度分析，多问"什么"和"如何"的问题，竭力避免"为什么"的问题，尽量避免脱离文本乱生发的过度阐发现象，促进我国批判范式的媒介素养教学模式的建构。

参 考 文 献

［1］张志安，沈国麟. 媒介素养：一个亟待重视的全民教育课题——对中国大陆媒介素养研究的回顾和简述［J］. 新闻记者，2004（5）.

［2］周蕾. 从批判教育学看媒介素养教育目标及其实现方法［J］. 大学·研究与评价，2007（7、8）.

［3］祝新华，廖先. PISA2009 阅读评估的最新发展：评价与借鉴［J］. 教育研究与实验，2010（3）.

［4］潘洁. 澳大利亚跨文化媒介素养教育［J］. 现代传播，2010（9）.

［5］宋小卫. 学会解读大众传播（上）——国外媒介素养教育概述［J］. 当代传播，2000（2）.

［6］牛道生，陈尚真. 从"白澳政策"到多元文化教育——试探澳大利亚多元文化教育体制形成的艰难历程［J］. 湛江师范学院学报，2003（5）.

［7］吕宏倩，王建梁. 澳大利亚小学公民教育评价及其启示［J］. 外国教育研究，2008（3）.

［8］David M. Considine, Media Literacy, National Developments and International Origins［J］. Journal of Popular Film and Television，2002，30（1）：11.

［9］宋良君. 澳大利亚英语、艺术学科中的媒介素养教育［J］. 中国技术装备，2008（22）.

［10］李先锋，董小玉. 建构明晰阅读指标体系有效指导阅读教学——基于中澳义务教育语文课程标准阅读目标陈述框架比较［J］. 当代教育论坛：综合版，2011（7）.

［11］David Considine, Julie Horton, Gary Moorman. Teaching and Reading the Millennial Generation Through Media Literacy［J］. Journal of Adolescent & Adult Literacy，2009，52（6）：471～481.

　　[12] 澳大利亚课程标准（英语）[S]. 丛立新，章燕，译. 北京：人民教育出版社，2005：267.

　　[13] 李先锋，董小玉. 分层次推进国民媒介素养教育 [N]. 人民日报，2011-08-16 (7).

　　[14] 中华人民共和国教育部. 全日制义务教育语文课程标准（实验稿）[S]. 北京：北京师范大学出版社，2001：15.

　　[15] 俞水. 媒介素养教育的本土实验 [N]. 中国教育报，2009-07-26 (3).

　　（作者单位：乐山师范学院　西南大学　原文刊登于《教育学报》2012 年第 3 期）

美国网络素养教育现状考察与启示

——来自 Lee Elementary School 的案例

李宝敏　李　佳

一、问题提出的背景

　　有学者指出：网络时代，网络像氧气和阳光一样，已经成了当今时代儿童生命中不可或缺的养料。美国学者唐·泰普斯科特（Don Tapscott）认为，N 世代已经长大，并且开始冲撞世界，他们是有史以来掌握信息最多也最活跃的一代，这些人必将主导 21 世纪，如何让他们更好地改造世界？如何让他们在人际互动网络中茁壮成长并展现出积极的社会责任感，要务之一就是让他们获取良好的教育，通过教育让儿童学会发挥自我潜力，发展自我能力，学会与网络世界和谐相处。[1]儿童在网络世界中，网络素养不是自发形成与发展的，需要教育的引导、干预与支持，网络素养教育可以使儿童完善、修正自己的思想与认识，调节完善自身的网络行为，深化对网络世界与自我关系的本质认识，使自身获得真正的解放与自由。

　　国外学校教育实践中是如何开展网络素养教育的呢？笔者在美国访学期间全面考察了美国密苏里州哥伦比亚市一所有着百年历史的小学 Lee Elementary School 的网络素养教育情况，通过观察、访谈、跟踪记录、参与行动研究等方式，发现该校教育实践中渗透着基于网络探究的网络素养教育理念，通过对在该校获得的资料的整理，以该校网络素养教育实践为案例，进行研究呈现，以说明基于网络探究的网络素养教育的可能实践路径，并提出对我国网络素养教育的启示。

二、美国网络素养教育的理念与行动——对 Lee Elementary School 的考察

　　美国网络素养教育实践中从理念到行动渗透着"基于探究的网络素养教育"思想，笔者对 Lee Elementary School 的网络素养教育从认识与实践两个层面进行了考察。

（一）认识层面：学校对儿童网络素养教育的认识与理念

　　笔者与 Lee Elementary School 学校的校长、三位教师（ELL、LITERACY、MEDIA 三位学科教师）进行了访谈，了解学校领导与教师对儿童网络素养的认识，以及通过什么样

的方法与策略来实现相应的理念与目标。

Lee Elementary School 网络素养教育的目标：在全球化网络时代背景下，网络素养教育应将培养儿童具备开放的视野（open），合作共享的理念（cooperation），强烈的责任意识（respontbility）为重任，让儿童"会选择、会判断、会思考、会决策、会交流、会创造"，成为当今网络社会"会学习、会生活、会合作、会创造"的一代新人。他们认为，对儿童来说，网络生活与现实生活是融为一体的，儿童在网络世界中所形成的价值观念与价值标准会直接影响儿童的现实生活。

在理念方面，他们认为：网络素养教育根植于这样的认识，即网络素养知识不是简单地来自教师的传授或学生的"发现"，它是起点而非终点与目的，通过增强儿童的网络实践能力，使儿童获得良好的网络情感体验，进而提升儿童的自我发展能力才是儿童网络素养发展的目的。它是一门调查研究、对话与实践的过程，是在儿童的网络实践活动中考察、推进与发展，新的网络知识和认识被儿童在网络实践活动的感知、体验中创造出来，儿童在网络实践活动中获得情感体验，儿童的网络素养能力是在网络实践活动中反思、提高，不断获得发展。网络素养教育就其本质而言，是儿童在网络文化实践活动中，通过互动参与、对话、探究，在获得丰富的文化体验的基础上，不断提高认识与能力的过程。

网络素养教育是面向网络时代儿童终身学习与个性发展的教育，网络素养教育的核心是让儿童探究性、建构性地参与网络实践活动，认识网络的本质，理解网络世界与现实世界的关系，能够在网络实践活动中建构自身的理解，生成建构意义，发展自我发展能力，形成和谐的关系，积极主动地、负责任地参与网络世界建设。

网络素养教育本质上是能动的、与人分享的，它鼓励发展一种更加开放的、民主的教学方法。它鼓励学生对自己的学习承担更多的责任，享有更多的支配权、自治权，鼓励学生以更长远的眼光对待和审视自己的学习。教育对儿童的发展负有责任，网络素养作为网络时代的儿童的基本素养，任何学科的教师都应给予关注、引导、支持。

（二）实践层面：以多种方式实践着基于网络探究的网络素养教育行动

基于以上的认识与理念，该校在网络素养教育方面，采取了网络探究与学科探究融合、开展与网络生活融为一体的专题研究、搭建网络探究对话平台促进交流、设计基于网络探究的作业、开展项目研究等多种方式，实践着基于网络探究的网络素养教育行动。

1. 网络素养教育融入到学科课程的主题探究中，将网络探究与学科探究融为一体

该校课程教学是基于主题探究的，如：Literacy、Social 等课程，每学期围绕 4～5 个主题展开，让儿童围绕主题展开探究学习活动，探究的主题一般来自于儿童的日常生活，如：三年级的儿童在一学期内围绕"天空——sky"、"植物——flower"、"动物——chichen"三个主题展开探究学习活动。教师通过创设情境，将网络很自然地融入到儿童的学科探究学习活动中，让网络支持儿童的研究、学习过程，丰富儿童体验、为儿童创造表达提供支持，使网络探究与学科探究融为一体，将网络素养教育融入学科课程探究中如：因为五月份是当地容易刮龙卷风的季节，于是教师带领儿童开展对天空——Sky 主题的探究学习活动，儿童围绕探究的主题获取主题资源丰富体验，教师与儿童一起进入芝加哥"科技博物馆"获得与龙卷风有关的关于天文气象等方面的材料与实物，并通过获取相关研究资料了解气象规律之间的关系，利用网络将儿童带入 MIT 实验室天文研究实验室，观察该实验室发布的通过卫星反射到地球的天文现象，获得关于太阳离地球最近而引起的天文现象研究最新进展的数据。同时，回到儿童的生活，让儿童观察记录一段时间天气变化情况，观察龙卷风来前后的天气特征，形成儿童世界与自然世界的对话与意义，让儿童构建心中的意义世界。并了解龙卷风的特征、危害，通过亲身实践体验学会如何做好安全防护，通过交流、对话、表达，让儿童完成探究的作品，并通过开放协作写作平台 Storybird，让儿童基于自己与小组合作研究成果进行创作与表达，在此过程中，教师与儿童合作探究，合作创造。教师通过为儿童提供适当的支持，引导儿童鉴别网络资源、分享交流探究成果等，让网络世界与现实世界建立密切真实的联系，儿童的网络探究由此围绕研究的主题在寻找问题——解决问题——建构意义——交流表达、创造生成的过程中展开。网络世界与现实世界、客观世界与儿童心灵世界在网络与现实的联结中，构成了一个有着密切联系的意义世界。

2. 围绕儿童网络生活展开专题研究，将生活探究与网络探究结合起来

开展网络素养专题研究成为该校网络素养教育的又一重要形式，加拿大学者大卫·帕金翰（David Buckingham）指出，"在网络世界中，不必对儿童进行保护，而应让儿童参与实践对话与研究。"[2]而开展专题研究是促进儿童参与实践对话的重要途径。通过 Lee Elementary School 学校的实践考察发现：开展专题研究成为该校实施网络素养教育的重要形式。在该校笔者不仅亲眼目睹了儿童的探究成果，而且通过与教师、儿童进行交流，了解到开展专题研究对于提升儿童网络素养的成效。针对儿童在上网时经常受到伤害，如何远离网络危险而不受欺辱这一问题，五年级孩子们围绕"Internet Bullying"主题，开展了"网络欺凌"专题研究；四年级的孩子们针对如何在网上与人交往，开展了网络礼仪（Internet Netiquette）专题研究，通过与教师访谈，了解到教师在新学期伊始，首先调查了本班学生上网时常遇到的问题，与学生一起讨论、形成、确定本学期拟探究的主题，孩子们合作形成研究小组，通过采访、调查、实践与反思体验等多种形式，研究网络欺凌的目的、形式、途径、内容，以及给受欺凌者带来的危害与伤害等，形成研究成果，并通过一定的形式交流分享研究成果。不仅通过班内分享交流、讨论的形式，丰富了儿童对这一主题的认识与视角，而且在学校的走廊上或专题网站上展示儿童的研究成果，让更多的儿童分享研究成果。教师认为，通过探究让儿童明辨是非，提升认识，知道哪些该做，哪些不该做，如何远离网络危险与威胁，如何与他人交往，遇到问题知道如何解决，增强儿童的免疫力以及网络实践能力，提高儿童的问题解决能力，有效地促进儿童网络素养的发展。这种形式的主题探究形成了聚焦网络素养，围绕儿童网络学习、网络生活、网络交往等方面的多种探究主题，主题探究的形式有多种，非常灵活。该校在每个年级每学期都会开展 2~3 个主题的网络素养研究，针对不同年级设计具有连续性的研究主题，开展网络素养主题研究，通过专题研究形式让儿童提升网络素养。实践证明，专题研究成为儿童网络素养发展的有效途径。

3. 搭建网络探究平台，开展对话交流

网络素养教育需要"网络"这一实践载体，提供在线网络素养学习资源、搭建对话交流实践平台、开展基于网络实践的探究成为该校网络素养教育实践的又一重要形式。该校建立了专门网络素养探究网站（http：//netliteracyworks.org），网站上都提供了多种形式的网络素养专题研究成果以及学习资源，同时提供了探究任务空间，以及在线对话讨论区，不仅为儿童提供了网络素养实践学习的资源与探究任务，同时，也为儿童、教师、家长、研究者搭建了多元互动对话平台。网络素养学习资源的形式有多种，有些是互动参与式的，以"做中学"的方式，为儿童参与网络素养实践提供了很好的借鉴。借助这些开放的平台资源，有针对性地实施开展体验式、互动式网络素养教育，让儿童进行网络素养实践学习、研究，借助交流平台，让儿童分享问题、分享观点、交流体验，通过网络将儿童、教师、家长、研究者等多方联系在一起，正如加拿大媒介素养教育专家约翰·彭金特（John Pungente）所指出的："网络素养涉及到多样化的技能与专业知识，需要教师/家长/研究人员/

专业人员的合作与参与。"[3]而开放式资源与交流平台正是密切联系他们的重要纽带，成为实施网络素养教育的重要途径。

4. 设计基于网络探究的作业，开展项目研究

教师有意识地为儿童设计基于网络的项目或任务，如布置利用网络探究的作业或调查研究项目（research project），让儿童有计划、有目的地使用网络做项目研究，使儿童学会利用网络资源做研究。在学校教师已经开始意识到儿童喜欢网络，并具有一定网络技能后，不同学科的老师，会结合自己的学科，有针对性地为儿童设计 project，让儿童有目的地使用网络资源，接触一手的研究数据，进行调查研究，有指导地进一步提升儿童的网络素养。开发跨学科课程，通过实施跨学科课程，如：社会研究、个人发展规划研究等，来实施网络素养教育。为了培养儿童的"自我认同能力"，即通过帮助他们区分虚拟和现实、个人和世界的关系，认识媒体价值和自我价值，并懂得自我价值不应为媒体所主导，教师设计了"E-Citizen Inquiry"项目；为了培养儿童在网络世界中的"公民意识"与"公民素养"，让学生在现实空间与网络空间学会如何行使好自己的公民权，以负责任地参与网络社会建设，教师与儿童合作开展了"E-Citizen Inquiry"项目，让儿童通过体验、调查基于网络的分享、自由民主的表达、个性化地创造，以及对比网络空间与现实空间的异同与联系，让儿童理解网络世界中的公民权利，了解作为 E-Citizen 应该承担的责任。

网络素养教育是帮助儿童认识网络本质，建立自身与网络关系，提升儿童在网络空间自我发展能力的重要途径。研究表明，在儿童使用网络时，如果得到及时、正确的指导，他们不仅知道自身在网络空间应该做什么，如何做，而且能从复杂的网络环境中学会思考与判断，提升自身的自主意识与鉴别能力。该校项目研究小组对儿童网络素养对比研究发现，经过指导的儿童比未经指导的儿童更有自主性，更能熟练地获得和理解有价值的网络内容，更有自主判断力，使儿童创造性地利用网络解决现实问题。

此外，该校尤其注重网络素养教育研究，通过研究网络时代的儿童在网络生活中的特征，老师与家长之间开展合作研究，共同携手为儿童发展提供支持与帮助。他们一致认为，网络素养教育是伴随网络时代的发展而产生的，是一种新型教育，需要在实践中加强研究，需要家庭与学校携手形成合力，了解儿童网络素养发展需要，研究儿童网络实践活动的本质与特征，研究儿童网络素养教育的内容、策略、方法与途径。该校研究将对推动儿童网络素养教育发展起着重要作用。校长与教师形成的共识是："研究"与"实践"是儿童网络素养教育发展的"两翼"，二者的互动是网络素养教育可持续发展的内在推动力。

三、对我国网络素养教育的启示

让儿童学会选择、学会批判、学会决策、学会解决问题，独立自主，不仅成为自己生命的主人、网络生活的主人，也成为网络社会的主人，是网络时代儿童发展的基本要求。[4]这就需要儿童在网络生活的当下，体验自己成长的过程，让网络素养教育过程本身，给儿童自主的空间与独立解决问题的机会，让儿童有权参与、决定自己选择、自己的决策、自己的发展，而不是强制约束和刻意限制儿童使用网络从而束缚儿童的自我发展。让网络素养教育成为培养和丰富儿童内心世界、丰富个人成长的一种途径。美国的网络素养教育从某种程度上反映了网络素养教育本身也是一种关爱教育，关心网络时代的儿童成长，以适应儿童成长与发展的方式，建构儿童网络素养教育的方式，他们以关心网络时代的儿童成长作为基本理念与追求，对网络时代的儿童发展负责，让网络时代的儿童在网络探究实践中获得独立自主、自我发展能力作为基本目标。对我国的网络素养教育具有以下启示：

启示之一：认识网络时代的儿童，尊重儿童的网络探究需求

网络时代的儿童生活在现实世界与网络世界互动中，认识网络时代的儿童，是网络素

养教育的立足点，也是出发点。网络不仅改变了儿童的生存状态，而且为儿童带来新的生存方式与生活方式，虚拟生存成为儿童的一种重要生存方式，在网络环境下，儿童进行着一系列的文化实践活动，由此构筑了儿童的网络生活，也为儿童带来新的生活体验。网络时代儿童建构并生活在两个世界中，一个是现实世界，一个是人创造的虚拟世界。在现实世界中延续有限的生命存在，在创造性的虚拟世界中生成自己的文化生命，体现着作为价值的虚拟存在，网络生活反映了儿童对内在精神生活的需求。儿童正是在现实与虚拟世界融为一体的生存中，在自然与超自然、历史性与超越性、有限性与无限性等的矛盾中求得和解，呈现着生活的多样化形态，也构成了儿童生命与生活的有机组成部分。

儿童在本义上是自由者和探索者，自由和探索是儿童的天性和本义。[5]网络时代的儿童"自由"、"探索"不仅是天性，也因此具有了一定的社会属性，顺应了网络时代精神与网络社会发展的要求，同时对儿童的"自由"、"探索"提出了更高的要求。网络时代的儿童是生活在现实世界与网络世界中的儿童，网络世界为儿童提供了广阔的探究空间，使儿童的探究精神、自由个性得到张扬，如果说在现实世界中儿童受着成人的影响约束和现实条件的限制，而在网络世界中，儿童以自己独特的方式探究网络世界。网络素养教育就应顺应儿童的这种天性，了解儿童探究网络世界的特点，帮助儿童建立网络世界与现实世界的联系，引导并促进他们学会在不同的世界探索和发现，在探究的过程中发现内在的意义与自我成长的价值。

启示之二：超越"保护主义"走向"探究实践"，为儿童创设多种网络探究体验机会

麦克卢汉指出，媒介素养教育中不应将儿童视为文化的牺牲品而致力于去营救或保护，而应关注儿童的情感参与与投入，以及儿童从中获得的乐趣，这是激发儿童真正提出问题，提高儿童分析问题、解决问题能力的根本。[6]美国 Lee Elementary School 的网络素养教育实践充分说明：网络素养教育应超越"保护主义"，不是通过保护的方式，让儿童减少使用网络的机会，远离网络的方式以减少网络带来的负面影响，而是提供一个能够指引儿童成长，能够促使儿童锻炼能力、发展潜力的环境，给儿童解决问题、探究、创造的机会，让儿童走向探究实践，在探究过程中形成对网络世界与现实世界关系的认识与理解，在探究中建构自我与网络世界的关系，生成网络探究对自我成长的意义与价值，在网络探究实践中提升选择能力、决策能力、批判性思维能力，在自我探究与合作探究过程中，全面发展网络素养能力，以使儿童适应网络时代的发展。

美国 Lee Elementary School 的网络素养教育实践充分说明，网络素养教育应赋权给儿童，尊重儿童的自由精神与探究本能，欣赏儿童的独特个性与差异性，在网络素养教育过程中，给儿童充分的自由空间，充分让儿童去自主选择、自由探究、自由创造、自由生成自身的思想观念，而不是把现有的知识、观念、统一的标准强加给儿童，也不是让儿童背离发展需要而机械地训练网络技能。网络素养教育赋权于儿童的过程，就是基于儿童兴趣与成长发展需要，赋予儿童充分、自由、权利，让儿童有更多体验的机会，让儿童体验成为自己思想的主人、学习的主人、生活的主人的过程，让儿童在成为主人的环境中成长。教育一方面为儿童创设适当的环境，为儿童提供选择决策、诞生思想的机会；另一方面对儿童的发展方向进行引领导航，让儿童的发展不偏离方向。赋权儿童是让知识"活"在儿童自主的探究和体验之中，让教育融入儿童的心灵世界中。

启示之三："授人以鱼不如授人以渔"，让儿童学会在探究网络世界与现实世界的互动中学习成长的方法

"授人以鱼不如授人以渔"，网络素养教育不是传授给儿童既有的知识，而是通过"授人以渔"的方法，让儿童学会在探究网络世界与现实世界的互动中学习成长的方法，网络素养教育的过程是丰富成长体验，通过参与过程完善思想、丰富心灵，健全个性与发展人

格，培养责任感、发展儿童的创造力，使网络时代的儿童具有丰满的人性、健全的人格，从而使儿童在网络时代飞得更高、走得更远。因此，网络素养教育的方法不应采用这样的方法：一味的强制灌输、简单的"告诉"和机械重复的训练，因为这伤害了儿童自由和探索的天性，破坏了"儿童"的本义。"授人以渔"就是向儿童敞开各种可能性，开发儿童的潜能，开拓儿童的视野，让儿童前行于自我超越中，帮助儿童找到发展的最大可能和最好可能。"授人以渔"就是以发展的理念看待儿童，并让网络时代的儿童学会发展，将儿童的个人发展融入时代发展的洪流中。儿童是一种可能性，可能性就是生成性、可塑性、创造性。网络素养教育就是发展儿童潜能，为儿童提供多种发展路径，使可能性变成现实性，儿童总是以他的眼睛看世界，用他独特的观察方式、思维方式、解释方式和表达方式参与世界的建构，然而，网络世界既有真善美，也有假恶丑。儿童正处于成长时期，需要教育的力量，通过教育提升明辨是非的能力，指引前进的方向，网络世界是虚拟世界，让儿童获得一种新的生存方式，但虚拟世界对儿童充满了诱惑，良莠不齐的内容会慢慢侵蚀儿童的心灵，消蚀高尚和圣洁的情感，儿童可通过教育增强自己的识别和抵制能力，教育可以引领儿童走向崇高，在儿童的心里筑起一块高地，让儿童寻找到成长的价值与力量。陶行知曾说："教育是要在儿童自身的基础上，过滤并运用环境的影响，以培养加强发挥他的创造力，使他长得更有力量。"[7] 网络素养教育意味着指引儿童直接参与社会和自我生活的创造，网络素养教育本质上就是培养网络时代儿童的发展能力，以使他更有力量地健康地成长于网络时代。

启示之四：将网络素养教育融入学科课程教学之中，促进网络探究与学科探究的内在融合

探究是儿童网络探究与学科课程探究共有的学习方式。网络时代知识的建构性、过程性、不确定性被空前放大，探究成为儿童学习的基本方式，也是儿童特定情境中解决问题的方式。学科的本质是探究，不论是自然科学，还是人文、社会科学，学科知识只有通过探究的方式，让儿童体验、建构、创生，学科知识才能保持内在的生命力，儿童的学科知识才成为与时俱进、不断发展的知识。[8] 网络时代，网络为儿童提供了一个探究知识，建构自我学习意义的平台，儿童可以围绕学科知识问题通过网络建构起对自我、对自然、对社会之内在联系的整体认识，由此更好地理解学科探究的内在价值。Lee Elementary School 的实践证明，网络不仅可以帮助儿童拓展学科探究的范围，而且可以利用网络与他人合作探究，交流分享探究成果，合作建构思想与意义，合作创造知识等，网络可以为儿童的学科探究提供有力支撑。网络探究是儿童在网络空间基本的学习方式，网络探究的目的是使儿童建构起自身与网络世界的关系，不仅更好地认识网络世界，而且密切网络世界与现实世界的关系，能够担当起建设世界、改造世界的重任。而儿童的学科探究与网络探究相结合，可以使儿童网络探究聚焦的问题更加明晰具体，探究更有针对性，促进儿童在具体问题解决的过程中加深对网络世界与现实世界关系的理解。在学科探究中网络素养教育促进了儿童的问题意识，而不是盲目地去体验和探究，获得一些零敲碎打的生活体验。而是在具体的问题情境中，运用科学性的方法，遵循一些基本的科学性研究步骤，主动去思索和探究生活能够赋予人的新意义和新感受。有规划、有目的的学科探究引导儿童把研究和思考一步步深入，从而使儿童在对研究品位和研究结果的追求中保持兴趣的持久性和经验的深度。尽管学科探究与网络探究面向各自不同的领域，学科探究面向学科问题，以此获得系统的学科知识；网络探究面向的是儿童的生活，包括儿童所面临的社会生活、网络生活以及自身面临的诸多问题。在这两种不同的探究之间存在着密切的内在联系：学科原本来源于对生活的探究，对学科的探究离不开儿童生活中获得的经验。同时，儿童对学科知识学习的意义在其探究生活的过程中得以建构，这不仅是指学科知识在这个过程中得到了应

用，更重要的是建立了学科知识对于儿童创造、发展自我生活的意义。并且，儿童在探究生活的过程中所产生的对学科知识的渴求，不仅建立了儿童生活经验与学科知识之间的联系，也使儿童学科知识的学习成为一个主动而富有意义的过程。两种探究相互促进，生活赋予学科以意义，学科提升完善自我生活的品质，二者内在统一于儿童的个性成长。因此，网络素养教育可以将网络探究与学科探究相结合，在促进二者的融合中相互促进，相得益彰，让儿童在解决问题的过程中，建立起自我的价值、学习的意义和对学习生活的态度。学科探究与网络探究内在价值的融合，对促进儿童的发展，建构网络时代新的学习文化具有重要意义。

四、结语

网络素养教育是一种关切网络时代儿童生命成长的教育，让网络时代的儿童成长在阳光健康的康庄大道上，让儿童通过自身素养的提高，过有意义的网络生活，提升生命的意义和质量。网络素养教育是面向儿童终身学习与发展的教育，网络素养教育的核心是让儿童探究性、建构性地参与网络实践活动，认识网络的本质，理解网络世界与现实世界的关系，能够在网络实践活动中建构自身的理解，生成建构意义，提升自我发展能力。美国Lee Elementary School 在学校层面高度重视网络素养教育，以尊重网络时代儿童的探究本性，发展儿童的探究意识，提升儿童网络探究能力为根本，将儿童的网络素养教育融入学科探究，融入儿童的网络探究实践活动之中，对我国网络素养教育提供了崭新的视野，具有重要的启发与借鉴意义。

参 考 文 献

[1] [美] 唐·泰普斯科特. 数字化成长 3.0 [M]. 云帆译. 北京：中国人民大学出版社，2009：12.

[2] [英] 大卫·帕金翰. 童年之死：在电子媒体时代成长的儿童 [M]. 张建中译. 华夏出版社，2005：204.

[3] John Pungente. The Canadian Experience：Leading the Way [J]. Yearbook of the National Society for the Study of Education，2005 (4)：38.

[4] [美] 尼葛洛庞蒂帝. 数字化生存 [M]. 胡泳等译. 海南：海南出版社，1996：26.

[5] [意] 玛利亚·蒙台梭利. 童年的秘密 [M]. 霍力岩译. 中国人民大学出版社，2008：15.

[6] [加] 马歇尔·麦克卢汉. 理解媒介：论人的延伸 [M]. 何道宽译. 译林出版社，2011：52.

[7] 陶行知. 陶行知文集（上）[M]. 南京：江苏教育出版社，2008：219.

[8] 张华. 研究性教学论 [M]. 上海：华东师范大学出版社，2010：153.

（作者单位：华东师范大学网络学院　原文刊登于《全球教育展望》2012 年第 10 期）

信息时代欧洲媒介素养体系的建构

——一种政府主导，多政府部门支持的模式

王润珏

随着信息技术的发展与普及，信息化浪潮席卷全球，媒介系统与信息通讯系统紧密联结、深度嵌入世界经济社会发展之中。"媒介素养"的重要意义不断凸显，它不仅关系个人对信息化社会的适应能力，更关系着国家和地区的社会稳定与竞争力塑造。近年来，"媒介素养"问题在欧洲受到了欧盟及各国政府的普遍关注，多项以改善媒介素养状况为目标的立法项目、政策措施陆续提出，一个以政府力量为主导的欧洲媒介素养体系正在逐步形成。

一、欧洲媒介素养理念的发展与变迁

媒介素养与媒介素养教育的概念伴随着大众媒介的出现诞生于欧洲，并与欧洲社会和媒介系统一同经历发展变迁。在这一过程中媒介素养理念由单一走向多元，媒介素养体系逐步形成，"政府"的角色由边缘走向中心。

19世纪末至20世纪二三十年代，英国报业高速发展，通俗报纸普遍出现"媚俗化"倾向。在此背景下，1933年，英国学者 ER·利维斯和丹尼斯·桑普森在《文化和环境：培养批判意识》一书中就学校引入媒介素养教育的问题作了系统的阐述并提出了一套完整的建议。20世纪20年代，法国巴黎民间发起电影俱乐部运动，提出明确的媒介素养教育目标。精英主义文化主导着最初的媒介素养理念，媒介素养及媒介素养教育的核心观念是"保护"。此时的媒介素养与媒介体验完全对立，通过鼓励对流行文化的免疫与抵制保持本国文化传统、语言、价值观和民族精神的纯正和健康。这一思想在欧洲媒介素养理念中占有重要地位，其影响一直延续到60年代。

20世纪50年代，随着电影、广播、电视等电子媒体的普及与发展，媒介素养问题受关注的程度有所提高，"媒介素养"、"媒介文化"成为高校研究的重要内容之一，儿童和青少年是当时媒介素养教育的主要对象。到20世纪七八十年代，大众媒介的发展推动了大众文化的兴起与繁荣，欧洲媒介素养理念受到"实用主义"、"美学"、"符号学"不同程度的影响，更注重帮助学生对媒介内容进行辨别、取舍，以合理地接受大众文化。"屏幕理论"在这一时期兴起，主张增加学生对媒介的理解，例如，媒介是如何运作、如何组织，它们如何生产意义、再现"现实"等。[1]媒介素养教育在一些国家被正式写入相关文件并纳入国家教育体系，受到以教育部为主的多个政府部门支持。在法国，媒介素养成为中学的全国性课程；在英国，新媒介等课程被列为16至18岁学生的考试科目；在德国，媒介素养教育实践采用与必修课程整合的方法，被融合在艺术、地理和社会科学等课程中。

20世纪90年代，计算机信息处理技术飞速发展，媒介素养逐渐成为公民生活所需具备的基本能力之一，向公众提供媒介素养教育也逐渐被视为政府、教育机构的一种社会义务。2000年，欧盟15国领导人达成并通过了一项关于欧盟十年经济发展规划——里斯本战略，其目标是使欧盟在2010年前成为"以知识为基础的、世界上最有竞争力的经济体"。里斯本战略对欧盟层面的媒介素养研究起到了极大的促进作用。自2000年以来，欧盟委员会先后组织3个媒介素养工作室，提供350万欧元资助30余个相关项目。研究表明，媒介素养不仅关系着公民能否充分享受信息化带来的美好生活，更成为影响欧洲一体化进程推

进和信息时代欧洲竞争力塑造的决定性因素。媒介素养是未来社会管理的有效工具之一，应成为欧洲各国政府以及欧盟委员会媒介管理相关机构的基本职责。2004 年，"促进媒介素养"成为英国通信办公室（Office of Communication）的工作内容。2007 年，欧盟委员会通过了新的视听媒介服务指令（Audiovisual Media Services Directive，AVMSD）。该指令第 26 条规定，欧盟委员会有义务报告所有欧盟国家的媒介素养状况。媒介素养问题被首次写入欧盟层面的制度之中。

二、媒介素养促进的制度化与媒介素养教育的系统化：国家层面的媒介素养措施

欧洲各国的政治体制、文化传统、经济和教育发展水平存在差异，其媒介素养水平和促进措施与发展规划也有所不同。总体来看，在建设信息化社会的宏观背景下，媒介素养促进的制度化和媒介素养教育的系统化是欧洲国家较为一致的选择。

1. 英国

英国是欧洲也是世界第一个通过立法要求监管机构推广媒介素养的国家。2003 年，为适应三网融合和国家信息化发展需要，英国议会制定并通过《通信法草案》（Communications Act），设立通信办公室（Office of Communication，Ofcom）统一对英国的传媒业和电信业进行监管。依据该法案第 11 条，通信办公室需承担促进媒介素养的工作。2004 年，通信办公室成立媒介素养部，相关工作随之展开，主要包括四个方面：一是定义"媒介素养"。Ofcom 认为媒介素养是使用、理解和发起传播的能力（the ability to use, understand and create communications）。[2] 二是开展调研。Ofcom 分阶段开展针对所有社会阶层的媒介素养水平调研，为制定和实施促进媒介素养提升的规划和措施提供基础资料的支持。三是整合力量。促进已有的媒介素养推广机构之间的合作，资助相关问题研究，指导人们关注和思考媒介素养的相关问题。四是建立标签化管理框架。成立工作小组调查和确定不同受众群体可接受内容的程度，以便建立一种易于接受的标签化的信息和内容管理方式（类似电影分级制），帮助他们判断和处理可能面对的媒介内容。[3]

2. 法国

法国是较早关注媒介素养问题的国家，但在很长时间内都处于分散的、零散的发展状态，直至媒介融合的发生和信息社会建设的实施，媒介素养作为整合关系国家发展的多方力量的手段之一才被重视，并走向系统化。在这一过程中，联合国教科文组织法国委员会（UNESCO's French commission）和法国高等视听委员会（Conseil Supérieur de l'Audiovisuel）通过组织会议和提交报告等方式起到了很大的推动作用。

2005 年，法国公布新的法律规定，将媒介学习确立为义务教育课程的一部分；2006 年，媒介素养教育被确立为与社会和公民参与相关联的基本技能之一，并设立面对中小学学生的信息通信技术技能认证考试（B2iTest）。目前，在法国的媒介素养体系中，媒体信息教育中心 CLEMI 和教育部负责发展学校媒介素养教育，高等视听委员会作为行业监管机构负责从传媒业的运作和内容生产管理、监督方面开展相关工作，文化部和青年部会开展一些涉及媒介与公民身份认同等方面的工作。此外，媒体是公众媒介素养教育的重要平台，法国电视集团生产和制作媒介教育的节目和教学资源，法国第五频道（France 5）长期对国家媒介素养促进提供支持。

3. 芬兰

在芬兰、丹麦、挪威、德国、瑞典、冰岛等北欧国家，媒介素养问题随着各国政府相继出台的信息社会发展规划而受到重视，以本国完善的教育体系和较高的公民教育水平为基础，形成了颇具特色的"北欧媒介素养教育模式"。在"北欧媒介素养教育模式"中，信

息技术素养（information technology literacy）、数字素养（digital literacy）被视为当前媒介素养问题的核心，主要由国家教育部负责，通过国家教育系统实施，包括学前教育、学校教育、继续教育和终身教育，并由国家为家庭教育提供支持。

我们以芬兰为例梳理这一模式。在芬兰，交通与通信部（The Ministry of Transport and Communication）负责管理电子媒体的基础设施和许可证的发放，通信管理局（The Finnish Communications Regulatory Authority，FICORA）负责对广播、电视等媒体的日常运作进行监管，教育部（The Ministry of Education）和芬兰国家教育委员会（The Finnish National Board of Education）负责媒介素养教育及媒介素养相关事务。20 世纪 90 年代，芬兰开始走上信息化发展道路；自 2000 年开始，媒介素养和媒介环境安全问题被置于关系芬兰未来国家竞争力的重要位置，连续写入国家发展五年规划；2004 年，芬兰宣布将从法律建设、媒介教育创新、信息传播、版权保护、传媒产业的社会责任、媒介研究等九个方面推进和评估国家媒介素养工作。

近年来，芬兰教育部和教育委员会主导规划和实施了一系列以提高国家媒介素养为目标的措施，这包括：重新规划和设计学校媒介素养教育综合课程体系；媒介素养课程教师培训；为家长提供家庭媒介教育方法、资料的支持；开展在线、社区图书馆等多种形式的公开课；制作和发放电子、音频、视频、纸质等多种形式的了解信息社会的资料；推进媒介内容分级制度；要求和指导普及率较高的媒体，如报纸、电视等，提供关于提高媒介素养的内容和节目；进行保护儿童免受有害信息侵扰的相关立法；联合各类媒介素养教育机构推动相关项目的实施；资助研究；促进国际间的交流与合作。

4. 德国

在德国，通常使用 "media competence" 替代 "media literacy"。德国政府认为，现代信息通信技术的应用能力是运用知识、实现创新和推动增长的关键，媒介素养和媒介素养教育是国家发展的重要挑战。德国媒介素养促进措施与北欧五国类似，以教育体系为主导，培养媒介素养被视为德国义务教育的基本任务之一。不同的是媒介素养相关法律和教育方案由联邦德国的各个州自己制定，旨在建立一个"无处不在"的媒介素养培养和实践的环境，促进媒介素养与日常生活和社会运转的紧密结合。

5. 西班牙、葡萄牙

西班牙、葡萄牙等南欧国家的媒介素养体系建设相对滞后。西班牙没有专门的政府机构致力于媒介素养的促进，一些地区性的监管机构，如加泰罗尼亚视听委员会（Consell Audiovisual de Catalunya）会对本地区的媒介素养问题作一些努力，民间组织是西班牙媒介素养研究与教育的主体。2000 年以来，这一情况有所改善，数字素养和媒介素养被列入中小学义务教育课程体系，并在皇家法令（Royal Decree）中明确指出，使学生拥有使用信息资源的基本技能是中小学教育的基本任务之一。当前，西班牙最缺乏的是从国家层面建构的平台，进行跨地区的、跨领域的有关媒介素养问题的讨论、交流和合作。

葡萄牙传统的媒介素养实践措施包括学校电影院、学校出版社、技术教育、公民媒介与传播知识学习、媒介研究等，但缺乏统筹和规划。近年来，葡萄牙政府意识到数字技术和新媒体的应用对国家发展和社会管理的意义，在媒介素养问题上表现出积极而明确的态度，并采取了一种多部门广泛参与的方式，即由一个政府部门发起，其他部门协同配合。目前，已经在执行的有教育部、文化部、科学部、技术部、团结部、劳动和社会保障部发起的多个促进国家媒介素养体系建设的相关项目。

三、欧盟主导的欧洲媒介素养体系的设计：超越国家层次的媒介素养认知

欧盟（The European Union）作为欧洲国家的政治经济联合体，它建筑于国家之上，

运作于政府之间，通过从欧洲单一市场、统一货币到共同的外交与安全政策、共同的象征符号等一系列具有超国家意义的举措，重新构建了区域内的国家间关系，在欧洲一体化进程中发挥着重要作用。2000 年以来，欧盟在欧洲媒介素养的发展中扮演着越来越重要的角色，它通过资助研究、启动立法等多重手段，主导和推动着欧洲媒介素养体系的建设，并对成员国的媒介素养工作提出要求，提供指导。具体来看，主要体现在以下三个方面：

首先，建立统一的欧洲媒介素养理念。欧盟委员会认为，明确界定"媒介素养"概念，统一各国政府、学者和各类机构对媒介素养内涵的理解是展开媒介素养工作的前提。

2007 年，欧盟新视听媒介指令（AVMSD）中将"媒介素养"定义为一种能力，即能够使用、分析和评价日常生活中所面对的、来自媒体的图像、声音等各种类型的信息，以及使用各类媒体进行沟通和传播。媒介素养关系到所有媒体，包括电视、电影、广播、印刷媒体、音像制品、互联网以及所有数字新媒体。[4]

从欧盟层面来看，在信息社会的背景下，对个人而言，媒介素养是青年人、成年人、老人，家长、教师、媒体从业人员都应具备的一项基本能力，关系生活、学习、就业和适应时代发展；对欧洲而言，媒介素养是一种基础性要素，关系着更具竞争力和包容性的知识型经济的建立、欧洲单一信息空间和文化市场的形成、更好的公共服务和更高的生活水平的实现；同时，还与欧洲文化认同和身份认同、政治安全和社会稳定、社会公平和积极的公民意识等欧洲社会发展目标相关联。因此，欧洲的发展需要与之相适应的欧洲媒介素养（European Media Literacy），这就要求欧盟各国媒介素养水平的整体提升。

其次，推动欧洲媒介素养评价体系的建构。欧盟认为只有准确地评价欧洲媒介素养水平才能制定正确的促进措施，并及时掌握措施的实施情况。2007 年开始，欧盟与联合国教科文组织、欧洲观众利益协会以及欧洲多所大学联合开展关于欧洲媒介素养评价方法和评价体系的研究与讨论。基本的思路是从两个维度进行考察，一是个人能力（如技术使用能力、辨别和理解能力、沟通能力等）；二是环境因素（如媒介可用性、媒介教育体系、政策和制度、其他相关利益集团等）。

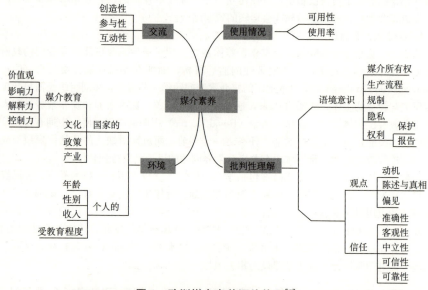

图 1 欧洲媒介素养评价体系[5]

2011 年 4 月，由欧洲观众利益协会（European Association for Viewers Interests）和丹麦技术研究所（Danish Technological Institute）联合向欧盟委员会提交的《关于欧洲媒介素养水平评价体系的测试和改善报告》中，对欧洲媒介素养评价体系提出了最新的完善意见。《报告》建议从媒介使用情况、对媒介的批判性理解、使用媒介进行交流情况和综合环境四个方面对国家和欧洲媒介素养情况进行评估（详细结构见上图）。目前，评价体系仍在完善过程中，经欧盟委员会确立的最终的评价体系也将在近期对外公布。

再次，明确欧盟委员会及成员国的媒介素养义务。2007 年 12 月，欧盟委员会通过了新的视听媒介服务指令（AVMSD）。该指令第 26 条规定，欧盟委员会有义务报告所有欧盟国家的媒介素养状况。AVMSD 同时指出，如有必要，欧盟委员会还应根据新技术的发展、成员国的媒介素养水平和部门竞争力，提供针对这一指令的应用报告和建议书，使之能够适应视听媒体发展的需要。

同年，欧盟委员会在随后发布的题为《数字环境下欧洲媒介素养路径》的文件中就媒介素养问题向各成员国提出要求：一、应鼓励视听媒体和电子通讯业的监管部门对推动多个层面媒介素养水平的提升给予更多的投入并加强合作；二、推进媒介素养研究的系统化，定期观察和报告本国不同层面和群体的媒介素养状况；三、制定和实施行为守则，建立国家层面的共同监管框架，倡导行业自律。[6]

总结

20 世纪初，"媒介素养"的概念诞生于欧洲，但在其后的数十年间，由于制度化和体系化缺失、国家引导的缺位，欧洲媒介素养体系的发展逐渐落后于加拿大、澳大利亚等国。随着信息化时代的到来，"媒介素养"被提升到关系欧洲未来竞争力塑造的战略高度，在短时间内获得了来自欧盟及各国政府的集中关注。当前，我国正处于信息化建设的进程之中，国家十二五规划中明确提出了加快建设宽带、融合、安全、泛在的下一代国家信息基础设施，推动信息化和工业化深度融合，推进经济社会各领域信息化的发展目标[7]。因此，媒介素养水平的提升对我国的社会经济发展亦有重要意义。

21 世纪的前十年，欧洲为我们提供了一种政府主导下的、以适应信息社会发展为目标的媒介素养体系建构的实践范例。这是一个系统工程，包括从媒介素养理念的转变到媒介素养概念的重新界定，从相关法律制度的制定到国家层面监管框架的建构，从媒介素养评价体系的设计到媒介教育体系的规划，从媒介素养促进规划的制定到具体项目的推进与实施。今天，欧洲媒介素养体系建构工作已取得阶段性成果，信息时代欧洲媒介素养体系雏形初现，其思路和方法可为我国相关工作和研究提供借鉴。

参 考 文 献

[1] 黄旦，郭丽华. 媒介教育教什么？——20 世纪西方媒介素养理念的变迁. 现代传播，2008（3）.

[2] What is media literacy? http：//stakeholders. ofcom. org. uk/market-data-research/media-literacy/about/whatis/，2011-12-10.

[3] About Ofcom and Media Literacy，http：//stakeholders. ofcom. org. uk/market-data-research/media-literacy/about/，2011-12-21.

[4] AVMSD 2007/65/EC，http：//eur-lex. europa. eu/LexUriServ/LexUriServ. do? uri＝CELEX：32007L0065：EN：NOT，2011-12-12.

[5] Testing and Refining Criteria to Assess Media Literacy Levels in Europe，http：//ec. europa. eu/culture/media/literacy/studies/index _ en. htm，2011-12-05.

［6］A European approach to media literacy in the digital environment，http：//ec. europa. eu/culture/media/literacy/communication/index _ en. htm，2011-12-05.

［7］中华人民共和国国民经济和社会发展第十二个五年规划纲要，http：//news. xinhuanet. com/politics/2011-03/16/c _ 121193916. htm，2011-11-20.

（作者单位：中国传媒大学　原文刊登于《新闻界》2012 年第 8 期）

学术卡片

澳大利亚新闻与传播学研究生课程中的媒介素养教育

潘　洁

《东南传播》　2012 年第 10 期

本文以澳大利亚新闻与传播学研究课程为个案，分析媒介素养教育在澳高等教育中的发展历程、课程设置以及师资科研等状况，以期对我国在该领域的发展有所借鉴和帮助。

大众传播学者阿特·西尔弗布拉特认为受众必须掌握一些传媒知识，这对提高受众素质，减少文化垃圾具有重要意义。20 世纪 60 年代初，加拿大电子媒体充斥着大量不健康的商业广告和流行歌曲。基于此，中小学开始推广和普及媒介素养教育，提高其抵御垃圾信息的"免疫力"。70 年代中期开始，澳大利亚将"媒介素养"作为语言艺术教育的一部分，引入本国的初、中等教育。从 80 年代至今，澳大利亚高校的艺术、摄影、电影、电视、新闻学、大众传播、媒介等专业，都设置了与媒介素养有关的课程，进一步强化批判思维及学科研究后备力量的培养。

在教学方式上面，澳洲高校大多采取的方式是结合跨文化传播、新闻学、大众传播学、语言学、社会学、艺术等学科特点，融入媒介素养教育的调查研究与教学法。

以笔者就读的格利菲斯大学影视传媒文化研究学院为例，首先，教材中有关媒介素养的内容所占比重逐年加大。其次，研究生课程重在强化批判性思维与科研能力的培养。再次，学院运用"比较研究法"拓展学生的研究视野。

除此之外，由于在传统文化上的"闭关锁国"，美国的媒介素养教育发展相对滞后。而澳大利亚地处亚太地区，东西方文化兼容并蓄，加上沿承了英国严谨踏实的学风，所以长期以来，其媒介素养教育研究较为活跃，出现了一批在学界有重要影响的学者和教育家。

总之，与初、中等教育相比，澳高校中的媒介素养教育处于稳步发展阶段，这值得我们关注与思考。

（应通　摘）

国际中小学母语课程媒介素养教育及启示

李先锋　董小玉

《中国电化教育》　2012年第1期

媒介素养教育是通过向学生传授媒介知识，通过训练他们解读各类媒体文本，培养他们的批判意识，使他们成为"快乐的媒体使用者"，从而"有效地帮助孩子完成社会化的准备"。

在接触到大众媒介影响的第一阶段中，教育工作者们试图通过使用"预防"的保护主义模式来保护学生不受媒体伤害。这种教育模式的假设是：媒介会制造出消极影响，因此，我们必须保护年轻受众的高雅阅读品味和传统文化价值观不受污染。但是实践证明，预防为主的保护主义的媒介素养教育模式对培养学生的批判性媒介素养帮助不大。培养"批判性受众"则成为了中小学媒介素养教育的根本目标。

也正是在长期训练学生对媒介语言进行批判性思维的过程中，国际母语课程形成了较为系统完备的媒介素养教学内容、教学方式与评估标准。

现在正有越来越多的学制持续地致力于为中小学及更高的教育阶段制定媒介教育的标准，因此有关媒介教育效果形成清晰的概念规定与衡量标准，也成为当代母语课程媒介素养教育的重要范畴。其中，澳大利亚的英语课程标准对于媒体文本素养的标准陈述为：(1) 母语课程标准明晰陈述学生媒体文本学习结果与指标。(2) 依据学生媒体思维发展，逐年级段评价学生媒体文本解读与批判能力。

而对于媒介素养教育在母语教学层面上的操作，人们普遍关注的是"对媒介文本进行提问的表现"，一般采用文本质疑的教学模式，也被称为"TAP媒介素养教学模式"。这种模式要求从事媒介教育的老师，围绕文本（Text）、受众（Audience）、产制（Production）三个提问维度吸引学生饶有兴趣地、迅速投入到相关文本的批判性分析中。

与国际中小学的母语课程中的媒介素养教育相比，我国相关的研究与实践则明显滞后。我们要以国际中小学母语课程中的媒介素养教育经验为鉴，促进语文课程媒介素养教育批判主义范式的建立，同时，这也是一项全面提高我国中小学生语文素养的系统工程。

（应通　摘）

国外中小学媒介素养教育新进展

罗生全　欧露梅

《中国电化教育》　2012年第7期

媒介素养是公众面对各种媒介信息的解读和批判能力，以及使用媒介信息为个人生活、社会发展所用的能力，具体包括对媒介信息选择、理解、评价、质疑、创造和批评的能力。总体来看国外中小学媒介素养教育主要经历了"文化保护主义"、"大众文化主义"和"超越保护主义"三个阶段的历史嬗变过程。

自 20 世纪 30 年代以来的国外中小学媒介素养教育在早期发展过程中主要处于一个抵制大众媒介的"文化保护主义"或"免疫式"发展阶段,这种基于保护主义价值取向的中小学媒介素养教育强调大众媒介的消极内容和负面影响,把媒介看作是绝对的有害物,把学生看作是绝对的受害者,因而试图通过教育来帮助中小学生逃避和免受外界媒介的侵害。到了 20 世纪 60 年代,随着大众文化的不断兴盛与发展,中小学媒介素养教育有了一次重要的转折,即由过去抵抗和防御大众传媒的"文化保护主义"教育逐渐转变为"大众文化主义"教育,鼓励学生不仅要认识大众媒介的负面影响,还要不断接触和解读大众媒介的一些积极作用。20 世纪 90 年代,媒介素养又进入了一个新的"超越保护主义"发展阶段,以青少年为中心,尊重他们既有的媒介知识和媒介体验,引领青少年根据自身的利益对媒介信息作出明智的选择,以增进他们对传播的本质和媒介新技术的认识。

进入新世纪以来国外中小学媒介素养教育在已有发展的基础上,有了更新更符合时代要求的发展,主要呈现出以下趋势和走向:从学科模式走向统整模式、从技术掌握走向创新学习、从教学本位走向学习本位、从抵抗式防御走向参与式行动。

通过对国外中小学媒介素养教育新进展的介绍与概述,我们可以从中吸取一些经验,从而结合现实情况认真思考我国当前中小学媒介素养教育的发展状况与变革趋势。在现行的教育制度和社会条件下,我国中小学媒介素养教育应突出跨学科发展的整合效应,实现课程的文化转向,创建问题本位的教学模式与学习方式,促进学生基于问题的学习与创新能力发展。

（应通 摘）

加拿大媒介素养教育的启示

——以大西洋省份初中媒介素养教育为例

《教育园地》 2012 年第 10 期

大众媒介以其迅猛的发展,早已渗透到生活的方方面面:每天不计其数信息以声音、图像、文字等形式,像洪水一般冲向我们。其中有些是对人有利的,但是有些却是对人不利的。由于媒体在学生学习成长中扮演的角色日益重要,媒介素养教育显得至关重要。而我国的媒介素养教育尚未形成体系,需要努力学习和借鉴国内外优秀经验。

加拿大的媒介素养发展相对靠前,我们就以加拿大大西洋省份初中媒介素养教育为例。每一个大西洋地区省份都较为严格地在实施"大西洋地区省份教育基金"为语言艺术设立的框架,在这个框架里,媒介素养基本上是与英语语言艺术课程中作为基础环节的"视""听""说""读""写"五个部分整合在一起的。除此之外,大西洋省份的初中媒介课程有三大特点:分板块从易到难设置内容("听和说","读和看","写作及其他表达"),分年级设立教学目标,统筹建立媒介教育课程库。另外,加拿大大西洋省份的初中媒介素养课程包括三种形式,分别是:授课、游戏、一对一辅导,这三种形式适合于不同的课程内容和课程规模。而这也包括了初中生可能接触到媒介的方方面面。

从加拿大的课程设置上面,我们可以得出以下的建议:可将我国部分省份视为一个整体，设计出媒介素养课程的体系；可将媒介素养课程整合到已有的课程之中；设计课程时应着重考虑学生所读所写的内容和学生日常接触的媒介内容；要注意将初中阶段的媒介素养视为提出"好的问题"的能力。

（应通　摘）

美国媒介素养定义的演变和会议主题的变革

陈晓慧　王晓来　张　博

《中国电化教育》　2012 年第 7 期

随着社会信息化的不断发展，人们生活与媒介融合也不断加深，美国媒介素养教育虽然起步较晚，但是经过几十年的努力和发展，逐渐形成了具有本国特色的媒介素养教育。又因为其发展过程与全美媒介素养教育的有关会议的召开具有密切联系，因此具有比较完整和清晰的演变历程。

1995 年 9 月，第一次全美媒介素养会议在北卡罗来纳州阿巴拉契亚州立大学举行，会议的主题是："建立一个多样性，多元化的媒介素养教育平台"，从而为媒介素养教育运动能够顺利发展成为一个多样性、多元化的平台做好基础和铺垫。随后，又召开多次全美会议，每个会议的主题都有其鲜明的针对性和创新性，在会议主题的转向过程中有这样几个特点：（1）从理论到强调开展媒介素养教育与公众生活联系的实践。（2）逐渐把关注的重点放到学校媒介素养教育上。（3）面对挑战，不断发展和创新媒介素养教育。（4）连接国际视野。

由于不同的社会和文化背景，美国走的发展道路与其他欧洲国家不同。美国媒介素养教育在以下两个方面产生了演变：（1）媒介素养教育研究的专业化。（2）媒介素养教育运动的大众化。

刚刚召开的 2011 年美国媒介素养教育会议为我们探究美国媒介素养教育的发展趋势提供了重要的提示。在学校教育方面，无论是在各年级的学生教育方面还是在学校教师的培训方面，美国媒介素养教育都更加趋向于专业化和国际化的发展道路。在生活健康方面，美国越来越强调媒介素养教育与公民饮食、医疗、农业等生活各方面的密切融合，并以议题的形式纳入到美国未来媒介素养教育研究的重点关注领域。在新闻媒体方面，美国媒介素养教育关注的是电子科技的继续创新以及各领域职员在与媒体打交道时所应该具备技能的培养。

美国媒介素养教育的发展过程中呈现的专业化和大众化，对我国媒介素养教育的发展具有重大的启示和指引作用。

（应通　摘）

美国媒介素养教育的发展、实施及其经验

刘晓敏

《外国教育研究》 2012 年第 12 期

信息化社会的到来使大众媒体逐渐成为学生获取知识的另一种主要途径，也成为深刻影响学生生活方式的重要因素。然而，大众媒体环境日益复杂，媒介内容良莠不齐，因此，如何培养学生们的媒介理解能力和反思批判能力已经成为教育界和学术界关注的焦点。

美国的媒介素养教育在汲取了英国、澳大利亚、加拿大等国发展理念、实践经验的基础上，探索出了一条独特的发展模式。而美国媒介素养教育的发展大体上经历了三个时期，即预防期、面对期和免疫期。预防期的媒介素养教育者们的主要任务是防范媒介信息对学生产生不良的影响。面对期的教育者们意识到原来采取的预防策略并没有产生理想的媒介教育效果，因此需要改变原来的教育策略。在免疫期，对媒体健康信息的解读与分析成为美国媒介教育的重点与特色。

在多年的发展过后，美国逐渐发展形成了具有自身特点的媒介素养教育的基本理念，即干涉主义取向和文化主义取向。干涉主义取向是指"将媒介素养教育视为保护年轻人不受伤害的工具，目的是保护大众尤其是儿童抵御电视等媒体制造的不良内容的消极影响"。文化主义取向的媒介素养教育则注重学生对于媒介的感受和体验，其教学方法包括以学生为中心的意义理解过程，以及尝试提高学生在体验媒介过程中的愉悦程度。

美国媒介素养教育在课程设计上具有较强的系统性和针对性，主要表现在：媒介素养教育的主题和内容能够根据不同年龄阶段学生的特点而有所区分。根据教育模式的不同，通常课堂上的媒介素养教育活动可以分为两类：一是对现有媒介内容进行解构与分析，二是让学生学习制作广告、报刊、新闻等媒体内容。

相对于国内的媒介素养教育方面的发展水平，美国在媒介素养教育方面的努力和探索可以为我们提供些许思考路径。一是成立全国性的媒介素养教育机构，专门负责媒介素养教育的开展与推进。二是形成若干组织良好的媒介素养教育组织及定期会议。三是将媒介素养教育课程真正纳入到中小学课程中。四是充分发挥教师在媒介素养教育推广过程中的积极作用。

（应通 摘）

年度述评

2012 年国外媒介素养教育研究

陈 钢

传播媒介从开始为人驾驭，到目前人为之驾驭的发展，逼得我们不得不对人与媒介之间的关系，重新加以审思。[1]日新月异的大众传媒不仅实实在在地改变着人们的日常工作、

学习与生活方式，同时也制造着前所未有的麻烦和困扰，内蕴着巨大挑战，媒介素养教育就是这种挑战的应对。但囿于种种原因，迄今为止，我国内地的媒介素养教育研究和实践进展依然缓慢，于是很多研究者将目光投注于西方研究理论与实践模式的译介与述评，以期对我国的媒介素养教育理论和实践提供镜鉴。2012 年，诸多研究者在课程设置、范式探讨、路径回顾和困境反思四个方面对国外媒介素养教育进行了探讨。

一、媒介素养教育课程设置

在西方一些国家，媒介素养教育既不同于新闻传播学专业教育，也不同于借助大众媒介来开展的"非课堂式"教育（如电视大学或现代远程教育等），而是以媒介本身为教学内容的教育（teaching about the media）。核心概念教学是他们媒介素养教育课程设置的重要一环，它的特点是开发一系列能够反映所有媒介属性的"核心概念"。常见的核心概念主要包括五个：媒介语言、媒介类型、媒介表征、媒介机构和媒介受众。英国的媒介素养教育一直非常重视核心概念的教学。1998 年，英国的电影教育工作小组成立，主要研究媒介/电影教育问题，研发电影、电视课程和教师手册。"3CS"① 电影教育模式是英国媒介素养教育的一大创新，是针对英国媒介素养教育特定的背景、特定的问题提出的，具有其独特的内涵，已经取得了许多成果，在英国电影教育中发挥着巨大的作用。这种模式可以将很多组织的成果整合到一起，通过共同努力去改变整个英国青少年电影教育的影响力和价值观。姜淑慧在《国外媒介素养教育案例解析及方法启示研究》的学位论文中对此模式产生的背景、内涵、内容、实施方法等进行了剖析，并展示具体实施案例及特征分析，认为从学生参与角度、系统评价角度、专业发展、经验积累等各个角度均可获得方法上的启示。[2]

虽然受英国媒介素养教育的影响颇深，但是在媒介课程的理论建设上，澳洲学者根据自身实际构建出相对完整的教育理论框架。在这个框架中，媒介文本是广义的，包括所有与语言有关的信息交流，较大范围地覆盖了现实生活中人们与媒介的各种交流方式。在这种框架中，媒介文本既是一种静态产品，又是一种建构过程。李先锋、董小玉研究发现，澳大利亚媒介素养教育所要做的就是立足多元文化，围绕文本，以文本解读为中心，同时兼顾那些对学生意义建构产生作用的诸多外在因素，以及这些因素间的相互作用，来设计和实施媒介课程，培养学生的媒介批判意识。[3]

澳大利亚被认为是当代西方最重视媒介素养教育的国家，也是世界上第一个通过法令使媒介素养教育成为每一个学生从幼儿园到 12 年级教育的一部分的国家。[4]早在 20 世纪 70 年代，澳大利亚便开发出从幼儿园到 12 年级的完整媒介素养教育课程与教材。事实上，澳大利亚对接受高等教育的学生的媒介素养教育同样重视。潘洁的《澳大利亚新闻与传播学研究生课程中的媒介素养教育》一文则以澳大利亚新闻与传播学研究生课程（the Postgraduate Program by Coursework）为研究个案，采用文献分析法与实证调查法，深入分析了澳大利亚媒介素养教育的发展历程、课程设置以及师资科研等状况，发现澳高校媒介素养教育能从其他学科中汲取养分、兼容并蓄，拓展教学思路，以丰富灵活的教学手段多维度地拓展思辨与研究能力，而且重视专业学者的培养，以优秀学者的研发带动学科建设，因此处于稳步发展阶段。[5]

加拿大安大略省是该国第一个将媒介素养教育纳入课程体系的省，目前已有了相对完整的教学方案和教学体系。其课程的显著特点是：K1-8、K9-10、K11-12 分别融入不同的课程，以多样的形式开展媒介素养教育。[6]刘璐的《加拿大媒介素养教育的启示》考察了加拿大大西洋地区各省的初中媒介素养课程，发现加拿大每一个大西洋地区省份都较为严格地实施了"大西洋地区省份教育基金为语言艺术设立的框架"，在这个框架里，媒介素养基本上是与英语语言艺术课程中作为基础环节的"视、听、说、读、写"五个部分整合在一起的。具体来说，媒体产品（media-related outcome）和支持性的资源（supporting recourses）是分别为每个年级所设计的，课程体系为每个年级的不同的媒介素养课程设立了不同目标。易言之，媒介素养课程的内容与学生的文化和生活方式紧紧相关，这一点在大西洋省份的课程设计中得到充分体现。[7]

美国媒介素养教育发展历史虽不长，但其 K-12 媒介素养教育课程却独具特色，对提高学生的媒介素养水平具有重要意义。耿益群和刘燕梅结合美国的时代和历史背景，从课程设置宗旨、课程实施主体、课程设置状况等方面对 K-12 媒介素养教育课程的特点进行了分析，指出美国 K-12 媒介素养教育课程以保护主义为宗旨，教学主体大多为一线教师和民间组织，是一场自下而上的草根运动。课程实施方式大多以融入式课程为主，各州媒介素养教育课程设置状况和标准纷繁多样，没有全国统一的课程目标、教学内容、教学实施主体和教学方式，各州课程都各具特色，发展状况也有很大差别。耿益群和刘燕梅还进一步分析了这种状况的两大成因：首先，美国地域广阔，且美国教育管理权属每个州所有，各州都由各自的教育主管部门来制定本州的教育政策，因此各州开设的课程，使用的教材，提倡的教学方法和采用的教学评估体系都各有特色。其次，美国是个崇尚多元文化的国家，有着民主自治的传统，这种特点也体现在媒介素养教育中。[8]

刘晓敏认为美国媒介素养教育的课程设计体现了系统性和针对性，教育模式则根据不同的状况分类进行，概言之，美国媒介素养教育具有以下几方面的特征：一是成立国立的媒介素养教育专门机构，独立开展媒介素养教育；二是形成若干组织良好的媒介素养教育组织及定期会议；三是将媒介素养教育课程真正纳入到中小学课堂；四是充分发挥教师在媒介素养教育推广过程中的积极作用。[9]

在美国媒介素养教育中，课程设置中比较重视三个结合："独立设课"与"融入式设课"相结合、"媒介文本分析"和"媒介创作"相结合、"目标导向"和"分层教育"相结合。李宝敏和李佳全面考察了美国密苏里州哥伦比亚市有着百年校史的小学 Lee Elementary School 的网络素养教育情况，通过观察、访谈、跟踪记录、参与行动研究等方式，发现该校教育实践中渗透着基于网络探究的网络素养教育理念。该校在网络素养教育课程设置时尊重儿童的网络探究需求，促进网络探究与学科探究的内在融合，而且要超越"保护主义"走向"探究实践"，为儿童创设多种网络探究体验机会，指导儿童在探究网络世界与现实世界的互动中学习成长。[10]

德国的媒介素养教育一向鲜受关注，姜淑慧研究发现德国媒介素养教育的主要特点是教会与媒介素养教育相结合，注重媒介素养教育必修课程与实践的整合，有关媒介素养教育的内容通常被放在政治、社会常识和社会研究等课程中学习。而且，德国的媒介素养教育，为实现教育目标明确媒介样式。媒介研究，包括所有寻找/证明与媒介有关的目的、手段、论据、假设以及推进制度化的科学活动。[11]

二、媒介素养教育范式探讨

媒介素养教育范式的变化历程，实质上就是人们对于大众媒介及其文化认识变化的过程。有学者认为，西方媒介教育从产生至今大致经历了三种理论范式的变化：20 世纪 30 年代的"诡辩与抵制"范式，20 世纪 50 年代末到 60 年代初"大众文艺"范式，20 世纪 70 年代到 80 年代"表现"范式。也有学者认为，无论是保护主义，还是辨析理解；无论是接触评析能力，还是赋权解放，概莫能外。可见，媒介教育的观念是延续了西方启蒙运动以来那种理性、自主、个性等等的传统，不过是在变化了的媒介环境下，通过媒介教育再一次呈现而已。[12]还有学者认为，国外媒介素养教育经历了"文化保护主义""大众文化主义"和"超越保护主义"等三个阶段，[13]罗生全、欧露梅在《国外中小学媒介素养教育新进展》也持这种观点，认为国外媒介素养教育表现出从学科模式走向统整模式、从技术掌握走向创新学习、从教学本位走向学习本位、从抵抗式防御走向参与式行动等四大发展趋势与时代走向，突出了整合效应，实现课程文化转向，创建出问题本位的教学模式与学习方式等新的发展方向。[14]

邱昊在回顾西方媒介素养教育范式的演进时指出：西方媒介素养教育肇始至今，经历了免疫—甄别—批判—赋权四种范式，每一次范式的转换都与西方社会的变化、媒介技术的进步、文化研究和受众研究的转向密切相关。当然，西方媒介素养教育范式的每一次转向都是通过吸纳、转换等方式对上一阶段范式的修正、完善和发展，从而使媒介素养教育能够被纳入当下所处的文化和社会环境中，以适应不断发展变化的社会环境和不同主体的需求，使其在持续的文化和社会建构中不断获得新的生命力。[15]

从目前的情况来看，国外中小学媒介素养教育正在发生着新的变化，如媒介素养教育的范围不再局限于电影电视，而是逐渐扩大到媒介集团、媒介与社会的关系、流行文化等领域。各国还将媒介素养教育逐渐推广至中小学生的终身教育与终身学习范畴。自20世纪90年代以来，以英国为代表的一大批西方发达国家的中小学媒介素养教育发生了深刻的变革，逐渐摆脱文化保护主义思想，完成了从"保护主义"到"超越保护主义"的跨越，进入到"新媒介素养教育"的发展阶段，并开始注重多学科统整发展与创新研究。梳理和探讨国外中小学媒介素养教育的研究趋势及成果，对我国中小学媒介素养教育的开展有着现实的启示和指导意义。[16]

耿益群和刘燕梅考察后发现，美国媒介素养教育课程是以培养学生的批判性思维能力、传媒分析能力、传媒生产能力和传播能力为目标，课程主要是以融入现有的其他课程为主，独立的媒介素养教育课程比较少见。美国媒介素养教育课程在保护主义范式的指导下，非常注重对媒介中暴力、色情等不良信息对青少年的影响，但是后来在文化研究范式的影响下，也开始注重引导青少年对媒介文本的欣赏能力、解析能力甚至是媒介制作能力，视角开始变得更加广阔。[17]

罗生全和欧露梅则认为国外媒介素养教育主要经历了从"文化保护主义"到"大众文化主义"再到"超越保护主义"的历史嬗变过程。进入新世纪以来，国外媒介素养教育在已有发展的基础上，有了更新更符合时代要求的发展，主要呈现出以下趋势和走向：从学科模式走向统整模式、从技术掌握走向创新学习、从教学本位走向学习本位、从抵抗式防御走向参与式行动。[18]

姜淑慧从一个较为宏观和立体的视角分析了国外媒介素养教育的范式类型，从纵向看国际上通行的媒介素养教育模式可分为三种主要类型：一是纵向型，即由政府和教育部门规定所有的教师都必须接受媒介素养教育的在职训练，然后再由教师去教育学生；二是放射型，由民间组织倡导媒介素养教育，再由民间组织带动全国媒介素养教育的开展；三是网络型，自发性的媒介素养教育倡导者汇集，形成网状模式进行媒介素养教育。从横向分析，媒介素养教育目前受到认可的主要有三种范式：一是英国模式，媒介素养教育的领军人物马斯特曼将英国媒介素养教育的发展与意涵分为三个阶段——保卫精英文化、欣赏流行文化和对媒体的解构；二是加拿大模式，加拿大媒介素养教育侧重于平衡媒介内容、媒介生产和受众三者之间的关系，核心是引导青少年对媒介的文本进行正确的解读；三是澳大利亚模式，这一模式的核心思想是以文本解读为中心，同时兼顾对学生意义建构产生影响的外在因素及内在因素间的相互作用。[19]

可以看出，媒介素养范式的演变伴随着人的主体性建构。正如有论者指出的，"在大众媒介对人类生活无孔不入的侵袭下，人的自主、自觉意识也在不断被吞噬，在永无止境的

'虚假性满足'中,人们很容易在媒介构建的'繁荣意向'里迷失"。[20]媒介素养教育比较成熟的许多国家已经意识到在这样的媒介环境中,媒介素养教育承担的历史使命就显得尤为重要。因为媒介素养教育是提升公民媒介素养的主要渠道,而较高的媒介素养又是理想公民的必要条件。

三、媒介素养教育路径回顾

人的能力不是与生俱来的,必须通过后天的学习和培养才能获得,所以媒介素养从诞生之日起又与教育有了密不可分的关系。虽然媒介素养教育起源的时间和地点仍有争议,但媒介素养教育的发展路径却是明晰可辨的。

英国是当今世界上推行媒介素养教育历史最为悠久的国家,早在20世纪30年代,英国便将媒介素养教育视为正式教育体系的重要任务,要求各任课教师将媒介素养教育与其任教学科相结合,以培养学生的文化品位为核心,强调公民对媒介整体的理解和运用。20世纪五六十年代,英国在媒介素养教育的观点上发生了一个根本性的转变,即从抗拒的观点转变为培养辨别能力的观点,这种转变的发生为媒介素养教育在英国的推广扫除了思想观念层面上的障碍。到了70年代,英国媒介素养教育主要围绕"屏幕教育与解密意识形态"展开,并且由于官方和联合国教科文组织的介入,学校的媒介素养教育开始形成规模。自80年代起,英国将媒介素养教育理念融入到所有的教育阶段,媒介素养教育课程已经成为正式课程体系中的教学科目,从幼儿园到高中的正式课程,都有相应的课程操作系统和监控系统。1983年,英国教育部发出文件说明:"学校必须考虑媒介教育的责任。目前媒介教育的课程严重不足。所有的教师都应该检查电视并与年轻人一起讨论电视。"[21]到1997年,英国已经有将近三分之二的学校开设进阶式媒介研究课程,并有超过三分之一的中学毕业生参加英国GCSE(General Certificate of School Education)考试科目中的媒介研究学科的中等教育证书考试。

长期以来,英国的媒介素养教育得到政府和团体组织以及社会人士的支持与响应,取得了良好效果,也形成了鲜明特点。潘有志在《英国高校媒介素养教育的特点及启示》一文中认为英国高校媒介素养教育成功的原因首先在于政府的大力支持。英国政府设立不同的行政机关负责学校与社会两块不同的媒介素养教育,在学校教育方面主要交给课程和评价局(Qualification and Curriculum Authority,QCA)进行推动,在社会教育方面则由通讯局(Office of Communication,OFCOM)向社会大众倡导媒介素养的观念。与此同时,政府通过经费赞助的方式,在利用民间机构、教学资源以及评价方式和具体实践等方面都制定了详尽的实施细则;其次英国高校媒介素养教育力求构建本土化的课程资源,除了对媒介相关的理论知识进行介绍外,每门课中还搭配了操作技巧的训练或者教学演练与实践,并与当地的风俗民情、生活文化以及与当前所风靡的在线游戏、Facebook等新兴媒介相结合,开设了具备不同广度与深度的高校媒介素养教育教材与课程。[22]

媒介素养教育滥觞于欧洲,但在其后的数十年间,由于制度化和体系化缺失、国家引导的缺位,欧洲媒介素养体系的发展反而逐渐落后于加拿大、澳大利亚等国。不过随着信息化时代的到来,媒介素养教育的意义不断凸显,媒介素养教育也被提升到关系欧洲未来竞争力塑造的战略高度,获得了来自欧盟各国的集中关注。王润珏对媒介素养教育在欧洲的发展过程考察后指出,媒介素养与媒介素养教育的概念伴随着大众媒介的出现诞生于欧洲,并与欧洲社会和媒介系统一同经历发展变迁。在这一过程中媒介素养理念由单一走向多元,媒介素养体系逐步形成,"政府"的角色由边缘走向中心。近年来,"媒介素养"问题在欧洲受到了欧盟及各国政府的普遍关注,多项以改善媒介素养状况为目标的立法项目、政策措施陆续提出，一个以政府力量为主导的欧洲媒介素养体系正在逐步形成。[23]

加拿大的学校媒介素养教育可追溯到 20 世纪 60 年代后期的"屏幕教育"（screen education）课程。此课程经过起初的蓬勃发展后在 70 年代教改期间被逐渐地削减，在 80 至 90 年代期间，基于媒介素养教育工作者的不懈努力又有了较平稳的发展，直至近来又再次被推向了新的高度。到 1987 年，加拿大已有 50 所大专院校提供了 90 多个媒介素养教育的课程项目，其中包括单个短期课程和完备的 4 年学位课程。媒介素养理念在加拿大已被官方认可，并得到了政府的资金援助。目前其最大的教育行为就是将媒介素养教育引入到课堂与学科进行全面融合，增加其现实的使用频率和提高其与现实的融合程度，促使此种教育能得到更好的学习效果。90 年代急剧的中小学课程改革对加拿大媒介素养教育产生了重大的影响，媒介素养教育被逐步纳入加拿大全国范围的学校正规教育中。加拿大媒介素养教育的发展是一个渐进的过程，虽然在发展之初是一种草根运动，但这一运动赢得了教育部门的有效支持，通过地区间协作的形式把媒介素养教育真正地落实到学校课程的教学中，使媒介素养教育与媒介环境和教育体制相适应。

美国是传媒业最为发达的国家之一，然而其媒介素养教育的起步却落后于英国、法国、加拿大、澳大利亚等国，但经过几十年的努力和发展，探索出了独特的发展模式，也形成了具有本国特色的较完善的媒介素养教育体系。刘晓敏在《美国媒介素养教育的发展、实施及其经验》一文中分析了美国媒介素养教育的演变历程。美国的媒介素养教育汲取了英国、澳大利亚、加拿大等国的发展理念和实践经验，经历了预防、面对和防疫三个时期，在发展过程中逐渐得到各方人士和团体的响应与支持，取得了良好效果。在具体实施中，课程设计体现了系统性和针对性，教育模式则根据不同的状况分类进行。[24]

陈晓慧等人通过分析 2011 年美国媒介素养教育会议的主要内容探究了美国媒介素养教育的发展趋势，发现学校教育方面美国媒介素养教育更趋向于专业化和国际化的发展道路，在生活健康方面，美国越来越强调媒介素养教育与公民饮食、医疗、农业等生活各方面的密切融合，并以议题的形式纳入了美国未来媒介素养教育研究的重点关注领域。另外在新闻媒体方面，美国媒介素养教育关注的是电子科技的继续创新以及各领域职员在与媒体打交道时所应该具备技能的培养。[25]

澳大利亚的媒介素养教育始于 20 世纪 70 年代。其时，一些颇具远见的学者如格雷莫·特纳和约翰·哈特利提出将媒介素养融入不同层次、不同门类的学科教育中，从而培养国民对媒介信息的思辨能力。经过四十多年的发展，澳大利亚的媒介素养教育从初等教育开始逐渐推广到中等、高等教育等领域；并以正规课程为核心，辅以家庭和非政府公益组织进行的社会活动，成为当代西方颇为发达和最重视媒介素养教育的国家。[26]李先锋、董小玉认为，澳大利亚被世界公认是当代西方开展媒介素养教育最好的国家。追溯它的历史，可以很清晰地看到深层推动其发展的国家政策、教育改革、社会思潮转向等影响因素。在国家多元文化政策、新社会运动、教育改革等积极因素的推动下，走过了自下而上、自上而下的四十多年的发展历程，至今已形成了系统的国民媒介素养教育体系、跨文化的批判性教育模式、明晰的媒介素养教育标准。[27]

高昊则将目光投向了在亚洲媒介素养教育中处于领先地位的日本，发现日本的媒介素养教育发展进程呈现出以下几个特点：第一，最早的有关媒介素养教育观点源自于媒介实践领域，对媒介素养教育的需求是自发式产生的；第二，西方媒介素养研究和实践对日本产生影响，使得日本正式在"媒介素养"这一概念下开展相关活动，并逐步融入世界研究和实践的视野；第三，媒介暴露出的弊端和问题，尤其是与青少年相关的诸多问题，引发社会热议和呼声，让日本媒介尤其是广播电视界开始自省，认识到作为传者对于媒介素养和伦理道德的重要性，从而开始了广播电视领域媒介素养教育的实践；第四，政府部门报告的出台，表明了政府的立场，从而使得整个社会开始关注媒介素养这一社会性课题，引发研究和实践的高潮。[28]

张开总结指出，媒介素养教育运动从一开始就带着浓厚的草根性和自发性。它是一线教师自发、自愿身体力行的事情，且带有"星星之火可以燎原"之势，从欧洲走向美洲，从发达国家走向发展中国家。在20世纪五六十年代，它的主要特点是借助批判性提高实用性。七八十年代它不仅是扩大学生知识储备和灵活运用知识的手段，也是培养和提高学生技能的工序。90年代，它不仅在发达国家相对规范化，而且在向许多发展中国家扩散，它的思想理念也从认识媒介、能力培养、赋权民众向公民社会、健康社会和包容性社会转变。它发展宗旨是通过提高人使用媒介和有效利用媒介的能力，加强人们的学习能力、生存能力和发展能力，缩小数字鸿沟，让社会良性发展，实现建设包容性社会的理想。[29]

四、媒介素养教育困境反思

现在已有越来越多的国家和地区认识到媒介素养教育的意义，积极为媒介素养教育的发展给予政策、项目和资金方面的支持，针对自己本国或本地区的媒介环境、社会发展状态、民众文化认同感的需求以及国际间的竞争和挑战，将媒介素养教育提升到提高国家竞争力和国民整体素质的战略政策高度。这些国家和地区纷纷出台教育改革政策，启动与媒介素养教育相关的教育和科研项目，组织研究人员对媒介素养的理论体系、教育模式、教学方法和教材建设进行专项研究，甚至将媒介素养教育纳入正规的学校教育课程体系。

然而，好光景不等于一帆风顺，一马平川。今天的媒介素养教育依然面对困境，依然存在亟待解决的困难。欧盟的2009年媒介素养报告明确指出了欧盟所面临的困难，比如在目标、理念、方法、研究、评估等关键概念上缺乏共识，缺少专门的机构，存在文化阻隔等。毕竟媒介技术的发展日新月异，媒介素养教育本身自然具有动态性，人们对其认识也在不断深入，所以就目前而言，很难像其他学科那样，在本体论、知识框架、教学内容、教学方法等方面形成较为一致的思想。但事实上，定义媒介素养教育的核心意涵是什么，并进一步界定媒介素养教育的目标、取向、理论范畴和特性，则是作为一个理论研究与实践领域均无法逃避的，因而也是至关重要的。"否则言人人殊，或者认为凡媒体必教育，或误解教学媒体（teaching with media）为教媒体（teaching the media），或从而夸大了媒体的角色，都会使媒体教育失去作为一个不可取代的学术领域的可能"[30]。

媒介素养教育，就是指导学生正确理解并建设性地享用大众传播资源的教育，其目的在于培养学生具有健康的媒介批评能力，使其能够充分利用媒介资源，完善自我，参与社会实践。然而正如耿益群和刘燕梅分析美国媒介素养教育时指出的，美国各州都有独立的教育系统和媒介素养教育课程体系，并且在课程设置上也各有自己的特色，这也给整个美国的媒介素养教育课程的进一步发展和彼此交流带来了一定的困难和阻力。[31]美国媒介素养教育的这种困境在其他国家和地区也同样存在。

张开认为全球媒介素养教育的困境主要体现在以下几个方面：第一，媒介环境变化神速，因媒介而生而发展的媒介素养教育一直处于手忙脚乱的应对状态；第二，有了政策的推动本应是件好事，但由于政策背后的动机，不同程度上出现了"政治利用"的苗头；第三，媒介素养教育发展的不平衡导致了世界地区差距非但没有缩小反而在扩大；第四，媒介素养教育本身动态特质，各国学者、教育者对其认识也在不断变化；第五，媒介素养教育的师资短缺是全球面临的共同问题。[32]尤其是随着ICTs的进一步发展，媒介素养教育又面临新的问题和挑战，其中也包括信息技术教育与批判性思维教育在媒介教育中的所占比重问题。

五、小结

虽然 2012 年我国学者就国外媒介素养教育的研究取得了不少的成果，但是仔细考量，不难发现依然存在诸多不足，需要进一步改进。相对传播学科中其他的热门议题，媒介素养教育的研究仍相对滞后，其实然状况和应然状况之间仍存在不小差距。第一，虽然媒介素养教育研究在中国传媒研究中的地位日渐提升，但相对于西方经多年积累而成的研究惯例与研究根基，中国的媒介素养研究依显落寞，尚未真正成为一个焦点性的研究议题；第二，目前的研究仍是简单的译介为主，大多数文章仍停留于"简论"、"略论"的层次，以理论描述性和思辨式研究作出相关阐释、推演和归纳，对其他学科的理论借鉴较少，缺乏多样化的研究视角和宏阔的理论研究视野，得出的研究结论常常缺乏理论深度和张力；第三，存量性重复研究居多，导致增量性成果不足，虽然论文数量在不断增加，但质量却鲜有明显提高，相应研究就缺乏实践层面的扎根性，研究成果存在观点分散、缺乏普适性和推广性等局限。当然，这些不足也正是今后媒介素养教育研究的着力点和努力方向。

注　释

① 所谓"3CS"指的是文化通道（Cultural Access）、批判理解（Critical Understanding）、创造性活动（Creative Activity）。

参考文献

[1] 周典芳，陈国明主编. 媒介素养概论 [M]. 台北：五南图书出版公司，2005.1.

[2] 姜淑慧. 国外媒介素养教育案例解析及方法启示研究 [D]. 南京师范大学硕士学位论文，2012.

[3] 李先锋，董小玉. 澳大利亚的媒介素养教育及启示 [J]. 教育学报，2012（3）：38～45.

[4] Kubey R Introduction. In：Kubey R Media literacy in the information age. Transaction Publishers，1997.7.

[5] 潘洁. 澳大利亚新闻与传播学研究生课程中的媒介素养教育 [J]. 东南传播，2012（10）：50～52.

[6] 姜淑慧. 国外媒介素养教育案例解析及方法启示研究 [D]. 南京师范大学硕士学位论文，2012.

[7] 刘璐. 加拿大媒介素养教育的启示——以大西洋省份初中媒介素养教育为例 [J]. 新闻世界，2012（10）：205～206.

[8] 耿益群，刘燕梅. 美国 K-12 媒介素养教育课程及其特点分析 [J]. 外国中小学教育，2012（2）：21～26.

[9] 刘晓敏. 美国媒介素养教育的发展、实施及其经验 [J]. 外国教育研究，2012（12）：60～65.

[10] 李宝敏，李佳. 美国网络素养教育现状考察与启示——来自 Lee Elementary School 的案例 [J]. 全球教育展望，2012（10）：69～75.

[11] 姜淑慧. 国外媒介素养教育案例解析及方法启示研究 [D]. 南京师范大学硕士学位论文，2012.

[12] 黄旦，郭丽华. 媒介教育教什么？——20 世纪西方媒介素养理念的变迁 [J]. 现代传播，2008（3）：120～123，138.

［13］仇加勉．超越保护主义：文化反哺视角的媒介素养教育［J］．现代传播，2007（4）：112～115.

［14］罗生全，欧露梅．国外中小学媒介素养教育新进展［J］．中国电化教育，2012（7）：23～28.

［15］邱昊．数字时代背景下中国媒介素养教育的当下选择——西方媒介素养教育范式的演进及其启示［J］．湖南师范大学教育科学学报，2012（4）：103～106.

［16］罗生全，欧露梅．国外中小学媒介素养教育新进展［J］．中国电化教育，2012（7）：23～28.

［17］耿益群，刘燕梅．美国 K-12 媒介素养教育课程及其特点分析［J］．外国中小学教育，2012（2）：21～26.

［18］罗生全，欧露梅．国外中小学媒介素养教育新进展［J］．中国电化教育，2012（7）：23～28.

［19］姜淑慧．国外媒介素养教育案例解析及方法启示研究［D］．南京师范大学硕士学位论文，2012.

［20］李欣人，叶玲珍．媒介素养的人学解读［J］．山东社会科学，2010（3）：44～48.

［21］卜卫．大众媒介对儿童的影响［M］．北京：新华出版社，2002.447.

［22］潘有志．英国高校媒介素养教育的特点及启示［J］．教育探索，2012（6）：158～159.

［23］王润珏．信息时代欧洲媒介素养体系的建构——一种政府主导，多政府部门支持的模式［J］．新闻界，2012（8）：3～7.

［24］刘晓敏．美国媒介素养教育的发展、实施及其经验［J］．外国教育研究，2012（12）：60～65.

［25］陈晓慧，王晓来，张博．美国媒介素养定义的演变和会议主题的变革［J］．中国电化教育，2012（7）：19～22，28.

［26］潘洁．澳大利亚跨文化媒介素养教育［J］．现代传播，2010（9）；宋小卫．学会解读大众传播（上）——国外媒介素养教育概述［J］．当代传播，2000（2）.

［27］李先锋，董小玉．澳大利亚的媒介素养教育及启示［J］．教育学报，2012（3）：38～45.

［28］高昊．日本广播电视机构媒介素养实践研究［J］．新闻界，2012（22）：67～72.

［29］张开．从草根运动到政策推动——全球媒介素养教育正走向理性化的发展道路［J］．现代远距离教育，2012（4）：38～46.

［30］吴翠珍，陈世敏编著．媒体素养教育［M］．台北：巨流图书股份有限公司，2007.45.

［31］耿益群，刘燕梅．美国 K-12 媒介素养教育课程及其特点分析［J］．外国中小学教育，2012（2）：21～26.

［32］张开．从草根运动到政策推动——全球媒介素养教育正走向理性化的发展道路［J］．现代远距离教育，2012（4）：38～46.

（作者简介：陈钢，浙江师范大学儿童文化研究院 传播学博士）

超越解构主义：新媒体时代之媒介素养教育

何雪莲

一、解构技巧：杀敌八百，自损一千

1933 年，英国文学批评家 F. R. 利维斯（Frank Raymond Leavis）和他的学生丹尼斯·汤普森（Denys Thompson）在他们合著的文学批评著作《文化与环境：批判意识的培养》（Culture and Environment：The Training of critical awareness）中建议将媒介素养教育引入学校课堂，并设计了一系列以新闻、广告和流行小说为题材的具有操作性的课堂练习；20 世纪 50 年代末 60 年代初，英国文化研究发轫，在雷蒙德·威廉姆斯（Raymond Williams）等人推动下，文化研究方法被引入媒介素养教学；70 年代，符号学方法被莱恩·马斯特曼（Len Masterman）刻意强调，符号学被用来解密媒介文本背后的意识形态动机；80 年代，英国电影学院的老师还强调学生参与，即自己动手体验媒介制作。

上述方法探索决定了今天媒介素养教育的基本面貌。比如老牌媒介素养教育国家英国，其媒介素养教育是从幼儿园大班到高中，一以贯之以如下追问：谁生产媒体文本？如何生产？文本形式如何？如何再现真实？谁是文本的目标群体？如何理解文本含义？程式一旦找到，就同时圈定了思想和行为。虽然上述教学模式在各国有不同的版本，但大同小异，基本上是从媒介机构、媒介类型、媒介技术、媒介语言、媒介受众、媒介表达这六个方面入手展开一系列追问。

不过，媒介素养教育从诞生到发展，无论是文学批评、文化研究还是符号学，都在文学专业范畴内进行（马斯特曼的符号学就借鉴了法国文艺理论家罗兰·巴特的符号学理论）。要把一系列脱胎于专业文学批评的追问纳入中小学课堂教学，就必须尽量简单明了、黑白分明、易操作，因此必然严重走样：本来旨在于分析的方法，不可避免简化为标准化思想体操；本来旨在于培育素养的教育，不可避免沦为技巧的训练。尽管媒介素养教育力图避免处方式的现成答案，但这些追问技巧本身就是现成答案，框定了学生的思维活动区域。尽管用心良苦的奠基人本意是想借此发展出理解能力和自主能力，但由于教育学和心理学知识严重缺失，他们无法预见到，如此一系列追问势必流于避重就轻的花架子，它其实与卡耐基的书、成功学是一路货色。

此类简化训练一旦用得顺手用成习惯，学生将被拖向精神和智力的双重贫困：对着干、抬杠、恶意揣度事物，觉得什么都别有用心。这是一种可怕的解构主义范式。任何一种解构的效果都颇为可疑。媒介素养教育可以在三分钟之内告知何为好何为不好，但未必能让人心甘情愿接受。知道某事需要理性，而接受某事需要心灵。一方面，人，即使是最庸俗和时下所说的最讲究实际的人也需要幻想，哪怕是片刻。音乐、文学、电影那么大众喜爱，就因为它是现成的幻想。另一方面，任何一个神志清醒的人都不会轻易被广告所打动，也未必赞同消费主义意识形态，但这些并没有阻止人们涌向商场的大门，没有阻止人们对奢侈品的渴望。更糟糕的是，解构是保安员和警察的眼睛，它往往会在朴实之中发现嫉羡，于宽容中看到堕落，毁掉人类尚存不多的诗意，甚至因此而失去爱的能力。这等于是杀敌八百，自损一千。解构之后，对高贵、卓越、精致和深刻的文化追求并没有自动产生，简陋心灵和低俗趣味并未因此真正被解构。没有依凭的个体最后只能诉诸有限的经验事实，或者不得不与所要解构的文化同流合污。在此意义上，媒介素养教育不会使世界更好，只会使一个不那么好的世界进一步坏下去。

二、一夜白头：新媒体时代之媒介素养教育

解构往往是容易的，因为人们总有理由对现实不满。尤其是在新媒体环境中，这样的解构几乎是自然而然的，就像秋天到了叶子自然变黄。借助网络电子公告板（BBS）、网络日志（"博客"Blog）、社交网站（SNS）以及"微博"（MicroBlog），人们可以随时随地"拍砖"，也可以自立门户发表看法。恶搞这种特殊的解构方式也许不值得提倡，但它对于假大空和厚颜无耻的东西非常有效，它证明只要愿意，每个人都可以成为优秀的导演、演员、制片人、记者、播音员。新媒体时代还自动诞生了一种最为冷漠的解构方式：视而不见；每个人都可以发声，所有声音都自动贬值，人们本能地向噪音捂上耳朵。

今天，媒介素养教育内容一般都包括两部分：一是解读媒介文本内容，二是解码媒介文本制作。以广告为例，老师会和学生一起探讨：此广告想传达的是什么？目的为何？谁是广告的目标对象？他们使用的游说技术是什么？此广告是否成功？必要的话，可以让学生本人制作一则广告，借此更加了解真实与影像背后的意义。这些惯用手法在今日新媒体时代多少显得过时，人们解读媒介文本内容能力大大提高，解码媒介文本制作技巧无师自通，媒介素养教育一夜白头。

就解读文本内容而言，解读能力在某种意义上取决于见多识广程度，人们之所以偏听偏信，就在于信息匮乏，无从知晓的世界也是不存在的世界。对于英国作家奥威尔在其小说《一九八四》中刻画的可怜人们，最好的媒介素养教育莫过于呈现真实的历史和五彩的视野，让信息与信息之间相互较劲、抵消，一切谎言将不攻自破。加拿大传播学家麦克卢汉认为，正是广播的发明使希特勒登上权力舞台，可以想见，如果因特网那时就存在，希特勒的罪恶密谋就不能得逞——嘲笑、奚落或许就阻止它见到天日。新媒体正在赋予我们知情权和参与权，信息以光速流动，一切皆在阳光下，这意味着摸象的盲人复明。

就解码文本制作来说，今天，人手一部手机，网络无处不在，个人正在成为新数字时代民主社会的公民。听众、观众或受众这类群体正在迅速消失，每个人都成为出版人。无需投入成本，无需专业技术，只需简单的注册申请，每个人就可以拥有一份自己的"网络报纸"（博客）、"网络广播"或"网络电视"（播客），就可以在任何时间、任何地点发布文字、音乐、图片、视频。来自中国互联网监测研究权威机构DCCI的数据显示，2010年中国互联网由用户制作产生的内容流量，已超过网站专业制作的内容流量。早在电子媒介时代，麦克卢汉就担心，在课堂讲授媒介可能会使学生瞧不起成年人，因为大多数成年人缺乏这方面知识，学生可能会用这种知识羞辱长者。今天，这个问题更加突出：学生玩起电脑来，往往比老师更加得心应手。在全民参与时代，如果再把媒介制作纳入课堂教学，等于是对老师和学生时间的双重浪费。

这是一个有趣的现象：新媒体本身起到了媒介素养教育的作用。这一切的形成，不过短短十五年，在新媒体日趋强盛的十五年，媒介素养教育几乎是一夜白头，迅速过时。媒介素养教育理念于20世纪30年代诞生，真正纳入学校建制是在20世纪70年代，主要存在于澳大利亚、加拿大、英国、法国、德国、挪威、芬兰、瑞典等发达国家和地区。这是

一个新生的小众教育品种，还来不及向全球扩展就迅速老去，其原因在于，光有解构技巧远远不够。知道不等于接受，解构无助于建构，技巧带不来素养，当前的媒介素养教育本身不能自足。媒介素养教育曾经超越了保护主义，新媒体时代，媒介素养教育有待于超越解构主义。

三、超越解构主义：从技巧到素养

从起因来看，媒介素养教育诞生于某种文化焦虑，确切地说是英国传统文化遭遇美国大众文化后的焦虑：强大的美国通俗文化和商业文化正在削弱英国传统文化并且使之庸俗肤浅化，而大众媒介正在助纣为虐。这是 1933 年利维斯提出媒介素养教育的原因，捍卫传统文化才是媒介素养教育的真正旨归。媒介素养教育尽管冠名为媒介，但实际指向的却是文化。隐藏在背后的逻辑是：尽管人们在政治和法律上人人平等，但在文化和精神方面的确有高下之分。

媒介问题本质上是个文化问题，媒介素养教育的发起人正确地意识到了这一点。所谓文化，关涉的是思想、价值观、信念和趣味，与某些思想、价值观、信念和趣味抗衡的，是另一些思想、价值观、信念和趣味。思想、价值观、信念和趣味，而不是技巧，才是素养的真正含义。有了素养，技巧显得多余；没有素养，技巧适得其反。应该让素养催生技巧，而不是相反，技巧这条小舟拉不动素养的大船。

显然，文化素养是比解构技巧艰巨得多的任务。技巧属于 ABC 的操作，而素养则是某种情操陶冶，它不存在显而易见、无可质疑的标准和范式可以操练，而必须老老实实一点一滴辛勤培育。与其进行专门的媒介素养教育，不如用相同的时间和精力，去生产孩子喜闻乐见的媒介文本，抢占儿童精神食粮市场；对于教育来说，最迫切需要做好的事情，莫过于用优秀文化去占领孩子们的思想高地。美国传播学者波茨曼对于电视的解构最不留余地（见《娱乐至死》、《技术垄断》、《童年的消逝》等书），但一个基本事实依然是：电视制造垃圾和噪音，电视同样也反映伟大理想、朴素真理或者深刻的爱情，教导着我们基本的美德如忠诚、信任与责任；波茨曼的大量弹药如果能转化为建构美好，威力将大得多。

中国尚未把媒介素养教育纳入学校建制，这在某种意义上说是件幸事。当前的媒介素养教育，至少是单独成科目的媒介素养教育，多少有点大惊小怪，基本上是富裕国家的教育富裕病，穷国如果照搬，无非是多了一门矫情而有害的课程。在新媒体时代，中国如果一定要将媒介素养教育纳入学校建制，可以直接采纳美国模式。美国媒介素养教育幸运地逃脱了解构主义的命运。20 世纪 70 年代早期，美国意欲建制媒介素养教育，但 80 年代美国教育领域开展一场"回到基础"运动（"back-to-basics" movement），要求关注传统科目的教学。媒介素养教育受此冲击大约停滞了近十年，90 年代初美国才重新恢复对于媒介素养教育的兴趣。中国可以直接借鉴当前美国经验，将媒介素养教育融入所有素质教育和通识教育之中。这一模式有助于媒介素养教育从解构走向文化建构。文化建构之所以比解构技巧来得高明，原因在于，任何一个媒介文本都是整个文化的全息图，我们需要整合全部人文社会文化。随着素质教育和通识教育的深化，技巧消失，素养的翅膀张开；学生将成为对美好事物的饕餮之徒。

结语

媒介素养教育也许成功地超越了保护主义，但由于方法论上的致命缺陷，不可避免陷入解构主义；解构范式不可避免伤及无辜，并错失某种朴实、深沉而持久的精神满足；"丑"没有被解构掉，"美"却因此奄奄一息。这是真正的虚弱。没有好的文化垫底，媒介素养教育不是解药，而是疾病本身。从素养可以顺理成章得出技巧，而从技巧永远得不到素养，这个顺序具有不可逆性。媒介素养教育要焕发活力，需要从媒介解构转向文化建构，从技巧转向素养，培养爱和积极行动的能力。只有把重心放在文化建构上面，媒介素养教育才能名至实归，被新媒体世界拥抱而不是抛弃。

（作者单位：中国传媒大学高等教育研究所　原文刊登于《教育发展研究》2012 年第 2 期）

家庭媒介素养教育：媒介素养教育本土化的重要途径

卢　锋　张舒予

一、引言

本土化是一个使用非常广泛的术语。尽管各学科领域关于本土化的表述常常会有不同，但总的说来都是"因为一个国家或地区的知识分子对学术界占主导地位的外国学术范式不满而作出的一种反应"。本土化运动的倡导者十分注重文化的民族性，强调不同的文化传统之间不能简单替代。多年来，社会学、教育学、传播学、心理学等各学科领域积极开展本土化研究，或借鉴国外理论，或弘扬本国传统，或开展本土实践，取得了丰硕的成果。本文所说媒介素养教育的本土化，是指作为一种教育实践活动的媒介素养教育，对西方媒介素养教育的合理成分进行改造，使其融入中国文化并成为中国本土媒介素养教育一部分的过程。

媒介素养教育的理念和思想自 20 世纪 90 年代末传入中国以来，经过众多研究者的关注、推广、参与和投入，现今已成为一个多层次、跨专业、交叉学科的学术热点。随着对媒介素养教育重要性和紧迫性认识的逐渐深入，研究者们从中国社会的现实出发，针对青少年、大学生、成年人等不同群体，探究在中国实施媒介素养教育的模式和方法。人们常说的学校教育、社会教育和家庭教育，已经成为媒介素养教育实践的三大主体。

尽管从国外的经验来看，将媒介素养教育落实到学校层面是一个良好的途径，但由于种种原因，我国媒介素养教育仍然未能达到在各级各类学校全面系统开展的状态，学校媒介素养教育的全面推进并不顺利。从全国范围看，在高校中，通常是只有一些开办新闻学、传播学相关专业的学校开设了媒介素养教育课程；而在中小学，则只有少数一些与科研院所等有合作科研项目的学校开设了相关课程。

一方面是学术研究的"满腔热情"，另一方面却是学校实践的"不冷不热"，我国的媒介素养教育开始向家庭教育和社会教育领域寻求新的突破。

二、媒介素养教育本土化研究现状

开展媒介素养教育的本土化研究，首先要厘清本土化与全球化、现代化的关系。全球化与本土化是一对辩证统一的范畴，两者之间没有根本的矛盾可言。首先，全球化要以本土文化的多样性为基础，并在一定程度上指导和促进了本土化的发展；其次，本土化是对全球化的回应，它的发展也有利于推进全球化的进程。

从社会学、教育学和传播学等学科的本土化经验中可以看出，各学科都不约而同地从本土实践问题出发，强调理论体系、学术队伍和方法论的建构。同样，其他国家地区的媒介素养教育也都从各自的媒介环境、媒介政策、教育体制出发，注重与本土问题和媒介素养教育传统的结合，如加拿大的媒介素养教育主要是为了保护本国文化免受美国文化的入侵；英国的媒介素养教育是为了保护本国文化传统，使国民远离大众媒体的"低水平满足"；作为电影的诞生地，法国的媒介素养教育与电影有着密切的关系；日本、中国台湾则期望通过提高青少年的媒介素养，解决因电视媒体暴力、色情等所引发的青少年恶性犯罪频发等社会问题。这些国家、地区的媒介素养教育发展经验启示我们，努力形成政府、学者、媒体机构、民间团体、学校、家长等全面参与的局面，是媒介素养教育成功开展的重要基础。

通过对中国的媒介素养教育发展历程的分析，可以看出，我国媒介素养教育本土化经历了本土吸纳、本土生成、批判反思三个阶段，正在朝着推陈出新的目标努力前进。我国媒介素养教育本土化的基本范式与教育学理论发展的基本"范式"是相近的，即从"翻译"、"介绍"发展为"述评"、"编撰"、"自编"等一系列的消化吸收，并随着吸收对象的更替而多次循环。如果对这一过程进行详细考察，我们可以看到这样的基本理念：媒介素养教育本土化的基本假设是将国外具有普遍意义的、能反映媒介素养教育基本规律的成果引入我国，如加拿大媒介素养教育组织主席约翰•庞吉特（John Pungente）提出的"媒介素养教育的十大目标"、"媒介素养教育的八大理念"、联合国教科文组织及欧洲议会媒介素养教育问题咨询顾问莱恩•马斯特曼（Len Masterman）提出的"媒介素养教育的十八项原则"等。

从 2004 年开始，对媒介素养教育实践的关注更是成为媒介素养教育本土化研究的一个重要源泉。在对西方媒介素养教育理论和我国的实际相结合的问题进行探讨的基础上，研究者也开始了对媒介素养教育深度本土化的反思，他们试图构建中国媒介素养教育本土化体系，思考媒介素养教育的方法、路径、学校媒介素养教育、课程模型的建构等问题。

中国媒介素养教育本土化包括两个层次的内容：其一是"媒介素养教育理论的本土化"。这一层次又包括两个过程，一是运用媒介素养教育理论的框架分析解决我国的实际问题，如媒介素养教育理念与德育、信息素质教育的结合；二是在媒介素养教育研究中根据我国媒介素养教育发展的现实状况，确立媒介素养教育的基本体系与框架。其二是"媒介素养教育实践的本土化"。媒介素养教育的实践本土化也表现为两个方面，一是西方媒介素养教育在我国的推广与运用，如联合国教科文组织儿童基金会在中国推动的媒介素养教育项目；二是我国课程改革中对媒介素养教育的实践。例如黑芝麻胡同小学从校本课程的开发建设中找到了突破口，开展了相应的媒介素养教育实践；南京师范大学视觉文化研究所则从视觉文化与媒介素养教育相结合的角度，在本科生和研究生中开设视觉文化与媒介素养教育的相关课程。

在我国媒介素养教育的发展过程中，主要存在着以下问题：

第一，忽视对中国媒介政策与文化的分析。纵观我国媒介素养教育的引入历史，我们可以发现，国外媒介素养教育理论的引入并未真正对原有理论进行全方位的分析，包括其理论产生的背景、当时的社会特征以及别国的文化研究传统等。由于对这些理论产生背景及其在教育改革的意义、中外文化传统的差异等方面分析不足，必然会导致理论在我国的"水土不服"，从而导致从国外借鉴或引入的媒介素养教育难以在国内生长。

第二，忽视中国媒介素养教育的传统。以国外的媒介素养教育理论为主，以中国的现实问题为其理论"注解"，是媒介素养教育本土化存在的一个重要问题。这种做法的理论前提是，我国原本没有媒介素养教育，中国的媒介素养教育是从西方国家"化"来的，媒介素养教育是西方社会的"舶来品"，我国传统教育中没有媒介素养教育。其实这种看法是不符合实际的。我国从 1815 年近代中文报刊诞生以来的中国社会已经存在具备现今我们所提的媒介素养教育某些内涵特征的活动，并且其活动形式也随着历史时代的变迁而不自觉地发生了变化。实际上，在中国现有的学校教育体系中，媒介素养教育也存在着多种形式的内容。如中小学、高校开展的影视教育、信息技术教育等相关课程，对电影、电视、网络等媒介的欣赏、解读、使用等知识都有所涉及，只不过其教育思想与西方的媒介素养教育思想有所不同。

第三，对社会教育和家庭教育在媒介素养教育中的作用与研究重视不足。尽管学校教育、社会教育和家庭教育作为媒介素养教育实践的三大主体已经成为大多数人的共识，但对于社会教育和家庭教育在媒介素养教育中的作用与研究却不够重视。以 2007～2009 年"中国期刊全文数据库"中的文献为例，以"篇名"为检索项，"媒介素养教育"为检索词，通过"模糊"检索得到的 332 篇文献中，与"学校教育"密切相关的有 176 篇，而与"社会教育"和"家庭教育"直接相关的分别只有 12 和 0 篇。

三、家庭教育：媒介素养教育本土化的重要途径

伴随着学校实践的"不冷不热"，家庭教育却以其在媒介素养教育实践中发挥的重要作用及其在中国具有的特殊地位，有可能成为中国媒介素养教育本土化的重要途径。

1. 家庭：媒介素养教育的重要场所

家庭是少年儿童绝大部分媒介行为的发生地，也是他们受媒介影响的主要场所。作为孩子在课堂之外认知、辨别和使用媒体最为直接的指导者，家长在少年儿童媒介素养的形成过程中发挥着十分关键作用。家庭教育被称之为"推动媒介素养教育的外围路线"。

在媒介飞速发展的今天，家庭教育对媒介素养教育确实有着非常旺盛的需求。而对媒介无处不在的影响，家长们或是以"保护主义"的做法，把孩子与媒介隔绝开来；或是以一种积极的"甄辨模式"，陪同孩子接触媒介并与之讨论；或是根据自己对媒介的辨识和批判，以各种形式保障孩子免受媒介不良信息的干扰。无论是 2007 年中国家长对武侠动画片《虹猫蓝兔七侠传》暴力、血腥画面的批判所引发的国内对净化动画片内容的讨论，还是 1973 年美国纽约的一位父亲对电台节目的投诉从而致使最高法院判决要求对广播电视节目中的"下流内容"进行限制，都充分显示了家庭在媒介素养教育实践中发挥的重要促进作用，家庭成为了媒介素养教育的重要场所。

2. 家庭教育在媒介素养教育实践中发挥的重要作用是由其特点决定的

家庭能在没有政策干预的情况下成为媒介素养教育的重要场所，是由家庭和家庭教育的特点决定的。家庭教育是学校教育与社会教育的基础，更是少年儿童初期媒介素养教育切实可行、卓有成效的方式。家庭教育的感染性、针对性和灵活性等特点，使其在媒介素养教育中具有不可比拟的优势，也决定了它在媒介素养教育实践中发挥着重要作用。

首先，与学校教育和社会教育相比，以亲子关系为中心的家庭教育具有自身独特的感染性优势。由于父母与子女有着血亲关系和情感联系，因此，父母的行为举止（如媒介行为、使用习惯等）会潜移默化地影响子女，产生强烈的教育效果。

其次，家庭中教育者和受教育者往往都是个体的家庭成员，对人的影响教育较之学校教育和社会教育具有较强的针对性，更容易做到"有的放矢"、"因材施教"。家庭成员朝夕相处，彼此能很全面、很深入地相互了解，因而，父母对子女的思想动向、性格特点、个性发展趋势、媒介接触行为等能较为清楚地感知，同样，子女也可对父母有较为深入的了解。这就有助于家庭教育的针对性，有助于家庭选择行之有效的教育方法、教育时机和教育内容。

最后，与学校教育具有明确的教育计划、教学大纲、系统的教材内容、教育方式方法、严格的规章制度保证所不同，家庭教育寓于日常生活的各个方面、各个环节。从物质生活的吃、穿、用到精神生活的家风、家规、人际关系以及文化生活如读书、看电视、使用网

络、读报、谈心、聊天等，都包含着教育的因素，不求系统，灵活进行。在家庭成员的自由接触中，家长的各种观念、行为都会无拘无束地流露出来，并对子女产生影响。因此，在平时子女接触媒介的过程中，如果家长能敏感而机智地抓住教育时机予以正确引导，就会产生良好的教育效果。

3. 家庭教育在中国具有特别重要的地位

重视家庭教育是世界各国的一个普遍现象。它对于我国媒介素养教育实践的开展具有尤为特殊的意义。由于家庭在我国古代社会结构中的重要地位及其在社会发展和政治生活中发挥的重要作用，我国自古就有重视家庭教育的传统。当今，家庭教育在我国更是受到了超乎寻常的普遍关注。

我国传统家庭教育在目标上重视做人教育，在内容上重视诚实守信、勤奋学习、孝敬父母、勤俭节约等伦理道德教育，在方法上注重言传身教。这些特点，为家庭媒介素养教育的顺利开展奠定了良好基础。中国的传统家庭教育观不但是家长对少年儿童实施媒介素养教育的强大驱动力，而且是家长开展媒介素养教育实践的重要资源。深入了解我国家庭媒介素养教育中存在的问题，探讨开展家庭媒介素养教育的原则，是当前我国媒介素养教育实践具有重要理论价值或现实意义的问题。在此基础上，积极开展家庭媒介素养教育实践，促进学校、家庭的积极合作，并进而努力形成学校、家长、政府、学者、媒体机构和民间团体等全面参与的局面，是突破学校媒介素养教育"瓶颈"、成功推进媒介素养教育开展的重要保障。因此，当前在我国家庭中开展媒介素养教育，是媒介素养教育实践本土化的重要途径。

四、家庭媒介素养教育实践的路径选择

当前，发挥家庭教育在我国媒介素养教育实践当中的重要作用，要注意以更新教育理念为基础，以提升家长媒介素养为中心，以培养良好的媒介接触习惯为主线，以培养分析和评价能力为核心，以加强网络媒介素养教育为重点。

1. 以更新教育理念为基础

多年来，媒介素养教育应该如何开展，一直是一个存在争议的问题。受国外媒介素养教育传统的影响，不少教育工作者坚守于一种"保护主义"的教育立场，力求通过媒介素养教育，使学生免受媒介所传播的不良文化、道德观念或意识形态的负面影响。与此同时，也有一些学者看到，这种"保护主义"的立场，"忽略了青年人在媒介环境中可能获得的各种应对经验"，而且"未能教给学生如何适应急剧变化的媒介环境"。这也使得一种超越早期保护主义的媒介素养教育理念在英国脱颖而出。

在我国，以卜卫等为代表的一些学者也开始从儿童媒介需要的研究出发，主张教育工作者要形成正确的媒介观和儿童观。卜卫认为，至少有两个理由来肯定儿童的媒介需要。首先，娱乐是儿童的天然需求。根据国际《儿童权利公约》，儿童的休闲权应该得到保证，并且其自由选择媒介内容的权利也应当在一定范围内（如对暴力和色情内容的限制等）得到保证。其次，对自由时间较少的城市儿童来说，媒介是娱乐工具而非教育工具，这不仅对儿童身心健康有好处，而且也是非常现实的选择。在有限的时间里，儿童接触媒介往往是为了满足放松、逃避现实、情绪刺激、交往诉求、快乐诉求、现实性诉求的需要，而不是为了接着上课。

以上相关的研究提示我们，在实施家庭媒介素养教育的过程中，需要以素质教育的理念为指导，采取"积极建构的保护主义"的价值取向，即在教育目标上应该既有保护的色彩，也有积极建构的诉求；在教育模式上要强调学生的积极参与，努力构建以媒介参与为核心理念的新型教育模式。

2. 以提升家长媒介素养为中心

家庭教育是青少年学生媒介行为习惯和媒介素养最为重要的影响因素之一，家长在青少年学生媒介素养的形成过程中发挥着十分关键的作用。例如，"大量的研究证明了儿童……（所在）家庭的社会经济地位、宗教信仰、家庭沟通形态……与儿童电视接触频度、接触时间和内容偏好等有关。"近几年的相关研究发现，家庭中网络设备数量与电脑素养成正相关，中小学生家中电脑资源设备越丰富，其电脑素养越高；父母亲会使用电脑的学生，具有较正向、积极的电脑态度。陆晔等进行的上海学生"离网离视"小活动也表明：家庭关系对青少年的媒介使用有相当重要的影响。

家长是家庭媒介素养教育的责任者、执行者，在家庭媒介素养教育中起主导作用。家庭教育与学校教育相比，有较大的独立性和随意性，受家长影响较多，受社会监督较少。家长在很大程度上决定着家庭教育的培养目标、教育内容和教育方式。

家长的媒介素养是影响家庭媒介素养教育质量高低的关键因素。从笔者调查的结果看，尽管不少高中生家长对媒介制作过程的了解程度不高，媒介批判意识、创造与参与意识也低于孩子，但对于那些了解媒介制作过程、有较强的媒介批判意识、创造与参与意识的孩子而言，父母确实发挥了重要作用。例如，在通过媒介获取信息的方法上，父母亲的作用位列第三（34.24%）；在对报纸制作过程、广播节目制作过程和电视节目制作过程的了解上，父母亲的作用分别位于第二（22.29%）、第三（14.67%）和第三（14.83%）；在媒介分析与评价态度的形成方面，父母亲的作用位列第二（42.49%）。

学校媒介素养教育的顺利开展与推进，同样离不开家长的支持与配合。为此，应建立家校合作、社会培训等合理机制，不断提高家长的媒介素养，促使其发挥更为重要的作用。

3. 以培养良好的媒介接触习惯为主线

家庭作为人生的第一课堂，是最基本的社会单位，是个体社会化的首要场所，对少年儿童素养的培育有重要影响。正如法国社会学家皮埃尔·布尔迪厄（Pierre Bourdieu）指出：人们是经由惯习（Habitus）来处理社会世界的。而惯习形成于社会结构，任何人身上的惯习都是和他自身生活历程密切相关的。家庭影响着青少年学生惯习的形成。家庭"社会化"的影响力量，可以造就子女不同的媒体使用习惯。在接受家庭教育过程中，青少年学生不断习得家庭所认同或提倡的社会生活的基本规则和价值观念。青少年学生不同的媒介兴趣需求、相异的媒介使用习惯和媒介素养也同样受到其成长的家庭因素和父辈媒介使用习惯的影响。

值得注意的是，当前家庭教育在孩子媒介接触行为的指导、监控方面的重视程度并不高。调查显示，经常指导孩子阅读报纸、选择广播节目和选择电视节目的家长比例分别只有15.35%、13.83%和27.43%；经常陪同孩子阅读报纸、收听广播节目、收看电视节目和上网的家长比例分别只有27.72%、32.6%、48.29%和9%；经常与孩子一同讨论报纸、广播节目、电视节目和网络内容的家长比例分别只有45.97%、29.43%、49.23%和20.49%。

在没有家庭教育指导和监控的情况下，学生接触媒介的主要目的是什么呢？调查显示，学生阅读报纸最主要的三个目的是了解国内外时事（44.54%）、娱乐消遣（39.40%）以及获得社会知识和开阔眼界（34.44%）；经常收听的广播节目是戏剧、综艺、娱乐节目（69.38%）和社会新闻节目（36.56%）以及时事政治节目（23.44%）；经常收看的电视节目是戏剧、综艺、娱乐节目（70.38%）和社会新闻节目（43.85%）以及体育节目（37.88%）；上网最主要的三个目的是放松心情、精神调适（78.16%）和娱乐消遣（75.89%）以及与同学、老师、亲友交流（60.03%）。可见，除报纸外，学生使用媒介的主要目的是娱乐。媒介对于学生而言，更多的是"玩具"。

由此可见，要更有效地避免媒介内容对孩子的负面影响，家长需要更多地介入，包括进一步帮助孩子培养良好的媒介使用习惯、对媒介内容选择的指导、与孩子共同使用媒介和讨论媒介内容等。

4. 以培养分析和评价能力为核心

"媒介素养的主要目标之一便是在媒介信息的强说服力前保持自己的独立性，保持自己对问题的个人思考。"而这其实就需要人们以批判的眼光对待媒介及媒介信息。通过教育培养人们的分析、评价和解读媒介信息的能力便成为媒介素养教育的核心目标。

调查显示，家长和学生的媒介分析与评价能力整体偏低。主要表现在：（1）家长对报纸、广播节目、电视节目和网站的制作过程的了解程度并不高。调查结果表明，对报纸、广播节目、电视节目和网站的制作过程不了解和完全不了解的家长比例分别达到了63.11%、72.60%、66.94%和74.79%。（2）大多数学生对媒介的制作过程也不太了解。调查结果表明，对报纸、广播节目、电视节目和网站的制作过程不了解和完全不了解的学生比例分别达到了75.96%、70.34%和62.22%。（3）对媒介信息的批判意识不强。经常对报纸、广播节目、电视节目和网络媒介信息的真实性能有质疑态度的家长比例分别只有42.22%、37.65%、38.20%和53.46%；经常对报纸、广播节目、电视节目和网络媒介信息的真实性能有质疑态度的学生比例则分别为45.56%、41.89%、47.37%和62.17%。可以看出，家长和学生对于媒介的批判意识并不强，家长的批判意识还略弱于学生。

父母和教师最重视的就是培养孩子的信息分析与评价能力，他们对孩子使用媒介最大的担忧是媒介上大量的不良信息对孩子的负面影响。而长期以来我国媒介素养教育与德育、公民教育的结合，也对培养青少年、儿童如何正确理解和使用媒介信息，使孩子养成独立的对媒介的分析和评价能力，提出了较高要求。这正是家庭媒介素养教育的核心目标。

5. 以加强网络媒介素养教育为重点

根据笔者的调查结果，家长平均每天上网的时间是51.47分钟。这个长度已经超过了学生（35.44分钟）。网络又是当前家长和学生公认的可信度最低的媒介（调查显示，家长和学生都认为，媒介可信度从高到低分别是报纸、电视、广播、网络）。然而，家长对网络媒介的监控是最弱的。43.34%的家长会在孩子上网前与其约定好上网时间长度，9%的家长经常陪同孩子上网，20.49%的家长经常与孩子一同讨论网站内容等方面的问题。

引导学生合理使用网络媒介是当前学校教育面临的重要课题。青少年自身心理品质尚未定型，自我控制力较差，容易沉溺于网络而难以自拔。越来越多的关于网络成瘾的研究，已经促使家庭、学校、社会高度重视不良网络行为对青少年学生的危害。随着网络和新媒体的迅速发展，网络媒介素养教育必将成为未来学校、家庭媒介素养教育工作的重中之重。

五、总结与展望

本研究从教育学角度，调查了中国已有和现有媒介素养教育的形式和内容以及媒介素养教育的社会需求，从教育需求出发，思考中国媒介素养教育理论和实践两个层面的本土化，这是一种与以往的新闻传播学研究不同的方法与思路。本文认为，以家庭教育为主体，从本土问题出发探索中国媒介素养教育实践本土化，既有利于促进媒介素养教育理论本土化的建设，又有利于借鉴形式多样的中国媒介素养教育实践的历史经验，从而避免现有研究中的国外理论、本国传统以及当代实践的矛盾与对立关系，逐步实现媒介素养教育本土化的目标。

媒介素养教育本土化在我国的现实表现说明，我们不但需要对国外媒介素养教育给予更多的分析与研究，包括分析国外理论本身的精神实质、产生背景、研究方法以及操作程序所能运用的现实实践特征，从而形成对国外媒介素养教育既非仰视也非贬低的研究态度，同时，还要求对我国传统与当代实践给予关照，寻求国外媒介素养教育与我国研究传统和当代实践的最佳切合点，从而在理论和实践两方面实现真正的本土化。

注　释

①　在本土化的四个阶段中，"本土吸纳"阶段可以称为"初级本土化"，"本土生成"、"批判反思"、"推陈出新"阶段则可以称为"高级本土化"。在"高级本土化"当中，"本土生成"阶段旨在对中国本土的问题进行广泛研究，是一种"广度本土化"；批判反思阶段以培养独立的判断力和原创精神为目标，可以称为"深度本土化"；而推陈出新阶段是为了使中国的理论研究融入世界，它也标志着本土化的完成。当然，这样的四个阶段并非截然分开的。只有不断反思本土化研究的局限性和社会制约，并在不断反思的过程中逐渐融入世界理论体系，才能真正实现媒介素养教育的本土化。

②　笔者开展的调查是以南京主城区中学生为典型个案展开的。由于本研究对媒介素养的界定，要深入了解学生媒介信息的获取、分析、评价、创造与参与的能力，要求调查对象有较丰富的媒介使用经历。为此，本研究将调查对象确定为高中学生。根据南京市教委相关同志提供的高中名单，我们从鼓楼、白下、玄武、下关、秦淮和建邺六个主城区的学校中随机抽取了 10 所，在每一所学校又从高中一、二、三年级中随机抽取 2 个整班，共抽取学生 712 名，这些学生就构成了本次学生问卷调查的样本。调查时由调查员于中午学生休息时间到达班级展开，以自填问卷的方式进行，并当场收回。最终实发问卷数、回收问卷数、有效问卷数和有效回收率分别为 705 份、692 份、626 份和 88.79%。

（作者单位：南京邮电大学　南京师范大学　原文刊登于《电化教育研究》2012 年第 5 期）

农村留守儿童媒介素养教育的参与式视角

鲁　楠

媒介素养教育最早由英国学者 F. R. 利维斯和丹尼斯·汤普森于 20 世纪 30 年代提出。在英国，媒介素养教育的宗旨是把受众培养成能够积极地利用媒体，制作媒介产品，对媒介信息有主体意识，能独立思考的优等公民。经过几十年的发展，西方的媒介素养教育已经逐渐成熟。在我国，媒介素养教育则起步较晚，1997 年，中国社会科学院新闻研究所研究员卜卫在其论文《论媒介教育的意义、内容和方法》中，最先引入媒介素养教育概念，并介绍了国外媒介素养教育的起源与发展，媒介素养教育的意义、内容与途径，开启了中国媒介素养教育的研究之路。

在已有的研究中，媒介素养教育的对象多集中在大学生、官员、农民工这些群体上，对农村留守儿童这一弱势群体的关注较少。而随着中国社会政治经济的快速发展，越来越多的青壮年农民走入城市，农村留守儿童问题成为突出的社会问题。在信息化时代，由于缺少亲情沟通，相当多的留守儿童迷恋媒介交流，使用和享受大众媒介成为留守儿童生活的重要内容。各项研究表明，当前我国留守儿童的媒介素养不容乐观，特别是在监护人缺失的情况下，留守儿童对媒介缺乏正确的辨识力。因此，如何提高他们用批判的眼光去选择、接收、评估媒介信息的能力，加强和改进农村留守儿童的媒介素养，成为一项重要的课题。在探索媒介素养教育的方法上，卜卫在 1997 年初步阐释过学校教育、社会教育和媒体宣传三种主要的媒介素养教育途径，此后，其他学者基本上是在这一框架下阐述媒介素养教育的途径和方式。

关于农村留守儿童的媒介素养教育，研究学者提出了很多思路，但这些思路都是从留守儿童之外的因素出发，并未涉及留守儿童自身的主体性，在实施中究竟能否起到作用还有待考证。英国媒介素养教育学者莱恩·马斯特曼在谈到关于媒介素养教育的"十八个原则"时指出"媒介素养教育植根于一种独具特色的认识论"，这种认识论认为，"现有的知识不是简单地来自教师的传授或学生的发现，它是起点而非终点，它是一门批评性的调查研究和对话的学科，通过这种批评性的调查研究和对话，新的知识和认识被学生和教师能动地创造出来"。而这一原则恰恰说明了主动性在媒介素养教育中的重要性。目前西方国家通行的媒介素养教育中，多是推进媒介素养课程在中小学的设置。而在目前的中国，要把媒介素养教育纳入中小学的课程体系中还存在着种种困难和障碍，在此情况下，课程外的教育是提升留守儿童媒介素养的有效途径之一。在国外，也有研究表明，只有未成年人的主体意识得到充分的调动，其媒介素养教育才会有收效。基于众多学者的研究，本文试图探讨在中国当前的教育模式下，如何用参与式行动的方法来提升农村留守儿童的媒介素养。

媒介素养教育的参与式视角研究是基于教育学"参与式方法"所提出来的，"参与式方法"又称"合作式"或"协作式"方法，即能够使个体参与到活动之中并与其他个体合作的方法。它的目的是使所有在场的人都投入到学习活动中，都有表达和交流的机会，在对话中产生新的思想和认识，通过丰富个人体验、参与集体决策，进而提高自己改变现状的能力和信心。本文所谈到的参与式方法，结合了参与式教育与行动研究法并将它们融为一体。行动研究是指研究在实际工作中进行的活动，行动研究能够在实践中发现问题、分析问题和解决问题，并通过个人或集体对这个过程中相关方面的敏感性反思，提高研究与实践的相关性、针对性和解决问题的有效性。留守儿童的媒介素养教育的参与式行动教育，是指摒弃传统被动式的教育方法，拟定一系列的媒介素养活动内容，使留守儿童在接收媒介素养教育信息的同时参与到活动中，充分调动其对媒介素养知识接收的积极性，同时，教育者也充分参与到活动中，以便及时发现问题、解决问题，最大限度地提升留守儿童的媒介素养。

如何以参与式的行动来提升留守儿童的媒介素养，对此，国内外的学者都有过行动。如 1979 年，法国政府部门开展了一项名为"主动的电视青少年观众"（Young Active Television Viewers）的教育活动，这项持续数年的全国性教育活动，目的是培养青少年积极主动的电视收视习惯。该活动实施两年以后，有关部门对青少年与电视关系的变化进行了调查和评估，结果表明，中小学生掌握的有关电视的知识有所增加，对电视传播的认识力和观察力也有所提高，孩子们对自己观看的各种电视节目有了更多的审视和研究意识。在国内，2007 年，由复旦大学新闻学院副教授谢静博士牵头成立的"媒介素养教育行动小组"，开展了名为"小小看媒体"的青少年媒介素养教育推广行动。在行动中，志愿者在复旦大学附近的两所小学中开展了两周一次的媒介素养教育兴趣班，以互动的课堂形式、深入浅出的语言对 60 名左右的四年级小学生传授媒介素养的基本知识，指导学生正确理解、建设性地享用大众传播资源，培养学生具有健康的媒介批评能力，使其能够充分利用媒介资源完善自我。授课方式采用了创设场景、分组活动、互动游戏以及有问必答等多种形式，一定程度上可以视为媒介素养教育正式进入了校园和课堂。

基于前者的经验，郑州大学新闻学院副教授郑素侠带领的"农村留守儿童媒介使用与媒介素养教育研究"课题组，于 2012 年 7 月在河南省新郑市八千乡梅河小学开展了针对农村留守儿童的媒介素养教育的参与式行动，笔者也参与了此次行动。此次行动的简要内容设计见表 1。

表 1 媒介素养参与式行动内容设计

活动名称	活动内容	活动目标
媒介知识学习	内容一：我爱上网 内容二：我爱看电视 内容三：小心广告 内容四：坏消息 我不怕	1. 学会正确合理地使用网络和电视。 2. 了解广告的劝服手法，反思广告对自己的影响。 3. 认识到"坏消息"只是生活的一部分，新闻媒体反映的现实等同于真实的社会现实。
互动游戏	内容一：我会做广告 内容二：今天我是小主播	1. 巩固前面所学的媒介知识，加深儿童对广告的理解。 2. 学会完整地陈述一个新闻事件。
倾听留守儿童的心声	内容一：我的心里话 内容二：我的家庭 内容三：我眼中的媒体	1. 让儿童学会自我表达。 2. 了解儿童与父母的关系。 3. 了解儿童对媒介的看法。
深度访谈	内容一：学校监护人访谈 内容二：家庭监护人访谈	1. 通过采访学校老师，了解留守儿童在学校的表现，以及学校在媒介素养教育上的投入。 2. 通过采访留守儿童监护人，了解留守儿童在家中的表现，以及监护人在留守儿童媒介接触和媒介使用中扮演的角色。

在此次行动中，通过媒介知识的学习以及互动活动"坏消息我不怕"、"今天我是小主播"、"我会做广告"、"我眼中的媒体"等环节，使留守儿童置身于媒介环境之中。通过分组讨论、表演、做游戏、辩论赛等轻松激烈的形式，使留守儿童对媒介及其功能有了更加清晰的了解。在情景设置中，通过行动参与者的疏导，激发了留守儿童的媒介参与意识，如"使用媒介来获取有用的信息与知识"、"遇到不公平的事情向媒体求助"、"通过网络表达自己的声音"等，使留守儿童做到行动参与、思维参与、情感参与。此次活动是采用参与式视角对农村留守儿童进行媒介素养教育的一次尝试，本文结合此次行动来探讨如何做好留守儿童媒介素养教育的参与式行动。

第一，参与式行动的主体。参与式的行动视角需要充分发挥参与人的主动意识，而这里涉及的参与人员，不仅仅是需要被教育的留守儿童本身，还包括媒介素养教育的实施者。因此，参与式的行动更加强调媒介素养实施者自身的素养水平以及参与水平。这些参与式教育的主体实施者可以是老师、大学生、社会工作者以及政府官员等，他们同时也是媒介素养教育的接受者，水平参差不齐，所以，在实施参与式教学和行动时，要提前组织好行动团队，加强对团队人员的筛选，组织团队人员的媒介素养培训。

第二，参与式行动的内容。在参与式的媒介素养教育中，行动内容的设计也是至关重要的。参与式的行动教育对媒介素养内容的设计有很高的要求，其内容必须充分考虑到留守儿童的可参与度，要做到让其行为参与、思维参与、情感参与。所以，在进行参与式行动前，要了解行动地区留守儿童的媒介素养状况，针对不同地区的不同状况，来设置合适的媒介素养内容。台湾地区在做中小学媒介素养教育的推广时，将参与式的行动内容融入中小学的教育课本之中，并从健康、体育、社会、艺术、人文等不同方面设置内容，使中小学生了解媒介讯息，思辨媒介再现，反思受众的意义，分析媒介组织以及运用媒介。我们在设置内容时，可以借鉴其课程，将其置于留守儿童媒介素养教育行动的内容中，采取有步骤的分层试验措施，推进媒介素养教育的课堂化、日常化乃至制度化，在组织大规模的调查研究的同时，开展媒介素养教育实践，在摸索中探索合适的教育途径。

第三，参与式行动的组织。农村留守儿童的媒介素养教育需要吸纳社会各界的力量，当前开展的一系列留守儿童的调研中，参与者多为高校大学生以及相关领域的研究学者。

而当今社会，民间组织已成为媒介素养教育的重要推动力量，所以，我们需要建立全国性的媒介素养教育组织，吸纳社会各界的媒介素养研究者以及教育者，对这些具有独立意识的成年人进行媒介素养教育的培训，使其在参与式活动中发挥出更大的作用。同时，加强高校与农村地区中小学教育的联合。我们应该鼓励高校走出去，关注留守儿童，将媒介素养教育合作开展到边远农村地区。

留守儿童的媒介素养教育是一项系统工程，涉及很多方面。留守儿童在媒介接触中，长期以来形成了自己的认知和评判，所以在媒介素养的教育中，要激发留守儿童的参与意愿，使留守儿童在潜移默化中改变自己的判断，正确地认识媒介。媒介素养教育应当把运用传播媒介的权利交给少年儿童，而参与式的教育方法则使留守儿童在媒介素养的教育中，充分发挥其主观能动性，在受教育中变被动为主动，使留守儿童能够最大限度地辨别媒介真实与社会真实，提高对负面信息的抵御能力，形成对媒介性质和功能的正确认识，最终提升其媒介素养。

（作者单位：郑州大学　原文刊登于《新闻爱好者》2012年第12期）

我国媒介素养教育目标体系的建构

李德刚

自1922年法国首次召开全国性电影教育会议至今，世界范围内的媒介素养教育理论研究与实践活动已经走过了90年的历程。[1]自1994年陈力丹先生以"夏商周"为笔名在《新闻出版报》发表《传媒手段先进，传媒教育滞后——我国"传媒扫盲"尚未起步》一文，首次将媒介素养教育概念和思想引入国内至今，中国大陆媒介素养教育研究的历史也已走过了18年的历史。[2]18年来，无论是媒介素养教育的研究队伍，还是媒介素养教育的研究产出，以及社会对媒介素养教育理念的认知与认可，都取得了可喜的进步。然而，与国外媒介素养教育由民间推动向政府政策驱动、由非正式的社会教育向正式的学校教育转型相比，我国大陆的媒介素养教育既未展现出与快速发展的媒介产业相匹配的影响力，也未能获得政府政策的正式性关注。那么，作为源于西方的一种教育理念或社会运动，面对迥异的媒介与教育环境，媒介素养教育对于我国的独特价值是什么？或者说，它的独特目标应该是什么？对这一问题的回答，不仅事关我国媒介素养教育的本土化进程，也事关其未来发展路径。

一、回归社会转型的当前实践：我国开展媒介素养教育目标建构的前提

要建构媒介素养教育在我国的发展目标就必须从我国的实际出发，以解决我国媒介与教育中存在的问题为目的，来生成符合我国国情的媒介素养教育的理论体系与实践策略。回归国情，回归传统，回归当前实践便成为目前我国媒介素养教育必须要面对的问题。而当前我国最大的现实就是社会转型，一场旷日持久的系统性转型。它既不单是经济的，也不单是思想的，而是一场伟大的、全面的、具有世界历史意义的整体变革。[3]这是一场由自给半自给的产品经济社会向社会主义市场经济社会的转型，一场由农业社会向现代工业社会的转型，一场由乡村社会向城镇社会的转型，一场由封闭半封闭社会向开放社会的转型，

一场由同质单一性社会向异质多样性社会的转型，一场由伦理社会向法治社会的转型。[4]这一背景成为建构当前我国媒介素养教育目标体系的前提。这场转型于媒介素养教育而言，具有以下几个方面的意义。

一是社会转型为媒介素养教育引入我国提供了可能性

从西方的发展历程来看，媒介素养教育既是对西方民主社会发展的修正，同时也是民主社会的伴生物。没有民主的政治制度，没有相对独立的媒介环境，就不可能有针对公民的媒介素养教育。"在极权社会和威权社会中，大众传媒通常都会被作为统治阶级进行思想控制的工具，通过严格的内容审查制度来'驾驭日趋离心的民众'，以此获得表面的稳定，更多的时候，以查禁'海淫'的名义，扮演人类社会的卫道士，却悄悄加强思想的控制，压制'颠覆性'思想的蔓延"。[5]对于以"赋权"和建构公民主体性为目标的媒介素养教育而言，在一个非民主和非法治的政治环境中，不可能存在媒介素养教育生长的土壤。从这个意义上说，这场转型所带来的政治领域的变革，尤其是民主与法治的发展，为中国媒介素养教育提供了坚实的政治基础与广阔的政治空间。改革开放之前，中国的大众传媒一直都被作为党和政府的"喉舌"，其意识形态功能、教化功能等被无限放大，而其商品属性与产业属性一直作为禁区而无人触及。20世纪80年代之后，源自西方的新闻传播理论开始进入中国，学界提出大众传媒不仅具有政治属性，同时也具有经济属性的重要观点。伴随着中国政治与经济体制改革，中国的媒体业开始了由党和政府的宣传部门向国营信息产业的渐进式过渡，[6]从"接受国家机关领导，以国家预算拨款为活动资金来源，不进行成本核算，不上交利润和税金"的事业化管理转向"在生产经营活动中，有收入抵偿支出，实现尽可能大的利润，从而得以向国家缴纳税金，向投资者提供收益"的企业化管理转变。[7]无论哪一种转变，其本质都是国家对传媒绝对控制的放松。在管制放松的大背景下，商业文化与消费主义文化开始逐渐登堂入室。虽然消费主义文化因为低俗化等问题饱受非议，但也发挥着化解传统臣民文化和现代革命理论所代表的群众文化的革命性作用。于是，一种迥异于强调个体对国家绝对服从的臣民文化与强调政治权威的高度组织化和制度化的革命群众文化的[8]，以追求公平、民主、法治、竞争、参与、开放为目标的新型文化开始形成，人们不再盲目崇拜、畏惧权威，而是能从自身利益的角度进行理性的思考，世俗化与理性化成为人们的行动原则。[9]与个性解放相伴随的选择自由以及一定程度的言论自由，无疑是这场转型带给社会个体最大的贡献。从这个意义上讲，社会转型为媒介素养教育进入中国提供了政治上、文化上以及社会心理上的准备，如果没有社会转型所带来的中国民主化进程的推进，就不可能有媒介素养教育在中国的生根发芽。

二是社会转型为媒介素养教育在我国的发展壮大提供了必要性

媒介素养教育需要社会转型为其提供政治空间，而社会转型的完成同样需要媒介素养教育的推动。尽管对于我国社会转型的目标，国内学术界尚未形成一个较为清晰的界定，但是无论从哪个方面来看，民主化是怎么都无法绕过的目标。而衡量民主化的尺度便是公众以各种方式参与公共事务的广度与深度，[10]是政治权力被不断有效制衡的过程，是政治过程及其结果越来越大众化的过程[11]，实质上"是造就一个更加开放、更具参与性和更少威权的社会过程"[12]。而无论民主目标的实现，还是此目标实现之后民主社会正常运转所需要的理性、负责任的人民，都需要媒介素养教育对现代公民的培养。在这一点上，媒介素养教育的目标与社会转型的目标是一致的。通过媒介素养教育可以打破媒体的信息垄断与政府控制媒体的信息特权，可以打破教化宣传模式的思想控制，在训练公众批判意识与思辨能力的基础上，培养公众理性的民主意识，缩小公众之间的媒介素养差距与信息鸿沟，提升公众通过媒体进行多元声音的表达能力，从而为公民社会培养所需的具备独立思想的现代公民，为推动社会转型的快速完成提供强大的助推力。

三是社会转型的阶段性为媒介素养教育在我国的发展带来了曲折性

　　有学者将我国目前的社会转型概括为是在"一个强有力的政府（简称'强政府'）的领导下，根据中国社会的具体情况和现实需要，走一条渐进的、自主的改革发展之路。简单来说就是：渐进性、自主性和强政府"。[13]也有学者认为，中国的改革开放进程有渐进性、阶段性和连续性等三个特征，并依据改革开放的主体内容将社会转型期大致分为以经济改革为主体的阶段、以社会改革为主体的阶段、以政治改革为主体的阶段和以文化改革为主体的阶段。我们的改革开放首先进行的是以经济建设为主体的改革，目前进入到以社会建设为主体的改革阶段，未来将会进入到以政治改革为主体的阶段和以文化改革为主体的阶段，到此阶段之后社会转型才算真正完成。[14]无论哪种论点，根据制度变迁理论，我国的改革都属于一种典型的内生性的、自上而下的、渐进式的制度变迁。这种变迁是在既有制度的基础上，由既有制度设计者，按照自主意愿进行的非突变式的改良式变革。毫无疑问，这种变迁会受到既有政治与经济制度"路径依赖"的制约，同时也会受到来自传统思想观念、文化习俗以及社会心理等非正式制度的阻力，从而呈现出渐进性与不彻底性的特征。这种不彻底性不仅表现在社会转型的非系统性上，更表现在已经走过的经济体制改革以及正在进行的社会体制改革的不彻底性上。从社会改革来看，中国社会正加速呈现公民社会的特征，走向公民社会成为一种必然。[15]但长期的计划经济体制下的一体化社会控制，以政府主导的发展模式，及以权力管理为主、社会组织为补充的社会管理模式，使中国无法出现广泛的民间制度创新机制。[16]作为社会系统的一部分，政治体制改革、经济体制改革与社会体制改革的不彻底性必然会在大众传媒领域得以反映，其集中表现便是我国大众传媒领域初露端倪的"双重封建化"问题，即传媒一方面受制于传统人治因素，媒体的社会公器职能和权力制衡作用经常被否定，新闻自由往往被视为洪水猛兽；另一方面，市场机制下广告和公共关系的侵入导致了传媒的再封建化，一些地方的官媒合一已经发展到商媒勾结和官商媒共谋，由媒体所制造的"公共领域"越来越呈现出"伪公共性"，以至于传媒难以担当起社会转型守望者的角色。[17]由于我国的社会转型远未完成，我国开展媒介素养教育的大环境依然较为恶劣，这就决定了一定时期内我国媒介素养教育的发展会呈现出反复性与曲折性，其目标与推进路径需要根据社会转型的现实境况进行不断的调整。

　　社会转型对于媒介素养教育而言，既是机会，也是挑战。回归我国社会转型的当前实践是我国媒介素养教育发展的唯一路径。媒介素养教育一定要紧紧抓住这场转型所提供的空间与机会，看到滥觞于西方民主制度中的媒介素养教育在我国当前社会中成长的可能性，尤其要看到我国社会转型过程中存在的主要问题，要以解决我国社会问题、推动我国社会变革作为我国媒介素养教育目标的唯一旨归。只有这样才能真正建构起符合我国国情的媒介素养教育目标体系，也才能真正寻找到媒介素养教育在我国发展的根本动力。

二、遵循价值内涵的动态平衡：我国媒介素养教育目标建构的原则

　　教育目标是教育者对受教育者主观上的一种要求和愿望，具有主观性的根本特点[18]，它指导和支配着整个教育过程，是一切教育工作的出发点和最终归宿[19]。英国著名的媒介素养教育学者马斯特曼曾指出，在设计任何有效的媒介教学实践之前，最需要的是考虑最终的教育目的和目标，对于所有媒介教学的教师而言，其必需的起点是澄清他们自己的教学目的。[20]但是，由于我国媒介素养教育研究中存在着明显的理论范式混杂的局面，西方历时性的媒介素养教育理念共时性地存在于我国当前的理论研究与实践过程之中，导致研究者在教育理念与教育目标等关键问题上，尚缺乏统一的逻辑起点，致使媒介素养教育的开展无法形成足够的共识，无法明确我国媒介素养教育的价值取向。[21]没有清晰的发展目

标，就不可能形成有效的发展路径。

对于我国而言，媒介素养教育目标的建构需要坚持以下两个原则。第一，应该坚持普适性与独特性的辩证统一。媒介素养教育尽管在全球获得的响应越来越热烈，但基于各个国家媒介素养教育目标与理念差异的巨大，并没有形成公认的定位和目标，[22]但是在媒介教育具有"赋权"（Enpowerment）与"解放"（Liberating）的目标，具有培养公民对媒介信息及其背后的运作机制具有批判性理解能力的目标，具有建立与支撑民主体制的目标等认识却基本成为共识，这一点在1989年欧洲国家教育部长会议的决议以及1999年联合国教科文组织的会议中都有所呈现。[23]我国媒介教育学者卜卫将其概括为二个层面的目标：个体层面，要发展个体针对媒体的批判性自主权；社会层面，通过参与能力的提升，推动民主社会的形成。[24]这些普适性的价值目标是媒介素养教育得以在全球持续推进的内在动力，是媒介素养教育得以在世界普及的立足之本，它使得媒介素养教育具有了个体自由与社会民主的世界共性，成为消除社会不公正和减少权力不平等的路径之一。对于这些普适性的原则，我们应该坚持理性认识的原则，切不可以所谓的"中国国情"为借口，对符合世界文明潮流的媒介素养理念进行"中国特色"的任意改造，自绝于浩浩荡荡的世界文明潮流。但是，我们也不能因此而否定媒介体制、媒介教育的特殊性，因为任何国家的教育目标代表的都是国家主流价值观念在教育领域中的一种价值宣言。要想真正在一个国家发展就必须与这个国家的本土文化相一致，切不可实行简单的"拿来主义"，而是既要发挥普适价值的引领性，又要考虑本土价值的贴近性，实现普适性与本土性的辩证统一。第二，应该坚持传统性与时代性的辩证统一。传统性与时代性不仅是人类历史的基本特征，而且也是一个民族媒介文化的基本特征。本国传统文化或多或少地会在当代媒介文化中留下痕迹或影响。因此，对于媒介教育而言，我们既要把握媒介文化的时代性，同时又要继承它的传统性。从我们所处的时代性出发，积极吸收传统文化中的精华，如天人合一、以人为本、自强不息、厚德载物、中庸尚和的社会理念以及集体主义的价值观念等，同时也要剔除皇权文化、臣民意识等封建糟粕，引入批判性的思维、自主行动的能力、个人的自由、政治的民主、社会的公正等时代性的价值观念对传统的价值观念进行改造，从而借助媒介启发人们摆脱蒙昧的意义，启蒙受教者个人的权利意识，引导他们以批判的思维解构媒介，从而理解自身的社会处境，学会利用媒介维护自身利益，积极主动地争取个人的自由幸福以及社会的民主公正。[25]传统文化是我国当代文化的源起，是形成民族认同的基础，在保持民族性与传统性的基础上，还要吸收时代的精神，让时代性去引领、去改革传统性，使传统更加符合当前实际。

西方经验与中国国情、历史传统与当代精神，成为媒介素养教育发展必须考虑的四个维度。无论是在西方普适性的媒介教育理念与我国独特的本土价值之间，还是在我国历史传统与时代精神之间，都应该在价值内涵上遵循一种动态平衡的原则，切不可用一种价值理念去否定另一种价值追求，从而造成媒介素养教育发展的失衡。

三、培养自主人格的媒介公民：我国媒介素养教育的目标建构

基于以上两个原则，并在充分考虑我国社会转型的大背景下，我国媒介素养教育的目标应是帮助社会公众，尤其是青少年树立媒介的权责意识，使其具备运用公共理性对媒介内容及其背后运作以及媒介与个体、国家、社会乃至世界之间的关系进行批判性分析与质疑的能力，培养公民积极接近、合理使用媒体的公共意识与参与行为，使其不仅成为信息社会的合格劳动者，更要成为公民社会主动的权责主体，推动我国社会转型，建设一个公平民主自由的和谐社会。檀传宝、王啸等学者认为，作为公民社会主体的现代公民应该具

有独立的人格、民主的意识、人道的情怀、人权的理念、公共的理性以及承担公共的责任。[26]对于信息时代公民教育重要一环的媒介素养教育而言，我国媒介素养教育的目标体系应该至少由以下几个方面构成。

（一）媒介权利意识与媒介参与能力

要成为公民社会主动的权责主体，就要增加受众的权利和行使权利的能力。为实现这一目的，受众就必须要由被动的媒介消费者转变成为主动的媒介公民，要了解何为"公民媒介权"以及如何实践这一权利。1948 年联合国通过的《世界人权宣言》第 19 条规定：人人有权享有主张和发表意见的自由；此项权利包括持有主张而不受干涉的自由；通过任何媒介和不论国界寻求、接受和传递消息和思想的自由。这一条款实际上对"公民媒介权"的内涵进行了首次明确的界定，公民媒介权即：公民的言论自由权、知情权以及传播权。1996 年，与信息社会全球峰（World Summit on the Information Society）同步召开的"传播权利世界论坛"（World Forum on Communication Rights）提出，除言论自由外，公民媒介权还应该包括"受到媒体侵权的抗辩救济权"以及"接受媒介素养教育的权利"。[23]台湾媒介素养教育专家吴翠珍、陈世敏将以上两个文件中的"公民媒介权"概括为：知情权、信息发布权、讨论时政权、个人隐私权、媒介近用权以及媒介素养教育权。[27]我国宪法第 35 条规定，中华人民共和国公民有言论、出版、集会、结社、游行、示威的自由。第 41 条规定，中华人民共和国公民对于任何国家机关和国家工作人员，有提出批评和建议的权利；对于任何国家机关和国家工作人员的违法失职行为，有向有关国家机关提出申诉、控告或者检举的权利，但是不得捏造或者歪曲事实进行诬告陷害。同时，我国《侵权责任法》第 2 条规定，未经公民许可，不得公开其姓名、肖像、住址和电话号码。另外，根据《中华人民共和国政府信息公开条例》第 6 条规定，行政机关应当及时、准确地公开政府信息。行政机关发现影响或者可能影响社会稳定、扰乱社会管理秩序的虚假或者不完整信息的，应当在其职责范围内发布准确的政府信息予以澄清。可见，除媒介素养教育权外，知情权、信息发布权、讨论时政权、个人隐私权以及媒介近用权等权利都通过我国现行的法律体系或直接或者间接地获得了保障。然而，长期以来，由于我国官本位思想的作祟以及传统文化中权利意识的薄弱，对知情权、信息发布权、讨论时政权、媒介近用权等公民的基本媒介权利——也是公民的基本人权——漠视的现象较为严重，受众或者根本不知晓以上基本权利的存在，或者根本不懂得如何去保障或者争取以上权利的实现。由于公民基本的媒介权利得不到保障，基于媒介权利的媒介公民就会毫无意义，媒介公民的培养也就失去了基础与前提。因此，如何通过媒介素养教育提升全体公民对已拥有的基本媒介权利的认知，增强人们行使权利的信念，保障权利的落实，同时推动"媒介素养教育权"进入正式法律体系，就成为转型期中国媒介素养教育最为基础，也是最为重要的使命。

如果没有公民媒介权利意识的觉醒，就不可能推动媒介民主化的实现，也不可能造就一个民主的社会。现代媒介素养教育不仅需要破除对权威信息与主流意识形态的"臣服"与"奴性"意识，培养现代公民的权利意识，而且更需要破除对媒介公共空间参与的恐惧意识与冷漠思想，培养媒介参与意识与参与行为。仅有文本意义上的权利，而不到现实中去实践权利，就等于没有权利。仅拥有媒介权利而不通过媒介参与投入到公共意见的辩论与形成中去，就无法将媒介权利转化为普遍的公民意识。一直以来，大众媒介始终坚持高高在上的"传播者中心"理念，为普通受众提供的媒介参与机会少之又少，这就造成了媒介权利与媒介参与的恶性循环：因为公民媒介权得不到保障，因此冷漠对待媒介参与；由于没有媒介参与而媒介权利无法落实。如何将媒介权利与媒介参与这种"两相分立"的局面统一起来，便成为当前我国媒介素养教育的核心任务，这不仅是由现代教育的发展所决定的，更是由我国社会的现代转型所决定的。丧失了媒介权利与媒介参与这一前提与基础，不仅无法保障各种媒介活动的开展，更无法保障其他媒介素养教育目标的实现。

（二）媒介公共理性与公共责任

不同于传统媒体的单向传播方式，网络凭借强大的交互技术创造了一种全新的媒介景观，尤其是基于web2.0技术的以博客、社交网站为代表的网络虚拟社区的形成更是将互联网的交互性能发挥到了极致，成为一种全新的参与式媒介样式。参与式媒介的受众不再是被动的信息接受者，甚至不是传统意义上的媒介消费者，而是主动的信息接受者与信息传播者，以参与式媒介为载体，他们正在创造出一种全新的媒介文化样式——参与式文化。所谓"参与式文化"主要指的是以网络虚拟社区为平台，以青少年为主体，通过某种身份认同，以积极主动地创作媒介文本、传播媒介内容、加强网络交往为主要形式所创造出来的一种自由、平等、公开、包容、共享的新型媒介文化样式。[28]然而，分析我国的这种参与式媒介文化就可以发现，目前的这种参与中基于自我立场、自我利益与自我价值的情感喧嚣与非理性宣泄，甚至发展为言语暴力、网络暴力的情形或者商业营销与推广的内容依然占据了主导地位。有学者在对我国网络话语空间的信息来源、修辞基调和语义指向进行分析之后发现，当代中国的网络话语空间仍然停留在"大众话语空间"的表达层面，缺乏"公共话语空间"的理性表述，这一态势阻碍着公共政策决策的民主化进程。[29]如何克服传统话语空间中的非理性宣泄，重构媒介公共空间的理性表达规则，成为当前我国媒介素养教育的重要任务。所谓公共理性指的是以一种自由平等的公民身份，从一种主体性的立场出发，就重大问题达成共识，这样不仅保证了个体的独特性和权利，也保证了集体的公共利益，而且能够激发公民发展并行使适合于公民资格的能力，既非简单地以他人立场代替自己的立场，也非简单地以自己的立场凌驾于他人的立场之上，公共理性意味着沟通、协调妥协、宽容、参与、自主、调试、责任、对自我的适度怀疑与对他者的信任以及健全的权利义务感等一系列调试能力。[26]这种能力的培养不仅需要公民教育来推进，更需要媒介素养教育来提升。此外，在公共空间进行公共表达与公共传播过程中，不仅要坚持公共理性的原则，同时还应该承担公共责任。这种公共责任需要作为社会成员个体的公民超越其私民身份，在面对国家与社会等公领域问题时，能够从社会的公共立场出发对各种利益问题进行考量，不应为了个人利益而损害他人利益与社会利益。只有坚持公共理性与公共责任，才能让在媒介公共空间中蔓延的各种虚假信息以及色情、暴力等低俗内容获得有效消解，才能建构起一个健康和谐的媒介空间与舆论空间。

（三）媒介民主意识与民主生活方式

约翰·埃尔德里奇在《获取信息：新闻、真相和权力》一书中认为，在信息的生产、内容传播和接受的整个过程中都存在着权力不平等的事实，存在着新闻、真相和权力之间相互竞争的博弈关系，其背后隐藏着的是媒介与民主之间的关系，而民主最大的敌人不是系统的高度集中和霸权，也不是生活世界的殖民化，而是社会个体的自我漠视与自我异化。[30]Henry A. Giroux也认为，媒介自主权是"一种批判性的思维和行动的能力。这个概念具有双重指向，既对个人而言，也对社会而言。个人的自由和天赋能力必须得到最大限度的发展，但个人的能力又必须与民主紧密相连，这是因为社会改善一定是个人充分发展的必然结果"。[31]陈世敏也认为，在现代社会的民主进程中，大众媒介和公众从来都是相互培育、相互造就的，有什么样的公民，有什么样的媒介，就有什么样的民主。大众媒介不仅是社会舆论的公共平台，也是对政府权力进行监督的"第四权力"与"无冕之王"。如何善用媒介权利、如果主动使用媒介权利，作为传受双方的媒体与受众的民主意识在其中发挥着至关重要的作用。就此而言，媒介素养在本质上与现代公民的政治素养存在着高度的相关性，在培养公民利用媒介进行自我表达、监督公权力运作、参与推动社会变革等方面具有高度的一致性。这一点对于转型期的中国而言，尤为重要，因为中国一直以来都被西方人贴上了"不民主"的标签。然而，改革开放以来，尤其是互联网的发展，为转型期的中国创造出一条"中国式民主"之路。利用网络空间的相对自由，依靠技术创新的有限空间，普通民众通过信息的自我生产与自我传播，通过"围观"与"聚集"的方式将转型期中的腐败等各种问题暴露于阳光之下。这种借助互联网平台间接实现公民权利之运用的"网络媒介民主"俨然已经成为中国式民主的典型特征。因此，推动公众媒介素养水平的提高，也就是推动我国公民民主意识的提升。当然，民主意识的提升并非其最终目的，而是要将这种民主意识内化为信息接收与传播过程中的民主行为与民主方式，以一种平等自由的心态面对媒体中的信息传播，并以一种民主协商的方式来展开对话。

（四）媒介思辨能力与媒介自主人格

媒介思辨能力与自主人格是公众媒介素养的核心，也是媒介素养教育的关键内容。媒介思辨能力是自主人格的基础，自主人格则是思辨能力提升的结果。面对媒体霸权与文化霸权，是否具备质疑与批判能力，能否保持独立思考的能力，直接决定着一个人的思想能否真正独立，决定着一个人的言论能否真正自由，决定着一个人是否可以根据自己内在的价值标准，按照独立自主的方式，有尊严地追求和创造属于自己的生活方式。对独立自主人格的培养是所有教育都应该具备的基本品质，对于信息时代的社会公民——也就是媒介公民而言，更应该将独立人格作为其全部教育的根本目标。康德在《历史理性批判文集》中指出，独立自主"这个权利使一个公民生活在社会中并继续生活下去，并不是由于别人的专横意志，而是由于他本人的权利以及作为这个共同体成员的权利。因此，一个公民的人格的所有权，除他自己外，别人是不能代表的"，他坚决反对那种似乎无所不能、包办一切、甚至代替他人去思考与决定的，蒙昧的"家长保护主义"做法，并把它称之为"可能想象的最大的专制主义"，因为这种做法取消了人们的一切自由和权利。[32]这一点在英国媒介教育学者 Len Masterman 的媒介教育的 18 项基本原则中的第一项原则中得到了确认：即媒介教育是要增加个人（特别是少数群体）的赋权和增强社会民主结构。媒介教育的目标不是培养简单的批判技能，而是建立人的批判自主权。这应该是对个人解放的过程。媒介教育具有研究（探讨）性质，它不能将特定的文化价值观或政治价值观强加于人。[33]对作为拥有长期"媒介臣民"思想与"媒介私民"文化的中国而言，要推动社会转型的完成，也为了适应信息社会的生存要求，中国媒介素养教育必须要将媒介自主人格作为出发点和落脚点。只有如此，才能培养出自主与自治的独立健全的媒介公民，才能在知识与权力之间建构起公平与公正的和谐关系，也才能实现我国社会建设的现代化与民主化。

媒介素养教育培养的目标，既非屈服于媒体强权与信息霸权的"媒介臣民"，也不是蜷缩于私人领域与私人空间中的"媒介私民"，应该是具有现代公民意识与民主意识的"媒介公民"。本目标体系基于中国现实国情，从培养信息社会与公民社会中公民基本素质的视角出发，从个体与媒介、社会之间的互动切入，由受众的意识与行为、权利与责任两大领域，构建起媒介权利意识与媒介参与能力、媒介公共理性与公共责任、媒介民主意识与民主方式、媒介思辨能力与媒介自主人格等四大维度共计八个方面的目标体系。其中媒介权利意识与媒介参与能力是基础目标，转型期中国的素养启蒙必须首先要从权利意识的培养开始；媒介公共理性与公共责任、媒介民主意识与民主方式是拓展目标，公民的民主思维与行事方式、公共表达过程中对公共理性的坚持以及对公共责任的担当，都是一个合格的媒介公民必要的基本素质；而媒介思辨能力的提升与媒介自主人格的生成则是媒介素养教育的核心目标，是对作为一个媒介公民的"个体"的最高要求。八大目标构成的目标体系，从内容来看，既包括以"意识"形式体现出来的知识观与价值观的培养，也包括以"能力"形式体现出来的态度与行为的培养，体现了一定的完整性；从适切性来看，既紧扣住了我国社会转型的基本国情，又没有脱离媒介素养教育发展的国际趋势，做到了普适性与独特性、传统性与时代性的统一，对于推动我国媒介素养教育的本土化进程具有重要的意义。

参 考 文 献

［1］Alexander Fedorov：Media Education around the World：Brief History ［J］．Acta Didactica Napochnsia，2008，1（2）．

［2］秦学智，王凌竹．传媒素养教育者应有的教育观念 ［J］．现代传播，2010（03）．

［3］赵晖．社会转型与公民教育：中国公民教育目标与内容体系 ［M］．北京：人民教育出版社，2007.

［4］袁方，等．社会学家的眼光：中国社会结构转型 ［M］．北京：中国社会出版社，1998.

［5］李剑宏．欧美国家政治与性的审查制度是如何破产的———一项基于政治层面社会控制手段的政治社会学分析 ［EB/OL］．剑虹评论网．http：//www. comment-cn. net/politics/democracy/2009/0111/article_14567. html，［2012-04-30］．

［6］陈怀林．试析中国媒体制度的渐进改革———以报业为案例 ［J］．新闻学研究，2000（62）．

［7］屠忠俊．论报社经营管理体制发展趋势 ［J］．新闻大学，1996（2）．

［8］丛日云．构建公民文化———面向 21 世纪中国政治学研究的主题 ［J］．理论与现代化，1999（12）．

［9］范静．政治文化与当代中国政治发展 ［J］．上海财经大学学报．2001（1）．

［10］科恩．论 民 主 ［M］．聂崇信，等译．北京：商务印书馆，2005：1.

［11］施雪华．政治科学原理 ［M］．广州：中山大学出版社，2001：923.

［12］Boutros Boutros—Ghali，Agenda for Democratization，17 December 1996，Supplement to Reports A/50/512 on Democratization. Yale University Library and Social Science Statistical Laboratory，Revised：March 11，1997.

［13］马德普．渐进性、自主性与强政府———分析中国改革模式的政治视角 ［J］．当代世界与社会主义，2005（5）．

［14］严振书．对中国社会转型阶段性的分析思考 ［EB/OL］．中国改革论坛，http://www. chinareform. org. cn/society/manage/Report/201111/t20111129_128695. htm，［2012-04-30］．

［15］向熹．中国社会正加速呈现公民社会特征 ［EB/OL］．中国网，http：//www. china. com. cn/fangtan/zhuanti/2010lianghui/2010-03/06/content_19541993. htm，［2012-04-30］．

［16］杨福明．依法治市的理论与实践 ［EB/OL］．http：//www. yfzs. gov. cn/gb/info/flpj/flsk/yfzss/dyz/2005-09/09/1104353255. html，［2012-04-30］．

［17］展江．警惕传媒的"双重封建化"［J］．青年记者，2005（3）．

［18］高闰青．"以人为本"：确立教育目标的终极依据 ［J］．河南师范大学学报：哲学社会科学版，2011（9）．

［19］杨莉君．教育目标的价值取向与创造性教育 ［J］．教育探索，2002（7）．

[20] Masterman，L. A Rationale for Media Education. In Kuby，R. （Ed.）. Media literacy in the information age：Current perspectives. New Brunswick，NJ：Transaction Publishers. 1997：15～68.

[21] 施勇，张舒予. 从困境到超越：我国媒介素养教育发展现状反思［J］. 广州广播电视大学学报，2011（01）.

[22] 陆晔，等. 媒介素养：理念、认知、参与［M］. 北京：经济科学出版社，2010：33.

[23] 吴翠珍，陈世敏. 媒体素养教育［M］. 台湾：巨流图书公司，2007.

[24] 卜卫. 对媒介素养教育及其研究的反思［EB/OL］. http：//mjsy. zjicm. edu. cn/UpFiles/Article/UpFiles/200903/16/媒介素养教育论文浙江传媒学院版. doc，［2012-04-30］.

[25] 冯恩大. 媒介素养教育本土化的观念对撞［C］//彭少健，王天德. 2008 中国媒介素养研究报告. 北京：中国广播电视出版社，2008.

[26] 檀传宝，等. 公民教育引论［M］. 北京：人民出版社，2011.

[27] 陈韬文，陆晔，等. 媒介素养的国际发展与本土经验［J］. 传播与社会学刊，2008（7）.

[28] 李德刚，何玉. 新媒介素养：参与式文化背景下我国媒介素养教育的转向［J］. 中国广播电视学刊，2007（12）.

[29] 张玉，张志华. 论网络媒介的公共话语空间及其制度培育路径［J］. 学术研究，2011（7）.

[30] 约翰·埃尔德里奇. 获取信息：新闻、真相和权力［M］. 张威，邓天颖，主译. 北京：新华出版社，2004.

[31] 吉罗克斯. 跨越边界：文化工作者与教育政治学［M］. 刘惠珍，等译. 上海：华东师范大学出版社，2002：11.

[32] 康德. 历史理性批判文集［M］. 何兆武，译. 北京：商务印书馆，1990：182～183.

[33] http：//www. media-awareness. ca/english/resources/educational/teaching _ backgrounders/media _ literacy/18 _ principles. cfm，［2012-04-30］.

（作者单位：北京师范大学　原文刊登于《教育学报》2012 年第 3 期）

学术卡片

"视觉文化与媒介素养"课程核心理念与教学设计

张舒予

《现代远程教育研究》　2012 年第 2 期

在当今信息时代，人类的视觉经验与阅读行为发生转向，使得视觉素养和媒介素养成为信息时代大众的基本文化素养，同时也是当代青年的必备素养。视觉素养教育在媒介时代被赋予了新的更加丰富的内涵，与媒介素养教育产生了不可分割的关联。如何建构"视觉文化与媒介素养"特色课程，使之成为培养教育技术人才文化素养的平台？"视觉文化与媒介素养"课程在教学内容、教学方法与教材建设上实现了从无到有、从有到优的发展，主要经历了三个阶段，第一阶段，面向教育技术和新闻传播专业的研究生开课；第二阶段，课程拓展为本科生文化素质教育公选课；第三阶段，进入精品课程建设轨道。

课程开发与建设的核心理念可以概括为以下三点：第一，人类文化领域的信息载体不断演变，传播形式不断变革。第二，读图时代和媒介文化环境下的"观看"行为的新特点应予以认知，视觉文化内容与形式之间的内在逻辑关系要加以阐释，媒介传播的特征与深层次影响必须揭示。第三，将文化素质教育和民族文化传承相结合，应用教育技术进行教学创新与资源开发，构建具有世界胸怀、体现中国本土特色的素质教育课程。该课程的核心理念在实践中体现在理论研究与教学实践的互动、课程模型的分层与融合、课程资源的多元立体化体系三个方面。

课程的教学设计在内容上既有基础素养的知识阐述，又有优秀民族文化的实践体验；结构上，将内容进行合理分类，划分不同的模块，进行循序渐进的引导；形式上，除了文字教词外，还附加光盘，包含丰富的教学课件与专题网站资源。

（高苗 摘）

儿童媒介教育：历史的考察与现实的追问

李 锋

《全球教育展望》 2012 年第 2 期

随着现代传播科技的发展，日益普及的大众媒介不仅改变着儿童生活与学习方式，也改造着儿童的思想品格和文化特征。如何保障儿童在媒介社会中健康成长是我国儿童教育的一个重要议题。目前，对于媒介的理解有三种不同的观点，分别为："媒介载体观"、"媒介信息观"、"媒介隐喻观"。

有关儿童媒介教育起源于 20 世纪初期的西方发达国家，其发展历程经过了媒介抵制、媒介审美、媒介理解与应用以及媒介批判四个教育阶段。其中，媒介抵制教育表现为以保护传统文化为目的，以"甄辨（Discrimination）"与"抵制（Resistance）"为特征的媒介教育。媒介审美教育注重引导儿童感受媒介作品所表达的艺术价值，帮助他们创造个性化的媒介成果，突显"欣赏（appreciation）"和"自我表达（self-expression）"的特征。媒介理解与应用教育以"授权（empowerment）"与"能力（competencies）"为特征，强调老师与学生一起去理解媒介，帮助学生发展一种认识媒介、建设性使用媒介的能力。媒介批判教育以建构（construction）和批判性分析（critical analysis）为特征，将媒介学习放置于整体的媒介生态环境中，用批判的视角分析媒介与社会生态环境中各要素的关系，发展学生的媒介批判素养。

在信息爆炸的今天，当大众媒介渗透到我国儿童生活与学习的各个方面时，我们又该如何理解儿童媒介教育呢？教师是否让学生掌握基本的操作技术就完成教学任务了呢？家长是否把"电视和计算机束之高阁"就可以保证孩子健康成长呢？

通过媒介教育的历史梳理和现实追问，我们可以发现：儿童媒介教育既不是生硬地灌输道理，以让儿童远离媒介；也不是简单的机械操练，以培养媒介技术人员；更不是设置形式上的媒介课程，以应付国家规定的教学任务。而是通过情境性的教育过程，引导儿童理解大众媒介对社会生态环境所带来的影响，帮助儿童批判性地使用媒介，在真实的媒介环境中学会生存，发展自我。

（高苗 摘）

媒介素养教育的本土化：
从批判主义范式到功能主义范式

李　智

《现代传播》　2012年第9期

"媒介素养"概念和媒介素养教育始于20世纪30年代的英国。在西方媒介素养教育史上，无论是前期精英主义的、消极的免疫（保护）模式还是后期带有民粹主义偏向性的、积极的赋权（支持）模式，都是以媒介批判为前提，以服务被剥夺者而追求民主、平等公正为宗旨的，因而都属于批判主义范式。这种批判主义范式下的媒介素养教育的终极目标始终在于，培养更主动和更有批判性的媒介使用者，培养积极利用媒介批评和监督政府、参与社会公益的公民。

在西方国家流行了半个多世纪的"媒介素养"概念和媒介教育实践直到20世纪90年代中后期才传入中国。中国媒介教育实践的方式大多为传授大众媒介的基本知识，培养利用大众媒介的基本技能。从近十多年来的媒介教育实践看，在中国特殊的社会历史语境下，"媒介素养"概念的内涵扩展了，甚至发生了变异。由于未能深入反思和批判大众媒介的社会本质，而倾向于技术主义或工具主义地看待媒介，视之为一种价值中立（零负载）的渠道、中介和可自主支配的资源；也不再以对媒介内容作批判性文本解读为内核，而是以充分利用和发挥媒介的正面功能为主旨，由此，"媒介素养"从一种具有批判性的人文教养（cultivation）演变成为一种功能性的社会技能（technique）。

对于未来中国的媒介素养教育来说，只有在一种民主的情境下，才能促使我们的社会对媒介素养教育产生一种天然的内生性诉求——而不是忌惮和抵制，进而为媒介素养教育提供其所需的批判主义范式。因此，返璞归真的立场和态度所蕴含和预示的应该说是一种进步。

（高苗 摘）

媒介素养教育的核心价值取向

任志明

《新闻爱好者》　2012年19期

媒介素养教育自倡导、开展以来，因开展的动机和程度多有差异，所采取的方式、方法也不尽相同，形成了多元化的价值取向。西方发达国家的媒介素养教育经过 80 多年的倡导、研究与实践，已经达到了较高的理论水平，形成了较为成熟的实践模式。英国最初倡导媒介素养教育采取的是主动防御的"保护主义"的价值取向，力求通过媒介素养教育，训练、培养青少年的媒介批判意识，使青少年能够辨别和抵御大众传媒的不良影响。

随着数字化、网络化时代的到来，人们对于信息的接受更多元化，选择性更多，也更具主动性，媒介素养教育价值取向的内涵已充分延展，积极参与的"超越保护主义"的价值取向越来越多地呈现出多元化态势，"保护主义"的价值取向不同程度地受到人们的质疑。主要表现为一是受教育者获得的各种媒介经验与教育者的保护主义立场发生冲突；二是媒介素养教育汲取了其他各学科的养分，而不是孤立和一成不变的；三是个体不仅能够充分接近和使用媒介，而且还可以即时进行信息传播。

尽管媒介素养教育及其价值取向的内涵多有变化发展，其核心要素和内在规定性则稳定不变。媒介素养教育最终的核心价值取向应该是"以人为本，树立正确的媒介观，促进媒介生态和谐发展"。加强媒介教育的本土化研究是我国的媒介教育能够大步向前的坚定方向。我们坚信，媒介素养教育引导下的正确的媒介观和先进的媒介文化，必将使我们提升对媒体信息的批判思维能力，脱离技术工具的桎梏，摆脱媒介的消极影响，正确认识、分析和理顺人与媒介、人与社会、媒介与社会的关系，净化、美化媒介环境，借助媒介解决人的自身问题及其面临的社会现实问题，从根本上促进人与媒介生态的和谐发展。

（高苗　摘）

媒介素养教育课程本质探讨

张　玲　况瑞娟

《现代传播》　　2012 年第 4 期

课程的本质，一般指课程所具有的根本性质或基本特质。对媒介素养教育课程本质的正确理解，不仅是媒介素养教育中的根本性问题，而且直接影响着课程在教学实践中的正常运行，本文试从课程分类的视角对其本质进行探讨。笔者认为，媒介素养教育课程是一种"互动式、反思型综合课程"。主要是基于三种理论基础，分别为约翰·杜威的"做中学"理论、保罗·弗莱雷的批评教育学思想和罗姆·布鲁纳的结构主义课程论思想。

首先，由于受到杜威的"课程即经验"思想的影响，认为媒介素养教育课程是一门重视学生课堂的经历和体验，强调学生在动手创作的过程中提升思辨能力的课程。其次，基于保罗·弗莱雷思想中"互动的理论"和"反思的理论"的影响，媒介素养教育是一门以"媒介世界"为议题，强调师生间互动交流、提倡对问题进行反思，从而激发师生新思维的课程。最后，基于布鲁纳的结构主义教学论的影响，认为媒介素养教育课程是一门经多学科知识重组，以"关键概念"为框架，螺旋式推进教学的课程。

综上所述，媒介素养教育课程是一种"互动式、反思型综合课程"，其基本内涵为以下几个方面：第一，"互动"包括媒介素养教育教学活动中师生间的对话、提问、交流、评价等多种教学互动，而互动双方的关系是平等的，其对话双方均"以媒介素养教育世界为中介"。第二，"反思"指的是针对"以媒介素养教育世界为中介"的话题所进行的互动和反思，是一个创造媒介素养教育意义的过程，其中互动和反思都是贯穿于课程的始终。第三，"综合课程"其基本特点为多学科和跨学科知识的综合。

（高苗　摘）

社会公众参与媒介素养教育的现状与对策研究

肖国飞

《中国广播电视学刊》　　2012 年 10 期

媒介素养教育是一个社会化过程，家庭、学校与社会个体都是媒介素养教育的重要参与者。分析新媒介环境下社会公众参与媒介素养教育的现状及其原因，探寻解决之道，对促进媒介素养教育良性社会化，提升全民媒介素养，促进社会和谐具有重要的理论与现实意义。

社会公众参与媒介素养教育不仅是社会公众个体社会化的需要，也是媒介正确、理性发展的需要。在新媒介环境下，社会公众参与媒介素养教育还存在诸多制约性因素。主要表现为：第一，从整体上看，社会公众参与媒介素养教育的意识不高，表现为社会公众的媒介素养意识水平较低和社会公众的参与水平较低。第二，参与领域有限，表现为经济性参与较多，公益性参与较少，初级参与较多，次级参与较少。第三，参与过程滞后，表现为公众参与媒介素养教育还侧重于事后参与，即在媒介行为损害到自己相关利益后再参与到媒介素养教育中。第四，参与行为原子化，表现为更加关注个体、注重个性，使得其参与行为具有不确定性、盲目性和情绪性。第五，参与制度不健全。

社会公众参与媒介素养教育受到这些特定因素的限制，社会公众参与媒介素养教育的效能也同时受到了影响。因此，要提升社会公众参与媒介素养教育效能，需要从以下几个路径开始。第一，培育社会公众的公民意识，主要是培养公众的主体意识、权利意识和责任意识。第二，生产行动资源，通过增加社会公众收入、降低新媒介使用成本和增强社会认同的方式来提高社会公众参与媒介素养教育的物质基础与精神动力。第三，建构媒介素养教育组织，通过组织中的信任和规范来提升媒介素养教育。第四，建构制度保障体系，通过建构核心制度和完善配套制度，依赖两者的相互作用，不断完善。

（高苗　摘）

新媒体环境下老年群体媒介素养教育探讨

丁卓菁

《新闻大学》　　2012 年第 3 期

从目前的情况来看，媒介素养教育不仅重视对媒介的使用、认知，而且越来越重视对媒介的质疑和批判性思考，并进一步拓展到以公众媒介参与为核心的研究范式。由于老年人群体更需要得到个体发展之爱，同时也是媒介使用的重点人群，还是人口结构的重要组成部分，因此，老年群体也应该成为媒介素养教育的关注对象。

新媒体环境下，开展老年群体的媒介素养教育更具迫切性和重要性。主要表现为，首先，新媒体在老年群体中的扩散与使用情况，要求进一步做好老年群体的媒介素养教育。其次，新媒体环境下，老年群体的自我发展面临着一定的风险。帮助老年人提升新媒介使用的反思能力与判断能力，把握使用媒介的技能，规避风险，才能更好地实现自我发展。最后，新媒体环境下，老年群体拥有前所未有的发展空间。

对于在新媒体环境下如何开展老年群体媒介素养教育，有以下几点建议：第一，新媒体环境开创了老年群体传播形象的革命，为开展老年群体媒介素养教育提供了良好的氛围。第二，新媒体环境下，老年群体是一支好学活跃又相对保守的群体。他们主要使用新媒体的常用功能，接受信息、联络情感和开展休闲娱乐活动，也开始学着用新媒体更好地优化生活、发展自我。他们的新媒体使用行为比较理性，并未出现过度依赖的现象。但对于智能终端、智能网络的理解还不够深入，自我发展的空间与能力还需要进一步提升。新媒体环境下的媒介素养教育，需要更多地帮助老年群体去认识和了解新媒体的智能化、人性化、个性化功能，使老年人更好地利用新媒体来深化自我发展。第三，通过开设培训班、专人辅导等方式，帮助所有的老年人成为熟练的新媒体使用者，缩短群体内部、不同群体之间的数字鸿沟，与其他人平等地、自由分享新媒体资源，实现发展与进步。第四，新媒体环境下，媒介素养教育要侧重于培育老年群体的社会参与、交往能力。老年群体的媒介素养教育要持一种更为开放、互动的立场。

（高苗　摘）

走向媒介文化批评

——媒介素养教育的理论反思与展望

李凡卓

《现代大学教育》　2012年第3期

中国的媒介素养教育研究距今已有十多年的历史。像许多学科或研究领域一样，媒介素养教育在进行理论建构与知识生产的同时也需要进行理论上的反思与展望。媒介素养是人指向媒介的一种知识和能力的状态。通过对媒介素养教育历史考察发现，媒介素养的核心在于人在对于"媒介"认识、了解的基础上去分析、阐释，进而"评价"、"判断"的能力，这其实就是媒介批评能力。

如上所述，媒介素养的核心是一种批评能力，那么媒介素养教育的核心在于培养阅听人的媒介批评能力。国内现有的研究往往以"信息主义取向的批评"去建构媒介素养教育理论。这种"信息主义思维"基本观点是：媒介素养是阅听人对于"媒介信息"的批评能力，从媒介素养的理解出发，当前的研究认为媒介素养教育就是旨在培养阅听人对于"媒介信息"的批评能力的教育活动。这种"信息主义思维"在取得了一定成果的同时，也越来越暴露了其批评对象的片面，批评标准的单一和机械，批评视阈的封闭和批评理论与方法的匮乏等问题和局限。

因此，将"文化研究"理论作为主要思想基础与话语资源去重新定义与理解"批评"，并以这种"文化研究取向的批评"为逻辑起点去进行媒介素养教育的理论研究和建构。其中，文化研究在本质上是一种批评理论，它的特点表现为：一是它重写了文化的概念以及重构了批评文化的视角；二是它是一种高度参与的批评方式；三是批评方法的实践性与开放性。而文化研究取向的批评主要有以下特点：第一，在批评对象上，它指向的是"媒介文化"而非"媒介信息"。第二，在批评视阈上，它打破了"信息主义取向批评"封闭、独立的批评视阈，取而代之是广阔、具体的社会文化视阈。第三，在批评性质与取向上，它具有强烈的政治性与实践性。第四，在批评方法上，它以"媒介文化文本"为中心，应用各种理论工具对文本进行开放式阅读。当然，媒介素养教育研究要想真正有所作为，需要吸取更多的理论资源及广大研究者的智慧投入。

（高苗　摘）

年度述评

2012 我国媒介素养教育研究

芦经俊　刘宣文

随着媒介素养这一概念的继续普及和发展，我国的媒介素养教育研究也呈现出良好的发展趋势。2012年度我国的媒介素养研究无论在研究的领域还是在研究方法上都有所完善和创新，在总体的研究理念上，针对中国国内媒介素养教育的成果与国外媒介素养教育相关经验的比较研究有所增多，而且重点聚焦于媒介素养教育的本土化研究。在研究方法上，运用文化立场和实践本土化等相关理论框架对媒介素养教育自身进行探究的文献也颇多。这对于我国媒介素养教育的发展是有积极意义的。在研究内容方面，新媒体环境下的媒介素养教育研究尤为突出，得出了很多具有典型代表性的研究成果。高校媒介素养教育仍然是研究关注的重点，这其中中小学的媒介素养教育以及媒介素养教育课程的相关研究有进一步的深入。针对社会媒介素养教育的研究则在范围上有所扩大，涉及包括农村、家庭、领导干部、新闻媒介等社会不同组成部分。本述评就针对这些研究领域进行一些总结和概括。

一、我国媒介素养教育现状

李德刚在《我国媒介素养教育目标体系的建构》中根据国外媒介素养教育的经验以及国内媒介素养教育的现状，对于我国媒介素养教育整体的目标体系提出了包括媒介权利意识与媒介参与能力，媒介公共理性与公共责任，媒介民主意识与民主生活方式，媒介思辨能力与媒介自主人格在内的四大维度共计八个方面的内容。这样的体系构建既紧扣住了我国社会转型的基本国情，也没有脱离媒介素养教育发展的国际趋势[1]。这反映出我国媒介素养教育日渐专业化体系化的发展趋势。黄良奇的《论媒介素养教育的核心》则对国内媒介素养的各个方面进行了较为总体的概括和分类，即媒介素养教育的基础是学校媒介素养教育，骨干是传媒参与媒介素养教育，目标是社会参与媒介素养教育，关键是受众自我媒介素养提升。文中还提出现阶段媒介素养教育的核心是培育批判型受众[2]。对媒介素养教

93

育各组成部分都进行了解释和总结。在媒介素养本土化这一方面具有代表性的研究成果则是卢锋和张舒予的《家庭媒介素养教育：媒介素养教育本土化的重要途径》一文，文中对媒介素养教育本土化的现状进行了全面的分析，认为我国媒介素养教育本土化经历了本土吸纳、本土生成、批判反思三个阶段，正在朝着推陈出新的目标努力前进。我国媒介素养教育本土化的基本范式与教育学理论发展的基本"范式"是相近的，即从"翻译"、"介绍"发展为"述评"、"编撰"、"自编"等一系列的消化吸收，并随着吸收对象的更替而多次循环。对于媒介素养教育本土化的研究也主要包括两个层次的内容：其一是"媒介素养教育理论的本土化"，即运用媒介素养教育理论的框架分析解决我国的实际问题以及在媒介素养教育研究中根据我国媒介素养教育发展的现实状况，确立媒介素养教育的基本体系与框架。其二是"媒介素养教育实践的本土化"，即西方媒介素养教育在我国的推广与运用以及我国课程改革中对媒介素养教育的实践。李凡卓的《论媒介素养教育的文化立场——一种文化研究的视角》则从文化立场的角度进行研究，对在媒介素养教育的发展过程中一直有着巨大影响的精英文化立场所存在的问题和局限进行了探讨。文章从利维斯主义和法兰克福学派所主张的精英文化立场入手，以精英文化立场的特点及其对媒介素养教育具体的影响为中心，站在文化研究理论的高度重新审视了包括精英文化立场在内的媒介素养教育文化观念。文章认为文化观念决定了媒介素养教育的文化立场，在经典观、媒介文化观与阅听人观这三种重要的文化观念已发生了重大调整的情况下，媒介素养教育的文化立场也应实现从对媒介文化"一概决绝"的精英文化立场到介入性立场的转变。这种介入性的立场意味着媒介素养教育要在超越"经典——流行"的二元对立、承认媒介文化的历史必然性与审美合理性的基础上，对媒介文化积极参与、深入对话。[3]

二、新媒体媒介素养教育

（一）网络环境下的媒介素养教育

1. 网络审判与网络媒介素养教育

网络环境下的媒介素养教育一直是近年来研究的热点。2012年以来，随着网络设备的进一步普及，网络功能的更加完善，对于网络环境下的媒介素养教育研究也有升温之势。黄茜的《我国"网络媒介审判"现象的分析及防范策略》从网络媒介审判的角度入手，对网络时代媒介素养教育可能出现的问题以及网络环境下的媒介素养教育急需采取的策略进行了分析。文章认为应该通过公共信息平台教育引导网民运用批判的眼光评估各种信息，学会从社会属性、技术力量、信息内容以及策划设计等各个方面综合考查网络站点，做到去伪存真，通过公共平台教育培养网民形成正确的网络需要观[4]。而侯晓慧的《电影〈搜索〉对网民媒介素养教育的启示》则从一部反映网络话语暴力的电影入手探讨网民媒介素养以及网络媒介素养教育，对近年来网民媒介素养教育的创新不足，发展滞后，发展水平参差不齐等问题进行分析。针对这样的现状，作者认为网络环境下的媒介素养教育必须充分考虑网民的特点，迎合网民的心理需求和媒体应用习惯，采用网民喜闻乐见的形式开展显性或隐性的媒介素养教育：以网络媒体为主要传播者，以当下热点网络问题为主要传播内容，以传统电影、微电影或网络视频为主要传播渠道，激发网民的参与热情，引导网民自我提升，提高网民的媒介素养。使网民在网络传播中不人云亦云，灵活应变，能够理智地分析新闻事件背后的价值与意义，恪守法律，培养良好的网络道德[5]。

2. 网络媒介素养教育方式研究

邓红影的《知识可视化与网络媒介素养教育的相关性探析》将在科学计算可视化、信息可视化和数据可视化基础之上发展起来的知识可视化[6]这一新兴研究领域作为网络媒介素养教育的关键内容，将二者结合起来，提出了新型的融合策略。郭淑娟的《关于网络环境下学生媒介素养的培养研究》则从更高的高度对网络媒介素养的培养提出了方案，包括树立正确的媒介意识，获取信息时要有主动意识和针对性，提高新信息的分析和使用能力，要有一定的信息道德意识和法律意识等。

可以看出，2012年内对于网络环境下的媒介素养教育的研究趋于理性，着重于发现现阶段网络环境下媒介素养教育存在的问题和不足，并提出了很多可行的方案和建议，并且主张将网络媒介素养教育和其他研究领域的新观点新成果相互结合也是研究的一大特点。

（二）新媒体时代不同群体媒介素养教育现状

1. 新媒体时代青少年媒介素养教育现状

新媒体给社会带来的进步和改变是全方位的，这些改变也体现在不同群体的媒介素养教育上。在所搜集的媒介素养教育的相关研究文章中，有关新媒体对不同群体的媒介素养教育的影响的内容也占据了不小的比重。这其中比较集中的群体是青少年学生，张长晖的《论信息碎片化背景下的中学生网络媒介教育》认为新媒体时代的到来也带来了信息碎片化严重这一现实，而受信息碎片化影响最大的就是中学生群体。文章认为信息碎片化传播阻碍了中学生形成正确的学习方式，影响了中学生正确价值观的形成，使他们的思想日益浅薄化。针对这些问题，作者提出要在充分学习西方国家的成功经验的基础上，结合自身的国情和时代背景，对网络这一新媒介的特点做重新考量[7]。在网络媒介教育中坚持学校教育为基础，教师二次引导为关键，从而收到较好的效果。宋春蕾，徐光兴的《新媒体时代的青少年同一性危机与媒体素养教育》则认为，新媒体时代青少年即将面对主要表现为个人同一性与集体同一性危机，探索与承诺危机等同一性危机的挑战，面对这些问题，作者认为，目前我国的媒体素养教育还刚刚起步，综合青少年自我同一性发展的规律和国外媒体素养教育的理论与实践，青少年媒体素养教育应整合各种资源，运用各种途径和方法对青少年进行引导，缓解传统教育封闭性与新媒体环境开放性之间的矛盾，重点培养青少年在媒体环境中的自主精神和能力。不仅要使青少年会利用媒体信息，还要会批判媒体信息，更重要的是会创造媒体信息[8]。文章还提出了促进青少年自我同一性发展的媒介素养教育策略，包括全社会参与进行媒介素养教育，素质教育与媒介素养教育相结合，循序渐进地进行媒介素养教育等。

2. 新媒体环境下老年群体媒介素养教育现状

普遍的观点认为因为媒介依赖度和忠诚度较高，老年人受新媒体的影响并不如其他群体这么大，但是丁卓菁的《新媒体环境下老年群体媒介素养教育探讨》却指出在新媒体环境下老年群体也应该成为媒介素养教育的重要对象。作者认为新媒体在老年人群体中更多是承担一种"生活的媒介"，新媒体对于老年群体而言已不再如传统媒体般仅传递信息、提供娱乐，更能为老年群体的生活提供帮助与便利。新媒体改变了传统媒介环境下老年群体的传播形象，为开展老年群体媒介素养教育提供了良好的氛围。有助于缩短老年群体成员之间的数字鸿沟，促进群体整体媒介素养教育水平的提高，同时在新媒体环境下，媒介素养教育也要侧重于培育老年群体的社会参与和交往能力。新媒体的诞生，开创了一个全新的传播环境：信息量大质优、终端无所不能、网络无处不在，智能化、个性化、人性化的媒介发展，使新媒体受众拥有更大的发展空间，媒介素养教育对老年人而言意义就更为突出了[9]。在这一部分的研究文献中，主要是从新媒体时代所影响的不同群体在媒介素养教育方面的不同问题及与新媒体相结合过程中所呈现出来的不同的特点入手进行分析。

对于新媒体环境下不同群体媒介素养教育的研究，本年度的研究成果主要突出于青少年和老年人这两个极端的群体。针对新媒体环境下青少年群体媒介素养教育现状的研究一直是研究的热点问题，本年度的研究呈现的特点是更加具体和细化到了新媒体具体影响的领域。至于对老年群体的关注，则是更加具有创新意义的研究思路。

（三）新媒体时代媒介素养教育参与对象分析

王雅丽的《全媒体时代公共图书馆开展媒介素养教育探微》对公共图书馆这一在传统媒体时代就扮演媒介素养教育重要角色的参与对象在全媒体时代下的表现做了创新性的分析。文章认为公共图书馆除了要继续树立其基于全民素质教育和终身教育的媒介素养教育理念之外，在全媒体的时代，更应利用其丰富的多媒体资源和先进的技术优势拓展教育职能，利用其固有的网络平台推进在线媒介素养教育，并将媒介素养教育延伸至社区，打造健康的媒体社区[10]。这篇文章所主张的在政府主导下集学校、家庭、媒体、社区以及公共文化服务部门等各方力量，利用全媒体的资源和渠道优势建构立体的媒介素养教育体系无疑代表了学术界对新媒体时代媒介素养教育参与对象的总体要求。李德刚的《数字素养：新数字鸿沟背景下的媒介素养教育新走向》一文中也提到：数字技术打破了各种媒介之间的界限区隔，将各种媒介整合为一个大的网络社区[11]。张军芳，张晨阳的《微博环境下的媒介素养教育：现实关怀与理论关照》则对微博这一新媒体时代极为重要且极具发展潜力的参与对象进行了研究。文中指出媒介素养教育关注的核心命题是受众与媒体的关系，但是传统媒介专业组织的特性和传播技术缺乏互动性的限制，使得普通公众难以接近媒介，就这一点而言，公众是处于弱势地位的。而基于web2.0背景下的微博在很大程度上改变了传受关系，受众获得了自主传播的权力。

三、校园媒介素养教育

校园媒介素养教育，包括中小学媒介素养教育以及高校媒介素养教育，近几年来也一直是媒介素养教育所研究的重点领域。而2012年内的研究与往年相比也呈现出一些不同的趋势：针对中小学媒介素养教育的研究在范围和深度上都有所进步，表明中小学的媒介素养教育越来越受到学界的重视。高校的媒介素养教育研究在之前的基础上进一步专业化和特殊化，很多的有关高校媒介素养教育的研究更多是从学科、媒介等不同领域和不同角度进行的。

（一）媒介素养教育方法

张玲和况瑞娟的《媒介素养教育课程本质探讨》从课程分类的角度，结合相关的有影响力的教育理论和思想，探讨了媒介素养教育课程的本质。文章认为，媒介素养教育课程的本质具有"互动""反思""综合"三大特征。它的本质展现了媒介素养教育课程与传统课程的区别，凸显了现代素质教育课程所应具有的本质特征[12]。在此基础上，一些针对媒介素养教育课程创新的研究也非常有意义。张舒予的《"视觉文化与媒介素养"课程核心理念与教学设计》通过对南京师范大学所开设的"视觉文化与媒介素养"这一新型课程的深入探究和分析，探讨了这一具有创新性的课程所体现出来的对于媒介素养教育的启示。包括内容上注重理论基础与实践体验的结合，结构上重视内容模块的合理分类和引导，形式上突出立体化的特色[13]。针对新媒体环境下的媒介素养教育课程改革也是2012年度本领域研究的重点。张长晖的《论信息碎片化背景下的中学生网络媒介教育》以网络信息传播碎片化为背景，分析了中学生网络媒介教育的必要性和紧迫性，并指出其面临的问题和挑战，如中学生主流学习方式发生改变，正确价值观未能形成以及思想日趋浅薄化等。在此基础上提出中学生的网络媒介素养教育应坚持学校教育为主，结合教师的科学引导并辅助以广泛宣传三大策略。阮艳的《试析基于新媒体艺术的媒介素养创新教育的可能性》研究了基于新媒体艺术的媒介素养教育对以往教育模式进行创新的可能性：包括在引导学生初步领略新媒体艺术魅力的基础之上，推动学生主动发现其与传统艺术形式的联系与不同，进而鼓励学生利用新的技术手段进行开放式的自我表达和相应艺术作品的创作。文章认为这是一种以感知为起点，以审美和创作为双重指向的全声息式的体验式教学，以求最终实现媒介素养谋求人全面发展的终极目标[14]。

（二）中小学媒介素养教育

1. 中小学媒介素养教育基础体系研究

无论是从文献的数量和分析的力度上来看，针对中小学媒介素养教育的研究都是今年媒介素养教育研究中非常重要的一环。余军奇的《中学媒介素养教育的目标、内容和策略——以龙城市高级中学为例》给中学媒介素养教育建立了三级目标体系：第一级总体目标为培养具有良好媒介素养的自主自觉公民，第二级目标则分为三层，体现了媒介素养教育不同阶段的目的，包括：知识与能力，过程与方法以及情感态度与价值观。第三级的目标就包含了一些具体的媒介素养教育的手段和内容，包括了解媒介基本知识，掌握媒介技术，自主处理信息，创造媒介作品，等等。作者这一三级目标的提出并不仅仅是单纯的媒介素养教育的目标，同时也包含了具体的内容和措施，这样的三级目标最终的目的也是使学生了解并辨识不同媒体的特点，提高分析、辨识、评估、鉴赏媒体信息的能力，成为媒介信息的批判接收者和独立思想者；掌握一定的媒体运用方法和制作技术，能够正确使用媒体进行学习和传达信息，成为熟练的媒体驾驭者和传播沟通者；能够在探寻新闻的信息价值基础上积极探寻其审美价值，实现主体情感对科学认知的超越，成为有思想、有品位、有责任感的良好公民[15]。

2. 中小学媒介素养教育内容与形式研究

胡来林在《中小学媒介素养教育的内容与策略研究》中则提出了我国中小学媒介素养教育的两种不同观念："赋权"式的启蒙导向和"适应"式的宏大价值导向。前一类观念主张以"赋权"作为媒介素养教育的目标，目的是加深他们对自身和世界的理解。启蒙受教育者个人的权利意识，引导人们以批判的思维解构媒介，从而理解自身的社会处境，学会利用媒介维护自身利益，积极主动地争取个人的自由幸福以及社会的民主公正。后一类观念主张媒介素养教育的目标要"适应"国情并体现宏大价值。主张开展媒介素养教育的目的，首先是要教育我们的人民特别是广大青少年成为中华民族传统文化的守望者和捍卫者。这类主张致力于通过媒介素养教育引导受教育者维护民族的传统的"文化意义"，偏重于社会层面的诉求[16]。这两种目标的建立其实是相互补充的。余军奇所建立的目标更多是从媒介素养教育接受者的角度而建立，胡来林则是从媒介素养教育传播者的角度进行阐述。

（三）新闻专业高校媒介素养教育

在高校媒介素养教育的内容中，新闻专业相关的媒介素养教育是非常特殊而又极其重要的一环。新闻学专业的学生作为未来的新闻工作者，今后从事的工作必将与信息传播以及媒介传播有密切关联，并作为大众传媒最前沿的"把关人"。与其他专业的学生和从业者相比，新闻专业的学生们使用媒介的频率明显更多，他们需要更频繁地接触媒介机构，掌握媒介技术和媒介语言，熟悉媒介生产过程，才能够胜任相关的工作。而这一切都离不开更加专业更加有针对性的媒介素养教育。简而言之，作为大众传播过程主要的发起者和传播者，新闻专业学生和新闻工作者的媒介素养教育应该得到足够的重视。音坤的《地方性本科院校新闻学专业学生媒介素养教育现状及途径新探》是 2012 年中这一领域研究的代表。文章中对现阶段新闻专业院校媒介素养教育的现状提出了很多代表性的问题：从培养目标上，媒介素养教育重视程度较为欠缺，媒介素养教育没有突出新闻专业自身特色，缺乏鲜明特点，难以体现优势。从培养对象上，新闻专业的学生媒介素养储备不够专业化、精细化，不够理性。使用媒介能力较弱，跟非专业学生区分度不够明显。新闻专业学生的媒介素养更多还是处在一种自发状态，没有上升到自觉和形成理论体系的高度。这当然也与新闻专业院校在媒介素养教育方面的课程设置存在一定的关系[17]。针对这些问题，文章研究并提出了新闻学专业人才在媒介素养教育方面的新的教育方式的探讨：从思想上要高度重视，形成社会教育和学校教育相结合的立体教育格局，充分发挥学校的理论教育和媒体的实践教育功能。从内容上，要在借鉴国外先进经验的基础上，对媒介素养教育内容和方法进行本土化的研究。树立"媒介素养作为现代社会公民素养的重要构成"这一理念，加强对实践模式、教育内容和方法等方面的探索和研究。从方式上要抓住重点，在媒介素养教育内容的专业化、精细化和实践模式科学化上创新，包括丰富完善媒介素养教育内容，校内教育和校外实践相结合，等等。音坤认为加强媒介素养教育是新闻学专业人才培养的出发点和归宿，是提高大学生群体乃至全民媒介素养水平的必要手段，是改善我国媒介生态环境的重要途径。虽然目前针对这一领域的研究并不是非常多，但是随着各院校新闻专业和学科建设的发展，新闻工作的复杂性和融合性不断增加，随着新闻专业学生和从业者面对的工作内容和工作观念越来越发展完善，针对新闻专业的媒介素养教育研究在未来必将是重中之重。

四、社会媒介素养教育

（一）农村地区媒介素养教育

鲁楠的《农村留守儿童媒介素养教育的参与式视角》提供了一种针对农村留守儿童媒介素养教育研究的新视角。这种参与式视角是基于教育学"参与式方法"所提出来的，"参与式方法"又称"合作式"或"协作式"方法，即能够使个体参与到活动之中并与其他个体合作的方法。它的目的是使所有在场的人都投入到学习活动中，都有表达和交流的机会，在对话中产生新的思想和认识，通过丰富个人体验、参与集体决策，进而提高自己改变现状的能力和信心。文章中设计的参与式视角研究方式包括通过媒介知识的学习以及互动活动使留守儿童置身于媒介环境之中。通过分组讨论、表演、做游戏、辩论赛等轻松激烈的形式，使留守儿童对媒介及其功能有了更加清晰的了解。在情景设置中，通过行动参与者的疏导，激发了留守儿童的媒介参与意识，如"使用媒介来获取有用的信息与知识"、"遇到不公平的事情向媒体求助"、"通过网络表达自己的声音"等，使留守儿童做到行动参与、思维参与、情感参与等。借助这样的活动方式，文章深入探讨了参与式活动参与式行动的主体、内容以及组织的相关内容，最后得出结论：媒介素养教育应当把运用传播媒介的权利交给少年儿童，而参与式的教育方法则使留守儿童在媒介素养的教育中，充分发挥其主观能动性，在受教育中变被动为主动，使留守儿童能够最大限度地辨别媒介真实与社会真实，提高对负面信息的抵御能力，形成对媒介性质和功能的正确认识，最终提升其媒介素养[18]。吴玲玲的《农村媒介素养教育的特点探析》则对农村媒介素养呈现的特点进行了概括，主要有：农村中处于不同阶层的居民，由于各自的经济条件、文化水平、职业的不同，媒介拥有率与接触习惯、媒介偏好、媒介参与程度、媒介诉求也表现出不同程度的差别。相应地，各自的媒介诉求、对媒介素养教育的要求与接受能力也各不相同而造成对象的多样性；由于广大农村生活水平、气候特点、地理条件，中西部地区以及与中心城市的经济发展差异以及其导致的教育水平的不同而造成的空间的区域性；由于自然、经济、历史等条件的不同，地域文化和地域文化心理的不同，各民族宗教、价值观和生活方式的差异以及人口流动与传媒带来的城市文化与外来文化所造成的文化背景的复杂性。

王鞞龙，张浩的《甘肃少数民族地区媒介素养教育研究——以保安族聚居区积石山县为例》以甘肃省保安族聚居区积石山县为例，系统分析了研究区媒介素养教育发展现状及其制约因素，包括：宗教信仰与现代传媒文化的冲突；历史文化积淀下的传统意识不能适应媒介素养结构的调整；较低的文化水平以及人口素质和复杂的民族语言制约了媒介信息的传播效果。针对这些现状和问题，本文也提出了提升少数民族地区媒介素养教育水平的对策措施，如采取多元化多维式的教育方法，学校教育与社会教育相结合，整合学校教育中的媒介素养与其他学科课程，同时抓好学校媒介素养教育与其他社会教育的协调，把课内和课外教育连为一体。着重培养意见领袖，包括宗教领袖、族长以及有威望的教师等。培养受众传媒意识，充分利用少数民族地区的宗教意识，做到通过宗教宣传科学，并逐渐扭转不良的宗教意识。加大宣传力度，提高少数民族人口先天素质；继续大力普及义务教育，提高义务教育质量，同时开设扫盲班，提升民族地区人口文化水平；大力开展技术培训，努力提高民族地区劳动人口的技术水平，切实提高少数民族自身发展能力等[19]。

可以看到，针对农村地区媒介素养教育的研究与高校的媒介素养教育研究正在呈现同质化的趋向，很多结论和措施，包括创新媒介素养教育课程内容和形式，主张学校教育和社会实践教育相结合等都有着一定的相似性。可见在当前的发展环境下，农村地区的媒介素养教育和高校媒介素养教育并不是完全不同的两个领域，无论在研究角度还是时间角度，无论是在教育内容还是教育方式方面，二者都应该互相借鉴，共同发展完善。

(二) 家庭媒介素养教育

家庭是社会重要的组成部分，在学校媒介素养教育水平参差不齐，发展不尽完善的条件下，家庭媒介素养教育作为社会媒介素养教育体系重要的组成部分，也应当发挥出更加重要的作用。卢锋和张舒予的《家庭媒介素养教育：媒介素养教育本土化的重要途径》就对家庭媒介素养教育在媒介素养教育本土化方面的作用进行了探讨。文章认为家庭是儿童绝大部分媒介行为的发生地，也是他们受媒介影响的主要场所。家庭和作为主要指导者的家长在少年儿童媒介素养的形成过程中发挥着十分关键作用。那么如何将家庭媒介素养教育与媒介素养教育本土化的目标进行结合呢？文章分析认为，从理论上要以素质教育的理念为指导，避免产生过度的"保护主义"，既要有保护的色彩，更应该有积极建构的诉求。从方式上要以提升家长的媒介素养为中心，建立家校合作、社会培训等合理机制，不断提高家长的媒介素养，促使其发挥更为重要的作用。从内容上要以培养良好的媒介接触习惯为主线，家长需要更多地介入，包括进一步帮助孩子培养良好的媒介使用习惯、对媒介内容选择的指导、与孩子共同使用媒介和讨论媒介内容等。从目标上要以培养分析和评价能力为核心，以加强网络媒介素养教育为重点等。文章认为，以家庭教育为主体，从本土问题出发探索中国媒介素养教育实践本土化，既有利于促进媒介素养教育理论本土化的建设，又有利于借鉴形式多样的中国媒介素养教育实践的历史经验，从而避免现有研究中的国外理论、本国传统以及当代实践的矛盾与对立关系，逐步实现媒介素养教育本土化的目标[20]。

(三) 社会特殊群体的媒介素养教育

黄慧的《领导干部媒介素养培训要走出误区》对当前领导干部媒介素养教育的现状作出了分析，指出当前领导干部媒介素养教育存在观念偏差、媒介素养培训定位不明、学习内容与危机公关混淆、重视高层忽略基层造成范围偏窄等问题[21]，认为领导干部媒介素养教育主要目标是理顺政府与媒体的关系，促进正向舆论的生成。申金霞的《论公民记者的媒介素养教育》认为当前我国的媒介素养教育正在经历从"保护主义"到"信息产制"的范式转变，对于当下活跃于自媒体平台的公民记者，其媒介素养教育的重点内容是对信息的判断、选择与"挪用能力"的培养；媒介话语权的有效运用与"分布性认知能力"的培养；"模拟能力"与做一个负责任的传者的培养。其媒介素养教育的实施路径，一是个人化、碎片化的媒介素养习得；二是社会化、系统化的媒介素养教育[22]。此外，耿乃凡的《广播电视机构在媒介素养教育中的作为》、丁卓菁的《新媒体环境下老年群体媒介素养教育探讨》都是针对社会特殊人群媒介素养教育作出的针对性研究。2012年度特殊人群媒介素养教育研究有着更加复杂的背景。从新媒体，媒介从业人员等背景和角度进行的研究成为主流。

五、我国媒介素养教育研究展望

2012年国内媒介素养教育研究可谓成就斐然，李德刚，李凡卓，张玲和余军奇等人的研究进一步丰富和夯实了媒介素养教育研究的理论基础，胡来林，张舒予，张军芳的研究成果则推动了媒介素养教育实践的探索。纵观本年度的媒介素养教育相关文献，呈现出研究领域不断具体化，研究背景复杂化，不同方面媒介素养教育研究交叉化等新的特点。媒介素养教育研究在广度和深度，理论与实践上都有了长足的发展。但是随着社会环境的不断发展和复杂化，媒介素养教育研究还是存在一定进步的空间的，本文在此提出一些相关的意见和建议。

（一）媒介素养教育研究要更加全面

新媒介环境下的素养教育无论在理论还是实践上都成为媒介素养教育研究的重点问题，但是这一领域的研究过度集中于网络这一平台，一些新生的新媒介渠道，例如微电影，手机甚至户外广告等实际上在媒介素养教育上都大有文章可做。此外，在校园媒介素养教育和社会媒介素养教育研究领域中，都存在研究角度偏窄的问题。诸如新教育理念下的媒介素养教育，课程改革制度背景下的媒介素养教育，特殊职业从业者以及特殊专业高校学生的媒介素养教育等方面都是有待进一步研究的领域。

（二）媒介素养教育研究应该走向融合

本年度的媒介素养教育研究已经体现出了融合的趋势，例如学校媒介素养教育以及农村媒介素养教育的研究在具体内容和措施上都有许多相近之处。这在媒介素养教育背景复杂化和学科交叉化的要求下是必然的结果。所以，媒介素养教育的研究各领域不应该是完全独立的，在各自的理论基础已经比较完善的条件下，在实践探索方面，各领域之间的研究应该彼此借鉴，彼此学习，汲取各自的研究成果，促进媒介素养教育研究的融合。

（三）媒介素养教育研究应该注重总结归纳

正如上文所说，媒介素养教育研究的广度已经有了很大的发展，尤其是在实践方面已经深入到各个相关领域，对媒介素养教育的理论进行了很好的完善和补充。但是理论需要实践进行完善，实践同样需要总结归纳以上升到理论的高度。目前实践方面的媒介素养教育研究方法足够丰富，研究也非常深入，但很多研究得出的结论还是偏向对实践自身的理解和应用，缺少上升到理论高度的归纳总结。在媒介素养教育研究未来的发展过程中，实践探索得出的结论若能及时系统地得到总结和归纳，无论对于理论还是实践本身来说，都是大有裨益的。

参 考 文 献

［1］李德刚．我国媒介素养教育目标体系的建构［J］.《教育学报》，2012（6）.

［2］黄良奇．论媒介素养教育的核心［J］.《中国广播电视学刊》，2012（2）.

［3］李凡卓．论媒介素养教育的文化立场——一种文化研究的视角［J］.《当代教育科学》，2012（9）.

［4］黄茜．我国"网络媒介审判"现象的分析及防范策略［J］.《今传媒》，2012（2）.

［5］侯晓慧．电影《搜索》对网民媒介素养教育的启示［J］.《新闻世界》，2012（10）.

［6］邓红影．知识可视化与网络媒介素养教育的相关性探析［J］.《宿州学院学报》，2012（12）.

［7］张长晖．论信息碎片化背景下的中学生网络媒介教育［J］.《新闻知识》，2012（2）.

［8］宋春蕾，徐光兴．新媒体时代的青少年同一性危机与媒体素养教育［J］.《新闻界》，2012（11）.

［9］丁卓菁．新媒体环境下老年群体媒介素养教育探讨［J］.《新闻大学》，2012（3）.

［10］王雅丽．全媒体时代公共图书馆开展媒介素养教育探微［J］.《图书馆工作与研究》，2012（8）.

［11］李德刚．数字素养：新数字鸿沟背景下的媒介素养教育新走向［J］.《思想理论教育》，2012（9）.

［12］张玲，况瑞娟．媒介素养教育课程本质探讨［J］.《现代传播》，2012（4）.

［13］张舒予．"视觉文化与媒介素养"课程核心理念与教学设计［J］.《现代远程教育研究》，2012（2）.

［14］阮艳．试析基于新媒体艺术的媒介素养创新教育的可能性［J］.《文学界》，2012（4）.

［15］余军奇．中学媒介素养教育的目标、内容和策略——以龙城市高级中学为例［J］.《中国教育学刊》，2012（9）.

［16］胡来林．中小学媒介素养教育的内容与策略研究［J］.《高教研究》，2012（3）.

［17］音坤．地方性本科院校新闻学专业学生媒介素养教育现状及途径新探［J］.《黄山学院学报》，2012（4）.

［18］鲁楠．农村留守儿童媒介素养教育的参与式视角［J］.《新闻爱好者》，2012（12）.

［19］王鞾龙，张浩．甘肃少数民族地区媒介素养教育研究——以保安族聚居区积石山县为例［J］.《西北人口》，2012（4）.

［20］卢锋，张舒予．家庭媒介素养教育：媒介素养教育本土化的重要途径［J］.《电化教育研究》，2012（5）.

［21］黄慧．领导干部媒介素养培训要走出误区［J］.《中国广播电视学刊》，2012（10）.

［22］申金霞．论公民记者的媒介素养教育［J］.《新闻界》，2012（9）.

（作者简介：刘宣文，浙江传媒学院媒介素养研究所教授；芦经俊，浙江传媒学院新闻与传播专业研究生）

热点聚焦

不同群体媒介素养

全文刊登

城市近郊失地农民媒介素养现状的调查研究

——以苏州市近郊区域为例

王　靖　刘卫春

一、调查研究的背景和立意

随着我国城市化进程的加快，被征地农民群体迅速扩大，该群体在为城市化进程作出巨大贡献的同时也面临着如何从农民转向市民的巨大挑战。就目前来看，政府对于被征地农民的补偿安置工作高度重视，在这方面做了积极、有益的尝试和努力，基本保障了失地农民群体近期的生存生活，但是从长远来看，失地农民群体的可持续生计仍然是一项重要的问题。与此同时，媒介高度发达的今天，全体社会公民正面临着媒介化生存与发展的挑战，而这对于处于弱势群体地位的失地农民来说则更为严峻。

考察当前的传媒环境，我们不难发现，伴随着我国经济生活和文化生活的日益繁荣，大众传媒的现代意识与技术手段都发生了深刻变化，在传媒与受众之间，更加显现出不同以往的紧密关系和联合互动的新态势。特别是互联网在各个领域中的广泛应用和普及，其特殊的传播功效和作用也给整个传媒业界注入了新的活力与生机，并在人们日常生活中发挥着巨大的影响力。可以说大众媒介对每一个公民生活的影响（包括正面和负面影响）已经超过了以往的任何时期。媒介素养及其教育也正是在这样的大背景下受到越来越多的关注与重视。

所谓媒介素养，是指人们面对媒介各种信息时的选择能力、理解能力、质疑能力、评价能力、创造和制作能力以及思辨的反应能力。而媒介素养教育则是指导人们正确理解、建设性地享用大众传媒资源的教育，通过这种教育，培养公民辨别媒介传播内容的能力和健康的媒介批评能力，使其能充分利用媒介资源完善自我，参与社会发展，同时监察和改善传媒，做个既有责任心又有批判能力的公民。

把媒介素养作为考察失地农民与媒体之间关系的一种视野，一方面有助于我们以一个崭新的视角去关注与审视失地农民这一特殊群体在快速城市化进程中出现的各种问题。另一方面也有助于我们通过恰当的媒介素养教育，使失地农民群体更好地使用大众传媒、参与传播活动，促进其自身的发展和身份转型，提升生活质量，促进和谐社会的建立。

二、调查研究受访对象的基本情况

本研究以苏州市新区横塘街道学府社区、石湖社区以及沧浪区友新街道四季晶华社区的失地农民为研究对象，采用问卷调查、现场访谈等方式对该地区失地农民的媒介素养现状做了实地调查，从中发现失地农民群体与媒介关系的一定特点与问题，并基于调查结果为后续探讨失地农民可持续生计的建立奠定基础。本次调查问卷设置了15道题目，主要从接触媒介程度、动机以及行为等内容来设计问题。共发出问卷 200 份，采用送达随机发放的方式发放，为提高问卷回收率，调查人员采用了随机分发小礼品等方式以表示对受调查对象的感谢，最终回收有效问卷 183 份，有效问卷回收率为 91%。除问卷调查外，本调查组还随机对社区失地农民进行面对面的访谈调查，确保问卷调查的客观性和可信性。

本次调查样本的基本构成情况为：性别构成为女性 32.6%，男性 67.4%；文化程度构成为文盲、小学、初中、高中、大专、大学本科或者以上分别占样本总数的 1.4%、16.2%、47.4%、16.7%、6.8%、9.4%、2.1%；月均收入构成情况为 300 元以下、300～500 元、500～1000 元、1000～2000 元、2000～3000 元、3000 元以上分别占样本总数的 2.3%、12.2%、25.6%、46.1%、10.1%、3.7%；职业情况构成为工厂打工、事业单位上班、投资经商、自由职业、无业分别占样本总数的 46.2%、2.4%、10.9%、34.7%、5.8%；年龄构成情况为 25 岁以下，25～40 岁，40～60 岁，60 岁以上分别占8.3%、30.8%、40.4%、20.5%。

三、受访对象对媒介使用的一般情态

人们接触媒介的目的是为了满足他们的特定要求，这些需求具有一定的社会和个人心理起源。媒介接触作为受众媒介使用的最基本情态，既是其媒介接触动机的体现，也影响到其以后的媒介接触行为，反映了受调查失地农民媒介接触的基本状况。

在被访问农民中，接触各类媒介的顺序依次是电视、网络、报纸、广播。电视在农民日常生活中担当着重要的角色，在农民接触的媒介比例中居于首位，被访问者表示在家休息时首选电视，因为它接收信息方便、内容丰富、自主权大。看电视内容主要是新闻类节目。

纸质媒介位居失地农民接触媒介的第二位。报纸因其经济性、便捷性是失地农民主要接触的纸质媒介。但对刊物与图书接触较少，深度阅读不足。图书报刊之类接触率低的一个重要原因是文化水平的限制，其他的原因是图书、期刊价格高，很少买；再有就是看电视上网就可以满足获取资讯的需求，报刊之类的订阅便没有必要。

在今天互联网已经越来越普及的年代，受调查群体的网络媒介接触频率基本符合我们的预期。在年纪较轻的失地农民群体中网络接触频率更是居于首位。但是我们也从进一步的访谈中发现了制约网络普及的因素，一方面是经济方面的，购置计算机本身以及宽带上网资费的支出对于没有紧迫需求的失地农民来说是一笔不小的开支；另一方面更重要的是计算机基本操作技能的缺失，这一点对于年龄较大的人群尤为突出。

广播虽然没有居于前列，但是仍有一定的频数，这超出了我们的预期，进一步分析，可以发现，年龄较大的村民们闲暇时间喜欢通过广播了解资讯，收听戏曲评弹之类的传统娱乐节目，有车一族在行车途中收听广播也是一个重要的因素。

四、失地农民媒介素养能力现状

有学者在分析媒介素养时认为，主要有三个层面，即能力模式、知识模式和理解模式。就能力模式而言，指公民所具有的获取、分析、评价和传输各种形式信息的能力，侧重的是对于信息的认知过程。对于城市近郊失地农民这一特殊群体，我们在考查其媒介素养现状时，基于能力模式的观点从下述四个方面设置了问题进行调查。

（一）失地农民对媒介的基本认识

在信息社会里，认识媒介将会成为生存的必要条件之一。能否较正确地认识大众媒介，能否完整和较客观地评价媒介的性质、功能，是一个不可回避的重要问题。如果想有效地利用大众传媒，首先要在对媒介认识的基础上，发现信息对自己或对社会的意义。

根据失地农民关于大众传媒功能认识的调查结果统计，联系到之前关于媒介消费动机和媒介使用频率的调查结果，不难发现，失地农民对于媒介和媒介信息的选择多是出于其娱乐功能，对于大众传媒的"社会监督功能"却并未引起他们的关注。而事实上，大众传媒以其特有的方式广泛渗透到社会生活的每一个角落，改变着人们的社会环境、生活方式、思维方式、价值观念，推动着人类教育的发展，丰富着人们的文化生活，于无形中达到对人们思想和行为的有效监督和控制。

（二）获取媒介信息的能力

在媒介的诸多属性中，信息属性是媒介最根本、最重要的属性。没有了人们对信息的需求，也就不会有媒介的存在。在一个信息社会中，获取信息是人们行动的基础。然而，在我们的调查中，却有58％的受访失地农民"不知道去哪里获取信息"。对于他们迫切想了解的"子女教育"、"就业资讯"、"职业培训"等信息不知道如何去主动获取，从哪里获取。这一现状值得深思。一方面说明刚刚转变为市民的失地农民群体自身的媒介素养偏低，不具备通过媒介获取能够服务于其自身发展的信息的能力，最突出的表现就是不能够利用互动媒体的典型代表网络去主动获取自己需要的信息；另一方面，作为媒介自身来讲，是否忽视了失地农民这一特殊群体是值得深思的。从问卷中我们发现大多数被调查对象都认为包括电视在内的大众传媒并没有为自己所在的群体设置特定的栏目，除了基本的新闻信息之外，更多的频道栏目与自身所需求信息"相去甚远"。

（三）失地农民对媒介信息的理解和评价能力

在媒介素养的能力成分中，对于媒介信息的理解和评价能力是其重要的一个内容。对于失地农民对媒介的理解与评价能力，本文主要考察失地农民理性地辨别信息的真伪，批判性接收信息的能力。通过对广告的认识和影视剧内容的接受力两个较为外显的指标来考查。

1. 对广告的认识

如何去看待广告、解读广告一向是媒介素养的重点。当媒介与市场联姻的那一刻起，受众便成了广告商所要购买的商品。因而懂得在广告和隐性广告以及低劣信息产品面前保持自主性和批判力，用自己的注意力来衡量信息产品的价值，控制注意力以影响媒介就成为媒介素养的几条要义了。

对于频繁出现在各类媒介中的广告，受访对象的态度基本上是客观的，这说明好的广告还是能够得到受众的认可。透过调查数据，我们不难发现，受访的失地农民具备了最基本的媒介批判能力，即不再对广告一味地迷信也不会一味地排斥。但是有48.6％的受访对象对广告是一种无所谓的态度，31.7％的受访对象选择逃避广告却有着更深的涵义。这一方面是对于我国媒介广告市场鱼龙混杂、虚假宣传盛行的真实反映，另一方面也反映出失地农民群体自身对广告信息的理解和评价能力的不足。正是因为这方面能力的不足，在面对广告的时候，选择了逃避或者回避的态度。

2. 对影视内容的接受力

对于失地农民群体而言，除了新闻和广告之外，影视剧也是他们从媒介中接触到的一个主要内容。在当今社会，人们在电视电影电脑媒体中，都比以往会接触到更多的影视产品，包括不同地域风格、不同题材和不同形式的影视艺术产品，可谓千变万化，多姿多彩，丰富了人们的文化生活与精神生活。影视作为一种典型的建构出来的"真实"，对影视内容的接受力实际上从一个侧面很好反映了受众的媒介素养能力。在调查中，对"你能看懂影视剧吗？（以看懂情节为标准）"这一问题的选择情况如表1所示。

表 1　对影视剧的判断力的情况

你能看懂影视剧吗？ （以看懂情节为标准）	指标	
	频数	百分比（％）
能够完全看懂	26	14.2
看懂大部分	39	21.3
基本能看懂	65	35.5
看懂一部分	37	20.2
看不懂，不知所云	16	8.8
合计	183	100

尽管超过一半的受访对象认为自己能看懂影视剧，但是这只是以看懂情节为标准的前提下的数据，而且即使在此标准下，仍然有接近 10％的受访对象看不懂影视剧，接近 20％的受访对象只能看懂一部分。而实际上，影视是一门综合艺术，除情节外，电视剧的思想、人物的塑造、艺术的享受还借助画面、色彩、灯光、声音等多种艺术元素的运用。看懂情节不能说完全看懂电视剧。更为重要的是每部影视剧在其情节背后都传递着某种价值观、思想观念，而从上述数据不难看出，对于这样的标准，受访对象的大部分显然难以达到。

（四）有效参与媒介并利用媒介资源的能力、对大众传媒的使用与传播活动的参与

这是四地农民媒介素养的考察中最重要的也是最核心的部分。这种能力，大致可以从以下方面得到反映：受众是否具有对媒体信息进行反馈和与媒体联络的渠道、是否会主动向媒体表达对媒体提供信息的意见与要求。发生事件后，比如遭遇利益侵害后，会否主动希望媒体介入，如果会，会采取怎样的形式与媒体联系；是否会主动观察自己周围的环境，发现一些值得注意的现象，向媒体反映，引得媒体的关注；当面对媒体时，能否自如地表达自己的想法和自身的利益诉求等。

在回答"如果您对周边的事情或者自己的生活现状有不满的地方，您会通过媒体表达自己的不满吗？"这一问题上，有 80％的受访对象的答案是否定的，而只有 20％会选择借助媒介表达不满。在进一步调查这 20％的受访对象时，近 54％会选择通过电视媒体来倾诉不满，而借助报刊和网络途径表达不满的各占 23％。电视媒体占比如此之高与我们之前的估计有较大的偏差，在分析原因时，我们注意到，这与地方电视台的一档民生节目"朝晖帮你忙"在观众中具有较高知名度不无关系。

总体来看，失地农民对媒介的参与度较低。究其原因，一方面囿于农民生活交往的传统，过分依赖人际传播，对媒介的接触更多是在一种被动状态下的接受，而缺乏主动参与意识；另一方面受限于自身文化素养较低，利用媒介资源的能力严重不足。因此，失地农民很少通过媒体发声，成为自身利益与诉求的主动表达者。

五、对失地农民媒介素养状况的分析与思考

根据以上的数据和分析，我们认为虽然大多数城市近郊失地农民群体没有接受过任何媒介素养方面的教育，但是在与媒体的长期接触中，对媒介都有了最基本认识，但是他们中为数众多的人的媒介素养水平仍然处于较低的层次。他们缺乏对媒介信息的正确判断力，他们对媒介的认识主要出于感性认识，因此时常会出现一些问题，如：媒介的消费动机过于单一，对信息内容的正误、优劣缺乏应有的判断力。对媒介信息采集、制作、发布的运作程序以及控制方式了解不够，由此对于媒介的参与程度很低，仍然习惯性地被动接受信息。在调查采访中我们也强烈地感受到知识水平和受教育程度与媒介素养水平之间表现出

的正相关。总体而言，在一个媒介高度发达的社会，人们某种程度上处于"媒介化生存"的今天，失地农民群体的较低媒介素养大大制约了他们建设性地"享用"媒介来为自己的生活服务。具体表现为身份转型的迟滞，心理困惑无法及时疏解以及就业质量的低下等显现的社会问题。而这些社会问题则与失地农民可持续生计的建立密切相关。因此，通过提升失地农民群体的媒介素养水平，有助于失地农民群体更好地使用大众传媒、参与传播活动，促进其自身的发展和身份转型，提升生活质量，也有利于和谐社区的建立，进而促进和谐社会的建立和发展。

（作者单位：苏州科技学院　原文刊登于《柳州职业技术学院学报》2012 年第 6 期）

农村留守儿童媒介使用与媒介素养现状研究

郑素侠

作为具有农村户口和农民身份却在城镇务工的劳动者，农民工已成为我国工业化和城市化建设的重要力量。据国家统计局监测调查结果显示，2011 年全国农民工总数达 2.42 亿人，其中外出就业 1.53 亿人，本地非农就业 0.89 亿人[1]。长期流动、不稳定的工作性质，以及各种政策的限制，使得农民工常常与老乡结伴务工，或者夫妻结伴务工，将年幼的孩子留给家中老人照看，无法举家进城，因此大量流入城市的农民工背后，是被迫留在乡村、缺少亲情关爱、渴望家庭温暖的孩子。留守儿童作为父母双方或一方外出到城市打工，而自己留在农村生活的孩子，他们一般与自己的父亲或母亲中的一人，或者与上辈亲人，甚至父母亲的其他亲戚、朋友一起生活。关于全国留守儿童的确切人数，目前缺少最新的统计数据。2011 年 5 月 31 日发布的《中国儿童福利政策报告 2011》披露，截至 2008 年年底，全国留守儿童人数已超过 5800 万人，平均每 4 个农村儿童中就有一个留守儿童[2]。可以想见，随着近几年农村劳动力大量涌入城市，现在全国留守儿童的总人数已经远远超过这一数字。由于缺乏亲情沟通，相当多的留守儿童性格自闭、孤僻，迷恋媒介交流。在留守儿童身心快速发展、道德观念和知识结构尚未成熟，人生观、价值观正在形成的关键时期，如何培养他们合理地利用媒介，学会通过大众传媒获取学习和生活必需的信息，以及理性地解读媒介信息，是摆在教育学者和传媒学者面前一项相当现实的课题。

基于以上考虑，本研究通过问卷调查法和深度访谈法，考察农村留守儿童的媒介使用情况，并对他们的媒介素养水平进行评价，在这些实证工作的基础上，就如何对留守儿童进行媒介素养教育提出相应的对策和建议。

一、研究设计

本研究所用的资料来源于作者于 2011 年 7 月在河南省许昌县 4 个村庄进行的问卷调查和深度访谈。选择许昌县作为调查地点，一个重要原因是：在劳务输出大省河南省，许昌县的劳务输出人数近几年占据了相当高的比例，而在许昌县苏桥镇的丈地村、禄马村、西村、杜寨村，由于自然条件恶劣，其外出务工人数总和占据了许昌县劳务输出总人数的半数以上。如丈地村，因耕地面积较少，且很多水利设施因年久失修而不能正常发挥作用，所以村里本来就少的耕地中有三分之一的耕地基本上是靠天收。为了生计，村里几乎所有的青壮年劳动力都外出务工，一个小小的村庄就有留守儿童 40 多人。许昌县的这 4 个村庄由于有较多、较集中的留守儿童，为本研究的顺利开展提供了便利，并为本研究提供了充分的研究样本。

根据认知发展理论，7～11岁的儿童处于"具体运算阶段"[3]，这种运算能力是构成逻辑思维最为基础的内在心理活动系统，自7岁之后儿童便进入了发育人类理性的萌芽期。鉴于此，在问卷调查工作中，本研究将问卷发放的对象确定为6岁以上的儿童，即受访者年龄段为6～16岁。采用代填问卷法共发放问卷125份，回收有效问卷100份，有效回收率为80％。100名留守儿童中，男童31名，女童69名，均为当地中小学生。

深度访谈工作中，采用开放式访谈方式，共访谈留守儿童6名，监护人4名，当地中小学教师4名。其中对留守儿童的访谈主要涉及媒介接触和媒介使用；对监护人的访谈主要涉及留守儿童与父母的沟通情况，以及他们是否干预或指导了留守儿童的媒介接触和媒介使用；对教师的访谈主要涉及学校教育在留守儿童媒介接触和媒介使用中扮演的角色。

二、研究发现

（一）电视在留守儿童生活中的核心角色

电视媒介在留守儿童日常生活中扮演了相当重要的角色。在问卷中，当被问及"你平时接触（使用）最多的媒体是"，85％的留守儿童选择了电视，另有15％选择了网络，选择广播和报纸的留守儿童人数为零。通过对留守儿童和监护人的深度访谈，我们了解到在许昌县的这4个村庄，只有各村村委会订阅了一份报纸（河南省委机关报《河南日报》），各村小学订阅了一份《小学生学习报》，由班主任带到课堂上作为课外辅助读物给学生讲解，学生没有自行阅读的机会，所以几乎没有机会接触和使用报纸媒介。在村里，广播则很少见，仅有少数老年人闲暇时收听广播的评书、戏曲类节目。电视媒介的普及，则得益于近几年政府的"村村通"工程及"家电下乡"政策的实施。"村村通"工程及"家电下乡"政策惠及到广大农村的家家户户后，现在每个家庭都有一台电视机，且有不少家庭在屋顶安装有卫星电视接收设备（俗称"电视锅"），因此电视成为留守儿童最容易接触到的媒介。为了更进一步地了解留守儿童的电视接触和使用情况，本研究考察了他们的使用动机和内容偏好，统计结果分别如表1和表2所示。

表1　留守儿童的电视使用动机

动机	人数（人）	百分比
获取新闻与信息	17	17％
进行人际交流与沟通	24	24％
消遣娱乐	44	44％
无聊时打发时间	15	15％
合计	100	100％

由表1可以看出，接近半数的留守儿童使用电视的主要动机为获得消遣娱乐，将电视作为获取新闻与信息渠道的仅占17％，位居第3位。由此可见，追求"愉悦"成为留守儿童电视使用中最为重要的方面。对观看"愉悦"的追求，折射出这一群体与同龄人迥然不同的境遇：缺少温情的生活环境，代际沟通困难等。

表2　留守儿童的电视内容偏好

内容偏好	人数（人）	百分比
新闻报道	1	1％
科普教育、经济、法制类信息、天文地理	23	23％

动画片、青春偶像剧、综艺娱乐节目、情感故事	74	74%
合计	98	98%

由表 2 可以看出，在内容偏好上，超过 2/3 的留守儿童更为喜好轻松、幽默、搞笑的动画片、青春偶像剧、综艺娱乐节目等，偏好新闻与实用资讯类信息的不足 1/3。留守儿童在电视内容上的偏好，与他们的使用动机是一致的：对观看"愉悦"的追求，使得他们有意无意地远离新闻和实用资讯，而转向能够转移他们的注意力、让他们暂时忘却现实生活的不快乐的娱乐消遣类内容。

由以上分析可以看出，电视媒介在留守儿童生活中并非是获取信息的渠道、了解社会的窗口，而是他们获取精神慰藉和力图逃避现实的工具。这一结论，通过深度访谈得到了印证。如留守儿童小娇的父母离婚，她先是跟着母亲生活，但自 2009 年母亲去北京打工当保姆后，她就一直住在年迈的姥姥姥爷家。现在读初中二年级、已经 15 岁的小娇这样描述她迷恋湖南卫视播出的青春偶像剧《呼叫大明星》的："喜欢小美，他是我看这部戏的动力，他长得真的很帅，从《无间有爱》就彻底迷上他了，他好帅！"另一位 10 岁的小学四年级男孩晓军，父母均在江苏打工，他跟着奶奶生活（爷爷已经去世）。他说，自己喜欢动画片《蜘蛛侠》是因为"幻想自己能变成蜘蛛侠"："蜘蛛侠是超人，视力非常好，手指有吸附能力，能够像蜘蛛一样在墙上行走，爬到任何想去的地方……我想当蜘蛛侠，具有超人的能力，这样谁都不敢欺负我了。"

（二）网络已成为留守儿童获得消遣娱乐的工具

除电视媒体外，网络也是留守儿童接触较多的媒体。问卷调查表明，留守儿童平均每周上网 2 次，平均每次使用网络约 33 分钟。上网的方式，主要是通过个人电脑（53.8%），其次是手机上网（35.2%）和网吧上网（11.0%）。网吧上网的人数比例虽然不多，但我们通过深度访谈发现，网吧上网的留守儿童多为迷恋网络游戏的重度使用者，这一现象应引起社会工作者的关注。

为了获知留守儿童更为具体的网络使用情况，研究者考察了他们对各类网上活动的偏好程度。采用李克特五级量表测量，结果如表 3 所示。

表 3　留守儿童的网上活动偏好（n＝100）

内容偏好	均值	标准差
网络娱乐（如收听/收看网络音频/视频）	3.5333	0.88939
网络游戏	2.9326	1.04226
人际互动	2.8240	0.77213
网上交易（如购物）	2.1220	0.78395

由表 3 可以看出，与对电视媒体的使用相似，留守儿童的网络使用亦呈现出较强的"愉悦"追求。在四类网上活动中，留守儿童最为偏好网络娱乐，如通过网络收听、收看网络音视频等，其次是网络游戏。留守儿童对这些网上活动的偏好，表明网络同电视一样，在留守儿童生活中并未起到提供信息、增长见识的工具性作用，而仅仅扮演了一个提供精神慰藉的角色。

（三）留守儿童媒介素养：亟待提升

媒介素养一般是指媒介使用者对各种媒介信息的解读和批判能力，以及使用媒介信息为个人生活、社会发展所服务的能力。作为现代公民素养的重要组成部分，媒介素养的内涵除了正确地使用媒介，还应包含理性地评价媒介和积极地参与媒介。如果说媒介使用基本意味着单向、被动的信息接收过程，媒介评价则显示出使用者对所接收到的信息进行积极主动的处理与加工（如赞同、质疑或批判），而媒介参与则更进一步：不仅接收、处理信息，而且主动参与信息的生产[4]。诚如霍布斯所言，媒介素养就是从基本的能够使用媒介到思考分析、再到利用媒介参与创造的过程[5]。在已经获知留守儿童媒介使用的基本情况之后，本研究在考察他们的媒介素养水平时，侧重考察他们的媒介评价能力和媒介参与意识，即媒介素养的后两个层面。

在媒介评价的测量上，本研究着重考察留守儿童对新闻真实性问题的评价。使用李克特五级量表，让受访者就如下问题的同意程度进行打分：（1）电视、报纸等媒体上的新闻不都是真实的；（2）网上的新闻不如报纸上的新闻真实。以上两个题项构成的量表信度 α值为 0.583。

在媒介参与的测量上，本研究着重考察留守儿童是否具备主动参与媒介信息生产的意识。使用李克特五级量表，让受访者就如下问题的同意程度进行打分：（1）看见交通事故我会主动给媒体打电话；（2）发现身边非常看不惯的事情，我会向媒体投诉；（3）我会参与报纸征文、广播电视节目讨论或录制；（4）我会对感兴趣的话题在网上发帖/转帖/回帖；（5）如果有媒体准备对我进行采访，我会主动配合。以上五个题项构成的量表信度 α 值为 0.665。

留守儿童的媒介评价和媒介参与水平如表 4 所示。

表 4 留守儿童的媒介评价和媒介参与水平（n＝100）

项目	媒介评价	媒介参与意愿
得分	3.1543	3.2725

由表 4 中的"媒介评价"得分来看，留守儿童对新闻的真实性问题以及网络新闻与报纸新闻在真实性表现上的差异有一定的把握。从"媒介参与意愿"得分来看，留守儿童亦有一定的媒介参与意向，即他们有可能在遇到新闻事件时会主动给媒体报料，或者参与报纸征文、广播电视节目讨论，参与网上的话题讨论。但总的来说，留守儿童的媒介评价能力和媒介参与意愿并不算高。

三、农村留守儿童媒介素养教育的思路与方法

由前文的分析可以看出，由于诸种原因，电视成为多数留守儿童接触的唯一媒介（其次是网络）。再加上留守儿童缺少亲情关怀和监护人的有效指导，大众传媒并未在他们身上充分发挥信息传递和社会认知的作用，而更多地以情感慰藉的工具而存在。在当今媒介化社会，当媒介已经成为我们身体的触角和延伸，成为我们认识世界、了解社会的一个重要工具时，我们不得不思考：如何对这些生活在偏远乡村、缺少亲情沟通的孩子们进行有效干预，培养他们正确地利用媒介获取生活和学习必需的信息，并学会理性地对待和评价媒介信息，更进一步地主动参与到媒介信息的生产之中？对这一问题的解答，便是对留守儿童进行媒介素养教育。

在西方国家，肇始于 20 世纪 30 年代的媒介素养教育经过 80 余年的发展，已经步入较为成熟的阶段，被一些国家纳入正规的中小学教育课程，并逐渐被纳入终身教育体系之内。而在我国，媒介素养教育则刚刚起步，关于媒介素养教育的探讨亦刚刚开始。自 2007 年 4月以来，复旦大学新闻学院发起成立的国内第一个"媒介素养教育行动小组"，已经与复旦小学和同济小学开展合作，在这两所小学的四年级学生中普及媒介素养教育。2008 年 11月，辽宁渤海大学媒介素养宣讲团与锦州市的两所小学合作，开展了短期的媒介素养教育

培训。2009 年，东北师范大学媒介素养课程研究中心在长春市的西五小学选择 10 个班级作为实验班，开展了媒介素养课程的教学实践。这些试验与尝试，多在城市展开，生活在社会边缘的留守儿童们，亟待被纳入媒介素养教育对象的范畴。本研究认为，针对全国广大农村地区留守儿童的媒介素养教育，可尝试开展探索性、实验性的区域行动，待积累经验后再逐步推广。具体的实施思路与方法如下：

首先，对农村中小学教师进行培训，提升他们的媒介素养，通过他们来指导和影响留守儿童。对于留守儿童来说，除了家庭外，学校是他们成长的第二课堂；除了父母之外，教师是他们的第二位导师。当父母远离了他们之后，教师就成为他们成长中最重要的依靠。教师的言与行，对他们的成长有着最直接的影响。在访谈中我们发现，乡村中小学教师多为中等师范学校毕业，有些地方还由一些高中毕业生担任临时的代课教师，他们自身对与媒介和媒介使用有关的知识所知不多，其中仅有极少数人能够熟练地使用互联网查找专业资料。教师自身的媒介素养水平不高，更谈不上对学生的媒介接触和使用进行有效的指导和干预。由政府牵头，相关部门组织协调，对农村中小学教师进行媒介素养培训，是一项现实而迫切的任务。

其次，尝试在农村中小学开设媒介素养教育课程。作为媒介产业的第一大生产国和出口国，早在 20 世纪 70 年代美国的一些州如加利福尼亚、夏威夷、纽约等就将媒介素养教育列入 1～9 年级的课程体系之中，目前美国所有的州都将媒介素养教育课程以不同的形式融入 1～9 年级的课程之中[6]。在当今媒介化社会，当媒介已经成为儿童成长的第二课堂，并在教育上有可能进一步边缘化家庭教育，甚至逐步动摇、威胁、瓦解学校教育的权威地位时[7]，让媒介素养教育走进课堂，纳入正规教育课程不失为明智之举。媒介素养教育的课程可以独立的课程存在，亦可以作为通识教育的一部分出现在相关学科中。媒介素养教育课程的开设，目的不仅仅在于使留守儿童学会操作媒介技术和自觉抵制媒介不良信息的影响，更在于使留守儿童正确理解媒介内容与高效接收资讯，培养他们的质疑、批判精神和独立思考能力，从而成长为媒介化社会的合格公民。

再次，通过宣传和动员，吸纳社会力量参与留守儿童的媒介素养教育。在媒介素养教育较为发达的加拿大，中小学生媒介素养教育的实施主体，除了学校和家庭外，社会组织如公益性的媒介教育网站、教师联盟、媒介素养协会、耶稣会交流机构等是一支不可或缺的力量[8]。具体到我国留守儿童的媒介素养教育工作，可通过政府动员和媒体宣传，号召高校新闻传播专业和教育学专业的大学生在本专业教师的指导下编写针对中小学生的媒介素养教育普及读物，由政府教育部门补贴一定的经费，免费发放给农村中小学生。另外，大学生和热心公益事业的人士亦可组成志愿者组织或社会实践团体，利用周末课余时间或寒暑假开展社会实践活动，对农村中小学生进行有关媒介和媒介使用知识的讲座或培训。

总之，在缺少亲情慰藉的情况下，多数留守儿童以电视甚至网络作为情感依托，对他们进行媒介素养教育，培养他们正确地使用媒介、客观地评价媒介、理性地对待媒介的能力，以及利用媒介为个人生活和学习服务的能力，从而成长为信息化社会的合格公民，成为一个具有现实意义的社会议题。这一议题的完成，需要政府担任主导和协调角色并在政策层面予以支持，以及包括家庭、学校、公益性社会组织在内的多方力量的共同参与和努力。

参 考 文 献

[1] 为了 2.42 亿农民工的福祉——我国农民工工作取得新进展 [EB/OL]. http：// news. xinhuanet. com/2011-02/12/c-13729271. htm，2011-02-12.

[2] 民政部社会福利和慈善事业促进司，联合国儿童基金会，北师大壹基金公益研究

院．中国儿童福利政策报告 2011 ［R］．2011.

　　［3］皮亚杰．发生认识论原理［M］．北京：商务印书馆，1981.

　　［4］周葆华，陆晔．从媒介使用到媒介参与：中国公众媒介素养的基本现状［J］．新闻大学，2008，（4）．

　　［5］Hobbs, R. Media literacy, media activis［J］. Telemedi-um, The Journal of Media Literacy, 1996, 42（3）.

　　［6］陈晓慧，袁磊．美国中小学媒介素养教育的现状及启示［J］．中国电化教育，2010，（9）．

　　［7］邓集湘，袁姮．论电子媒介背景下儿童文学的阅读价值［J］．2007，（1）．

　　［8］代香顺．加拿大中小学媒介素养教育实施主体分析及启示［J］．教育科学研究，2010，（9）．

　　（作者单位：郑州大学　原文刊登于《郑州大学学报》2012 年第 2 期）

中国知识精英媒介素养现状研究

张志安

　　一般而言，公众媒介素养（media literacy）包含阅读（reading）和书写（writing）媒介，媒介素养教育的目的主要在于发展青年的批判和创造能力，使他们能够批判地理解和主动地参与（大卫·白金汉：2006）。从媒介认知的角度看，媒介素养强调理性地认识媒介、比较深入地了解媒介，从媒介使用的角度注重批判地接受媒介信息，有效地利用媒介服务于自己的成才与成长（张志安、沈国麟，2004）。

　　本文试图以中国各行业的知识精英为研究对象，通过深度访谈法来研究这个群体的媒介认知观念、接触行为及参与实践等，由此考察中国知识精英的媒介素养现状，并初步探究影响知识精英群体与大众媒介之间的互动关系以及影响其媒介素养状况的主要因素。由于知识精英比普通公众拥有更高的知识背景、社会地位与权利意识，其媒介素养应该处于公众中的较高层次，这项研究也能为我们了解中国公众媒介素养状况提供独特视角。在本调查中，大众传媒主要以报纸、杂志、电视、网络为主，广播、电影等较少涉及，这是由调查对象的媒介接触特点决定的。

　　本次调查研究以高端的知识精英为对象，他们是来自 25 所大学和研究单位的 44 位著名学者。访谈对象的选择标准主要是：具有高级职称（教授或研究员）、在中国学术圈（研究型大学、研究院所）中具有较高的学术影响，同时尽可能地覆盖文、理、工科，兼顾人文学科和自然学科的学者。调查历时两年，从 2004 年 5 月至 2006 年 11 月止，采用深度访谈法进行，侧重了解这些知识精英的媒介接触、参与、使用习惯，和他们对媒介行业及功能的评价、建议。需要指出的是，本次调查可能偏向于那些对媒体关注度比较高、比较熟悉媒体运营规则、接触及参与媒体相对活跃的学者，因而未必能代表中国知识精英的整体状况。

一、媒介认知

　　本章节主要从媒介功能认知、行业现状评价两个角度来考察知识精英们的媒介认知观念。媒介功能包括理想功能、现实功能，而媒介现状的评价内容除传播功能外，还包括新闻伦理、体制特点、区域差异等。由此，可以大体管窥知识精英对传媒的整体认知观念。

1. 媒介功能

针对传媒的理想和现实功能，受访者的意见基本相似，大家普遍认同传媒在当今中国社会的重要地位，是社会不可或缺的有机组成。如中国社会科学院赵汀阳教授认为，所谓现代社会，"一方面指自由市场的经济，亦即万物皆商的商业方式；另一方面就是无所不及的传播方式，以信息传播为特征的传媒正是所谓的'现代'包含的最重要的因素之一"（赵汀阳，2004）。传媒的社会功能主要包括传播信息、协调关系、提供娱乐、传承文化等，多数受访者都曾指出。其中，真实报道、传播信息是媒介的基本功能。"现代人的特征，或者说做现代人的条件，就是掌握大量的信息。新闻工作的任务就是传递、传播信息"（黄修己，2004）；"一个新闻报道的真，最需要的和最不可缺少的，就是全面。如果不能像钻石那样有着千面万面的话，那么至少要有两面"（何光沪，2004）。

由于媒介制度与政治体制密切相关，法学家们对大众传媒的法治化管理、公共导向的民主功能等有着比较准确的评价和期待，有些学者还对欧美国家传媒与司法的关系、新闻自由与表达自由等进行过专题研究。中国人民大学法学院张志铭教授将传媒的主要功能概括为形成民意、传达民意："表达自由和新闻自由，对一个民主社会是最重要的，比其他任何都重要。民意不仅仅是通过代表去传达的，而是由媒体每年每月每日的运作传达的"（张志铭，2004）。

多数学者对转型社会的中国传媒寄予更多期望，强调媒体对营造健康、有序的社会环境，对培育安定的社会、塑造良好的生活环境、提升公民素养等有重要作用。北京大学教授陈平原认为，大众传媒的作用不仅是新闻报道，还包括教育传播、经典确立、文化建构等，远非技术层面的活动（陈平原，2004）；北京大学叶朗教授则强调，相对于过去大众传媒的政治导向，人文导向是当前大众传媒的重要功能（叶朗，2004）；北京大学谢冕教授则期待媒介伸张正义、维护真理和公道，"体现媒体的良知，就是有正义感有民主心、有爱心，但首先是要伸张正义"（谢冕，2004）。

针对当下中国的政治体制和社会现状，不少学者强调大众传媒舆论监督的重要性，希望媒体报道能够促进政府善治。复旦大学经济学院张军教授认为，"转型社会里面媒介的职能就是通过社会舆论影响和监督政府行为。媒体有社会舆论的强大依托，在规范政府行为、约束政府权力，包括反腐败方面，可发挥的作用比较大"（张军，2005）。

2. 行业现状

从访谈结果看，多数受访者对中国传媒业的现状并不满意，对目前存在的问题和不足也各有评价。复旦大学林尚立教授认为，中国传媒目前最大的问题在于自我定位，包括如何处理与社会的关系、与政府的关系、与政党的关系，定位不清楚或不清晰容易导致各种问题（林尚立，2004）。

对于媒体现存问题，受访者普遍保持清醒。他们指出了市场环境下的媒体利益驱动、转型期中国媒体的体制双重性，新闻客观真实的相对性等深层问题，也指出了当今新闻业存在职业伦理缺失、有偿报道泛滥、色情暴力内容充斥、媚俗炒作成风、公共利益缺失等问题，对新闻报道忽视弱势群体的诉求、社会问题报道有偏向性等也持批评态度。其中，尤以过度管制、市场驱动等两大因素影响媒体功能的健全发挥。"媒体是公民社会透明度的一个标尺。透明度有多高，就看社会的公开性有多强……媒体有时不仅没有透明度，而且还有意地去模糊事实。在什么情况下它会模糊事实呢？就是说，它只为一种立场、一个派别的利益服务"（艾晓明，2004）；复旦大学张晖明教授针对2004年的"郎顾之争"，批评了媒体报道过程中推波助澜的负面作用，"我们传媒起不好作用的时候很多，原因出在我们传媒的记者，那些直接掌握着文字权力的人，自身对某些理论的科学性的把握不足"（张晖明，2005）。

从地区差异角度看，受访者普遍对西方主流媒体和香港媒体更有好感，认为它们的新闻信息量大、形式活泼、比较客观。以电视为例，凤凰卫视受到的肯定比较多，其从业者的敬业精神也深受好评。"文化专题片的制作与生产，是一个非常好的发展方向。看看阳光卫视翻译过来的东西就知道，它非常有意思，很吸引我这样的人看。美国的'国家地理频道''发现'频道的节目制作，也很有水准"（王子今，2004）。另外，受访者也比较了大陆媒体之间的差异，他们普遍认为广东传媒的开放性、关注度高于其他地区，北京、广东等地媒体的记者更敬业、业务素质更高，传媒实力也更强。中山大学黄天骥教授比较看好广东传媒，将其特点概括为："新闻从业者努力适应市场需要，媒体管理部门相对宽容一些"（黄天骥，2004）。当然，根据新闻价值中的"接近性"原则，学者们对区域媒体的比较与其居住地有关，如南京师范大学历史系施和金教授的看法是："《扬子晚报》信息量大，但有些低俗的内容。广告越来越多，其中有很多医病类广告，好像患病的人很多。《金陵晚报》、《现代快报》等报纸内容与《扬子晚报》相近。感觉上海的报纸《文汇报》、《新民晚报》在都市报中算是比较干净的，《羊城晚报》也不错。"（施和金，2004）

3. 影响因素

这次调查中，不同学科的学者往往从自己的学术专长着眼，对大众媒介进行深度解读，比如经济学家关注财经报道的准确性、传媒产业的竞争机制等，法学家则更强调媒介与司法独立、新闻法的出台等问题。学者的年龄差异也导致其传媒认知观念的不同：有过民国时期生活经历的学者，更肯定民国时期的报人素养和新闻理念，对当今媒介存在的问题则更具批判性；而中年学者对网络媒体、西方媒体更加熟悉，批判中国媒体存在的缺陷时往往是以境外传媒作为参照标准。另外，不同地域的学者也呈现出媒介认知的差异，比较明显地表现在"南方系"和"北方系"，尤其北京和广州的差别：广州学者由于便捷、频繁地接触香港电视，对信息传播的自由度持更大期待，对媒介行业的问题的批判也更鲜明、更大胆。而北京学者的优势是学理深厚，加之身处首都，视野广阔，习惯于更抽象地讨论媒介行业的现状，但比较回避实质性的权力关系问题。

一些学者的个人生活经历影响了他们的媒介认知态度。流动性高、经历丰富的学者，更善于比较不同区域的媒介特点，更具有媒介选择的自主意识，而长期定居某地的学者对本地媒体比较理解和宽容。如暨南大学郭熙教授工作地点在广州，经常看凤凰卫视、本港台和翡翠台，他认为，大陆与港台媒体的区别在于"香港的快捷，大陆的反应太慢，尤其一些重大事情；大陆的套话太多，无关紧要的会议太多，一些'要闻'的'引子'太长；大陆的形式呆板"（郭熙，2004）。另外，由于并非新闻传播专业出身，多数内地学者对西方传媒"客观"理念的理解与原意差别甚远，一些有海外留学经历、与西方媒体接触较多的学者，或专注于研究西方文化、国际政治的学者比较懂得中西比较。而从社会地位的角度看，地位越高的学者越能理解媒介运作机制背后的权力关系，但出于维护其社会地位的利益需要，私人和公开场合的媒介态度会有较大差异，而且对媒介的批判相对温和。反之，越是草根性的学者自由度越大，越敢于公开批判媒介，也更积极主动地利用媒介力量解决社会问题或推动社会进步。

二、媒介接触

从调查看，知识精英的媒介使用频率是非常高的，接触媒介信息既是他们生活的重要内容，也有利于他们的学术研究和科研、教学等工作。仅以受访的三位语言学家为例，他们每天接触传媒的时间大约有 100 分钟（齐沪扬、梅德明、郭熙，2004）。由于学科、年龄、地域、习惯等因素的差异，受访者的媒介接触时间长短、使用偏好、关注重点、接触目的等也不尽相同。但整体上看，他们主要选择报纸、网络和电视作为社会性信息的获取渠道，广播则很少收听，杂志和书籍是其掌握学术信息的主要来源，比较年轻的学者还依靠网络电子期刊作为学术资源的信息平台。

报纸是学者们的首要信息渠道。对学者们来说，报纸并非学术工具，而是大众资讯的获得方式，新闻性强、实用价值高的严肃报纸最受欢迎，如《南方周末》、《南方都市报》、《新京报》等。比如有学者只喜欢《参考消息》，"我从70年代在乡下当农民的时候就开始看，现在养成习惯天天看，每天都要看，不看就不舒服，比喝茶还要成习惯。以至于我的儿女嘲笑我说：'参考消息是我爸的第二圣经。'"（何光沪，2004）。此外，一些专业知识分子出于研究需要，也会从报纸中获得研究个案或分析数据，如受访经济学家通常拥有便利条件，阅读多种财经类报刊，而法学家也能从大众传媒中接触大量案件、了解法制动态。

关于收看电视，学者们主要通过其获得动态资讯和休闲娱乐，很多学者都经历了最初接触较多、之后逐渐疏离的过程，原因在于：电视节目缺乏深度、娱乐化倾向严重、专家意见无法充分表达等。尽管电视依然是受访者接触频率仅次于报纸的第二选择，但他们收看电视的时间总体上呈现下降趋势，其选择倾向既受个人爱好影响，也兼顾家庭和谐因素。根据调查结果看，凤凰卫视是知识精英们比较欢迎的电视台。学者们阅读杂志的情况多半受专业方向影响的程度比较大，各类高质量的专业杂志以及综合性的人文学术杂志受到肯定，阅读专业杂志尤其学术期刊主要服务于本领域的研究，而阅读《瞭望东方周刊》、《中国新闻周刊》、《财经》等，是由于这些杂志思想活跃、具有社会责任感，可以比较敏锐地把握社会现实和掌握国情。

从网络使用来看，由于科研单位和家庭的网络普及化程度高，电子资源检索的服务便捷，本次调查的受访者基本都能使用网络，但使用频率、类型选择有很大差异。其中，年龄是主要因素，其次是学科差异，地域差异则很小。很多学者不仅懂得上专业学术网站查询信息或传播观点，也开设了自己的博客，进行公共表达。相对来说，外语比较好、出国比较多的学者更积极、活跃地使用网络，更懂得借助网络获得海外资讯，进行即时沟通和信息传递。比如三次赴国外访学的南京师范大学张舒予教授，针对一些热点新闻，如美国"虐囚事件"既看国内的报道，也会到美国的大报网站上浏览，以进行比较（张舒予，2004）；又如中国社会科学院李银河教授，"上网会查些有关研究领域全球新的调查成果，如婚前性行为比例等，还有一些相关的新信息，譬如哪个国家通过了新的同性婚姻的法律等之类的。这些网上都有报道"（李银河，2004）。

三、媒介参与

与普通公众相比，本次调查的知识精英们拥有更大的话语权、更多的媒介表达机会、更积极频繁的媒介参与实践。这些高端学者往往是大众传媒获得"专家意见"的采访对象，有的学者甚至非常善于借助传媒表达自己对公共事务的看法。由于学科、年龄、地域等因素的影响，受访者的媒介参与行为有所差异，总体上看，他们虽然不是大众传媒议程的主要设置者，却是社会传播系统中的公共话语的重要构建者。

1. 参与形式及媒介类型

知识精英们在参与媒介的过程中，也在不断追求着自我表达和社会参与的价值实现，他们的媒介参与方式可谓灵活多样。本次调查的受访者绝大多数都是大众传媒重要而且经常的采访嘉宾，因而，普遍懂得如何通过媒体发表观点、怎样塑造良好的公众形象。一方面，他们通过接受采访或在媒体上发表文章，将专业的学术成果或思想观点转换成大众化、通俗的形式向社会公开传播；另一方面，他们自身也从这种媒介参与中获得回报：有的依靠媒体和记者及时掌握新鲜资讯，使学术研究保持对现实的敏锐度；有的通过媒体提升了知名度和影响力，以利于获取更多的社会资源；也有少数学者直接将传媒作为研究对象，以研究结果来提升传媒品质与责任或促进自身学术研究，如北京大学范士明副教授"最近关注的是新闻传媒的全球化带来的国际关系方面的后果，特别是传播渠道的增加、内容的丰富到底是加深了各国公众之间的相互理解，还是加深了相互之间的误解？"（范士明，2004）。

从学科的角度看，经济学家、法学家、社会学家是接受媒体采访最为频繁的学者类型。如本次调查受访的三位经济学家都会频繁接受采访，各种媒体也都习惯于就重大经济事件、公共政策请他们发表意见和评论。天则经济研究所经济学家茅于轼，一年接受采访"总共可能超过1000次，每天大概要3次。安排最密的一天5次、6次都有。大部分是打电话来的，也有来家里的。有本地的，也有境外的，美国之音、BBC（英国广播公司）、《南华早报》等"（茅于轼，2004）。

除接受采访外，知识精英们的媒介参与形式还有：与记者交朋友，给媒介当顾问或策划。如上海大学朱学勤教授从1985年起就开始在传媒上发表文章，他将自己形容为"介入传媒"的学者，其参与媒介的形式非常丰富，除撰写文章外还曾兼任总编、学术顾问，去媒体内部讲课培训等；针对媒介的不当表现进行批判，帮助大众传媒提高专业水平或职业素养。如中国社会科学院研究员李银河，专门从性别角度对媒体问题进行过研究，指出媒体要增强自己的性别意识，"做广告时，女性多为洗衣机、牙刷等，形象都定在母亲、妻子等方面，为什么不多报道一些女科学家、女司机、女市长之类的呢？应该有各种各样的形象"（李银河，2004）。中山大学艾晓明教授针对2003年非典期间《南方都市报》报道首例感染者使用"毒王"一词撰文批评，近年来，她更加关注具有新闻价值的公共事件（如黄静案）等，除组织研讨会外也拿起DV进行拍摄，先后制作了《中原记事》、《开往家乡的列车》等纪录片，自己也因这种深度的媒介参与变成了准新闻人（艾晓明，2004、2008）。

从媒介类型看，报纸与电视是多数知识精英参与媒介的主要类型，大约1/3受访者承认他们乐意通过报纸参与社会发表言论，不少人在报纸或杂志上设有专栏或时常接受约稿。其中《南方周末》是知识界比较受欢迎的报纸，国外主流报刊如《纽约时报》、《时代周刊》、《联合早报》等也受到好评。同时，随着网络媒体的崛起，越来越多知识精英也开始利用网络新闻、博客、论坛等形式进行社会表达，如法学家蔡定剑教授也这样比较大陆和香港、国外媒体的差异："相对来说，我国香港和国外的媒体比较令人满意。它们对于专家的意见，基本上说什么是什么，不会随便删改，不会造假。他们的记者和编辑很尊重专家，对我们原意的传达比较忠实，而大陆的媒体缺少这个训练，不够尊重作者"（蔡定剑，2004）。此外，年龄差异对学者们的媒介参与热情影响不大，但对学者媒介参与的媒体类型有很大影响，相对而言，中青年学者选择网络的积极性比中老年学者要高，他们通过建立博客、BBS发帖表达个人意见，通过学术网站发表最新研究成果，借助网络工具进行沟通交流。

2. 专业差异与地域差异

本次调查中，由于所选对象多为相关专业领域颇有建树的知识精英，其参与大众传媒的意见表达都比较认真、严肃，一般不会随意发表言论或针对任何话题发表非专业的见解。他们一致强调，专业知识分子主要应该在专业领域内发言，否则无法给公众提供真正有价值的意见。

据访谈结果看，影响受访者参与媒介的诸多因素中，其知识背景尤其从事研究的专业特点起着重要作用。一般来说，专业社会性较弱的学者，社会参与度也比较低，专业社会性较强尤其与社会现实问题贴近的学者（如法学家、社会学家、国际关系学者等），媒介参与的态度更积极、更活跃。中国政法大学蔡定剑教授将自己 1/3 的时间给媒体，他认为："媒体是我的窗口，通过媒体互动，一方面我能了解很多新的新闻事件，另一方面我也可以通过这个窗口发表一些比较新的关于社会热点、焦点、重大事件的观点和评论"（蔡定剑，2004）。中国社会科学院刘庆柱教授长期从事考古研究，经常接受中央电视台等媒体采访，埃及金字塔考古直播时也作为嘉宾参与电视演说。在他看来，学术与媒体的关系非常密切，学者应该积极利用媒体（刘庆柱，2004）。

接受本次调查的自然科学家都认为，科学界与大众传媒之间存在交流的鸿沟，不少科技精英不太乐意接受记者采访，其原因既在于他们不觉得借助媒体向公众发表意见是自己的责任，更多则由于记者的报道往往不能忠实、准确地传达原意，甚至会滥用"国内领先"、"世界领先"字样来强调科技成果的重要性，但这样做却伤害了科学家的名誉和感情。"媒体在科技报道方面，我觉得分量倒也不能算少，但比较实事求是的真新闻比较少。我一直是害怕采访，非常反对有些记者夸张和乱写"（范滇元，2004）；"媒体还没有懂得学会跟科技界打交道，它们觉得科学家又高又大，记者心里首先就有畏惧感"（何祚麻，2004）；"很多科学界的人跟媒体的不愉快，最主要的是这一条，认为他的东西被媒体歪曲了"（江晓原，2004）。

除了专业差异，性情不同也会影响这些知识精英的媒介参与热情。即便同一学科，有的学者非常重视社会参与，把媒介当作传播思想的重要武器，有的学者则更专注学术自身，希望避免因参与媒介而耽误正业。地域性的差异并不突出，但比较起来，在传媒发达的城市里居住的学者，更具有媒介表达的便利性，如北京学者更容易接受外国媒体采访，而广州学者中积极投身媒介、开设专栏或接受香港传媒采访的机会也很多。

3. 实践感受与参与评价

总体上看，知识精英们对自己参与媒介的行动表示肯定，对效果表示满意，但大部分学者都对媒体的一些做法表示了不满，会抱怨一些记者不专业、图省事或随意肢解、歪曲专家观点的做法，只有极少数比较频繁亮相于传媒的学者对新闻报道基本满意。

受访者针对大众传媒和新闻报道提出的批评主要集中于这些方面：（1）对学者的言论任意删改，不能全面、准确、适当地表述专家意见，往往有失偏颇，甚至在不经过学者同意的情况下任意增删其文章及标题；（2）新闻记者的采访意图并非出于对学者知识的尊重，而是为了图省事或仅仅为增加权威的消息来源，把学者拿来当工具或摆设，或断章取义、起哗众取宠的标题，或暗下圈套、玩弄自己的编辑技巧，或提前定下基调、暗示学者往某个方向说；（3）采访活动耗费了学者过多时间，影响了他们正常的学术研究或工作生活，感觉不堪重负；（4）一些媒体有比较明显的价值倾向，当其立场与学者立场不符合时，会冷处理或放大对立面，从而让学者们感觉不公正、不平衡。虽然这些批评或意见不会根本上改变受访者的媒介认知观念，但的确会真实影响他们参与媒介、进行表达的积极性。

很多学者谈及参与媒体生产实践或在借助媒体公共表达的过程中遭遇的不愉快经历，这些经历降低了他们对新闻从业者的评价，也使其今后参与媒介的表达行为更加审慎。南京大学高华教授一般不接受采访，除非采访议题跟专业有关，他感觉南方报业集团比较严肃、认真和专业，小报做得差一些（高华，2004）。尤其电视媒体的"肤浅"规则和"快餐"方式让很多知识精英感到不满，使不少学者开始谢绝电视采访。主要原因大致包括：电视节目由于时间限制，专家意见往往无法得到完整、全面的报道，采访素材经常被掐头去尾，因为限制或删改而变得支离破碎；电视节目由于容量有限往往缺乏深度，无法满足专家对重大问题发表意见的基本欲望；电视报道稍纵即逝，传播的观念和内容不容易被保留，不太利于观众或同行提供反馈意见；电视制作过程比较耗费时间和精力，做节目比较麻烦和折腾；电视产业过度商业化、娱乐化，降低了整个产业的品质……这些因素中，既有电视新闻生产自身的技术规律，也与电视新闻从业者的素质及行业环境密切相关，值得电视媒体管理者和电视新闻编辑记者深思。

调查发现，平面媒体尤其严肃报刊和境外主流报刊是学者们发表言论、参与表达的首选。相比电视、网络或其他媒体而言，报纸、杂志依托文字形式的书面表达更适宜于严肃、理性的专业知识传播，报纸传播的信息的公信力、可信度和整体质量要比其他类型媒体高。此外，报社和杂志社的新闻从业者整体素质比其他记者要高。北京大学法学院贺卫方教授介绍说，他更偏向借助报纸发表意见，不仅因为报纸比较完整、准确地传达意见，而且也更容易获得专业的反馈评论。"人是特别在意别人对自己的评价的，每个人在意评价的群体并不一样，比方说《南方周末》的读者面，知识界的比重就很高，你发了篇文章很快就能有回应"（贺卫方，2004）。

四、结语

通过本文的调查综述，我们可以将中国知识精英的媒介素养现状大体概括为：理性认知、频繁接触、适度参与。各领域的知识精英对大众传媒的功能及现状都有比较准确的评价，对处于转型社会中的大众传媒都有较高的责任期待，对新闻行业存在的问题及发展对策都有各自见解；虽然他们的媒介接触习惯各不相同，但总体上看频度都比较高，媒介既是他们获取日常信息的主要渠道，也是相当部分人获取学术资源的重要方式；绝大部分知识精英都肯定大众传媒对自我表达、公共参与的重要作用，其进行意见表达的优选媒体是主流报刊和境外媒体。此外，身份差异、地域差别也导致了知识精英间媒介素养的差异性，越是在接近权力管控的地方，知识精英的媒介接触范围越偏狭，越是远离权力的地方，媒体越是市场化、越具开放性、越有自由度，当地知识精英的媒体观念、媒介使用、媒介参与的水平也越高。

有研究发现，公众的媒介参与功效意识与其媒介参与意向有着密切的关系（陆晔、郭中实、周葆华，2007）。令人深思的是，相当部分学者对新闻报道的准确性、全面性深感不满，由于传媒商业化、娱乐化以及从业者缺乏足够职业素养，往往给知识精英的媒介参与带来负面影响，这在很大程度上损害了他们媒介表达的意愿与欲望。另外，一些知识精英的媒介参与意愿较低，恐怕也跟"一心只读圣贤书"的传统观念有关。因此，新闻学界和业界今后若要针对这个群体进行媒介素养教育，既需要在他们理性认知的基础上鼓励他们提高媒介参与的意识与水平，更需要加强大众传媒自身的专业精神和社会责任，这样才能真正赢得知识精英的信赖。

（作者单位：中山大学　原文刊登于《同济大学学报》2012年第3期）

自媒体环境下领导干部媒介素养的局限、原因与对策

汤兆武

近年来，微博作为新兴媒介以其围观式结构、点对点关注模式、裂变式传播特点的优势在我国异军突起，2010年也曾被誉为中国微博元年。政府机构与各级领导干部纷纷进驻微博，体验微博带来的全新互动模式。据统计数据显示，截至2011年年底，在腾讯网、新浪网、新华网、人民网四家微博网站经过认证的党政机构微博共32358个，而党政干部微

博客也达到了 18203 个，政务微博俨然成为大势所趋。政务微博使得政府机关、领导干部在与民众互动的同时，可以有效地实现政府信息公开，在澄清谣言、线索搜寻等方面也是有力的武器。通过对政务微博的关注、转发、评论，民众可以监督政府官员，讨论和反思政府的政策，提出意见与建议，实现微博问政。但是与此同时，微博政务目前的状况也面临着困惑。认清存在的问题，探究潜在原因，思考如何在自媒体时代提升领导干部媒介素养，通过对媒介的有效运用服务社会发展，是当前亟待研究解决的重要课题。本研究将从当下微博问政存在的问题出发，思考其中领导干部媒介素养的局限，对其进行原因分析并探讨培养与提升手段。

一、从当前微博问政存在的问题看媒介素养局限

媒介素养是通过媒介观察、认识世界的方法，是使用媒介、辨析信息的能力，是解读、分析和批判媒介的观念。关于媒介素养的内涵，总结起来可以认为有以下几方面：一是对媒介的特点及其中特定问题的认知；二是了解媒介内容的影响因素；三是辩证看待媒介内容；四是利用与改善媒介。

从传媒沟通的结构来看，信息源的信息经过通道（媒介）传达到信息接收者，接收者再将信息反馈给信息源。领导干部在信息源的位置上时，其角色是媒介的使用者，同时也受到外界的监督；在接收者位置上时，是信息的采集者；同时，领导干部还充当了管理者的角色。被监督者和管理者是领导干部与普通公民在传媒沟通过程中最大的角色差异。在自媒体环境下，这两个角色更为突出，意义也更重大。这就对领导干部的媒介素养提出了与时俱进的新要求，了解媒体、尊重媒体、重视媒体、科学利用媒体成为了不可阻挡的发展趋势。

微博问政之中贯穿着自媒体本身的优势与特点，但是不难发现其中仍然存在诸多问题。虽然目前领导干部在对媒介的认识与利用上已经有了相当的进步，但是这些问题或多或少地反映了领导干部媒介素养方面存在的某些局限与不足。

1. 对媒介以及与媒介的关系认识不足、理解偏差

多数政务微博存在跟风开通微博而不管理，或把微博当成问题信箱或政务公开栏的现象，与民众之间的互动少，将自媒体传统化，使得微博问政只停留在问的阶段。这些现象直接反映的是领导干部对微博等媒体的实际作用不清楚，对自媒体时代的新特点了解不充分、认知不到位。在点对点关注的新格局下，自媒体时代的参与式新闻实现了信息互播，微博可以成为政府领导了解、搜集民意的天然平台。但是，如果对自媒体的认识仍然停留在传统观念，认为媒介特别是网络媒介只是一种电子化的报纸，把政务微博当成网络公告栏，这样也就无视了民众的主动性，使自媒体参与式互播的新特点被传统观念束缚而无法发挥作用，必然导致新矛盾的发生。同时，少数领导干部仍存有试图使用权力控制媒体舆论的想法，没有认清自身与媒体的关系，不能实现与媒体之间朋友般的良性互动。

2. 对自身角色定位不全面

领导干部对于自己在传媒沟通过程中的四种角色的认识往往不够充分和深刻。当前存在着某些政务微博盲目追求粉丝数量，以粉丝数为政绩指标的现象；或试图控制微博上民众的舆论监督，对于民众提出的问题采取回避矛盾的方式处理，影响政府公信力。这些现象以及上文提及的公告栏问题反映出目前领导干部对自身在传播中的角色定位更多地停留在使用者和管理者层面，对信息采集者和被监督者角色的认识不足，而管理者角色的认识也较为生硬传统。忽略了信息采集工作，则把政务微博这些原本可以充分利用的自媒体平台形式化了；忽略了公众的监督，则不能对自己时刻保持高要求，不能有效处理工作中的问题，不仅危害自身及部门形象，严重的还将危害社会和谐。领导干部在微博问政时若不

加强对自身角色的认识势必会影响政府部门的公信度、有效运作及社会发展。

3. 理性精神有待提高

以批判的态度分析、评估媒介内容是构成媒介素养的核心元素。当前的政务微博"空客化"现象屡屡出现，与民众的互动仍然不够。微博因其自身私人化、匿名性的特点，用户情绪化的表达可能影响对真实情况的判断，这就对领导干部搜集民意、了解舆情的能力提出了新要求。在辩证看待媒介内容方面，领导干部应当注意经验与理性的结合，时刻以批判的眼光看待公众意见，提取其中对自己在制定政策、为民服务方面有用的精华部分，不全盘接受也不全盘否定。理性精神不仅应当体现在收集利用信息方面，还应体现在了解民意、处理舆情事件上注重外在思考与内在思考相结合。不论在日常工作中还是突发舆情事件的处理中，领导干部都应当保持清晰理性的思维，在强调判断他人信息本身、了解民意的同时，应积极思考信息制造者的内在心理过程，理解民心，透过省思开创更多的阅听可能性。

4. 使用媒介的技能欠缺

自媒体平台上的参与者可以通过一各种方法、一各种途径表达自己的思想和观点，同时对他人进行监督，这是使用者媒介素养的体现。目前许多政务微博利用不足，影响力和为民服务方面的使用度远远不够；同时在如何利用微博对舆论或突发舆情事件进行引导与处理上仍需改变思维、拓展方法。这些问题的存在均反映了在使用媒介技能上的欠缺。对于领导干部来说，对自媒体的使用可以分为三个方面。其一，是通过政务微博等媒介在政务公开的同时收集民众反映的意见和建议，并针对这些意见与建议进行适当回应并提出调整方案。这是充分利用自媒体互播的特点实现与民互动。其二，是利用自媒体高效、快速、大范围传播信息的特点，在出现突发舆情事件时通过网络社区中的意见领袖（如微博中的大号博主等）引导群体意见、引导舆论发展。其三，是接受民众的网络监督，让微博问政成为公众监督的新工具，促进领导干部自身与政府部门的发展进步。

二、领导干部媒介素养局限的潜在原因分析

对上述自媒体时代领导干部媒介素养存在的四点局限，可以从知识技能、外部阻碍以及认识态度三个方面找到其潜在的原因。

第一，知识技能方面，目前有针对性的媒介素养专题培训仍然未能达到要求。从对媒介以及自身与媒介之间的关系认识不到位到使用媒介的技能欠缺，这些现存的问题无一不呼唤知识技能的有效提升。虽然各地已经纷纷开展面向领导干部的媒介素养培训，但是从目前存在的问题来看，这些培训仍需在质量、针对性以及适应发展等方面有所加强。同时，不同地区、不同级别的领导干部由于工作对象和工作内容上有所差异，其应当具备的媒介素养也会有所侧重。因此，领导干部的媒介素养培训应当因时因地因人而异，不能千篇一律。

第二，认识态度方面，了解媒体、尊重媒体、重视媒体、科学使用媒体是媒介素养的体现。在此之中，对媒体作用的了解是明确使用媒体目的的先决条件。只有认识到媒体尤其是新兴的参与式媒体在服务社会中的重要作用，才能端正使用媒介的态度，才能真正有效地使用媒介。尊重与重视媒体是媒介素养中不可或缺的态度与道德成分，也是领导干部个人素养与风度的体现。自媒体环境下尊重和重视媒体不仅仅指的是各媒体机构，更是参与其中的普通公民。媒体机构方面，没有尊重就没有和谐的关系，也就没有良性的互动；普通公民方面，在微博问政和网络监督已然成为我国社会主义民主政治全新形式的时代，开放的监督机制是应对权力滥用和腐败问题的利器。以居高临下的态度对待媒体与民众必然难以实现合作双赢，也无视了领导干部被监督者的独特身份。

第三，经验与理性方面，两者如何兼顾统一仍需深入思考。从政务微博与民众互动的欠缺、信息采集不力来看，当前网络环境的复杂、缺少监管也是其中的一部分原因。但是，这种完全基于经验的处理方式使得微博开放的交流平台并没有得到充分的利用，反而不利于了解真实民意、提高政府公信力。从外部阻碍来看，加强网络监管可能对领导干部在面对网络民意时理性的回归起到一定的促进作用，但是这最终还是依赖于领导干部自身的主观能动作用。如何在信息搜集中坚持批判精神，在危机处理中合理应对压力、保持理性思维，始终坚持经验与理性相统一，是领导干部急需加强自我管理的重要方面。

三、媒介素养培养与提升的现实手段

1. 教育培训：加强针对性，创新方法

在深入认识与学习技能方面，提升领导干部媒介素养最直接也是最便利有效的手段就是各地区、部门单位为其领导干部开展专业化、高质量、有针对性的媒介素养教育与专题培训，其中尤其需要注意加强针对性与方法上的创新。下面简略地提供一种培训模式作为参考。第一，在媒介素养培训前利用相关量表进行测查，并将结果统计后反馈给学员。由于媒介素养的内涵丰富，不同人所欠缺的部分会存在差异。在培训前安排测试，一方面可以使培训教师在制定培训方案时能够根据学员的总体情况进行相应调整，另一方面也方便学员在学习前了解自己的问题所在，在学习中有所侧重。第二，可将培训内容分为理论部分与技能部分，理论部分由相关领域的专家学者主讲，技能部分可以尝试请媒体工作者或网络经验丰富的网民主讲。两部分结合既能学到相关知识与技能，又能在培训过程中体验如何与媒体工作者或网民打交道。第三，培训学员可以组成互助对子，年轻干部与老干部搭配。由于部分老干部可能在接受新事物、转变旧观念、学习新技术方面较年轻干部更为困难，而年轻干部可能存在经历与阅历不足的缺陷，两两结对的方式不仅可以帮助老干部有效学习，也能帮助年轻干部加深思考，一举多得。

2. 座谈会式交流：创新形式内容

相互了解、开诚布公是提升尊重意识、协调关系、促进互相理解的第一步。与媒体建立长期的沟通与联系，维持共赢的合作关系是领导干部必须完成的重要课题。可以定期组织领导干部走访媒体机构，了解机构的运作过程和日常工作，培养与媒体交往的积极性与主动性；开展媒体机构座谈会，广泛地与媒体朋友交换意见看法，学习如何与媒体良性互动；在日常工作中领导干部也应积极主动地与媒体交流，积累互动经验。同时主动邀请部分网民做客政府部门，了解民众诉求，共同协商处理问题的方法；在出现突发事件时也可以借助网民的力量，吸收民众一起解决问题，让民众通过自媒体平台参与到政府事务中来。这里，笔者认为破冰尤其重要，如果领导干部在座谈会过程中始终不能以开放的姿态面对媒体或网民，那么对方也很难坦诚以对。这就对座谈会的形式创新提出了要求，实践中应积极寻求座谈会的形式以及内容的创新，思考如何开展才能使这种交流发挥出最大效能。例如，可以借鉴团体心理辅导的相关策略，采用团队游戏的方式迅速熟悉认识，增强团队内部开放程度。寻求创新旨在改变政府座谈会一直以来沉闷正式的谈话模式，使气氛更开放、形式更多样、内容更生动，促使座谈会收到意想不到的效果。为有效地协调关系还需领导干部在工作中放下姿态，自觉主动地接受媒体与民众的监督。了解民众最基本的诉求是开放与民主，保证信息真实并及时有效地传送到民众那里并认真听取民众的反馈意见与建议是促进关系和谐发展的重中之重。

3. 理性唤醒：重视内外结合

这里将理性分为两大方面：第一是理性思维，主要体现在搜集民意民情上；第二是压力应对与情绪管理，主要体现在危机处理上。理性思维的要求是在获取信息时注意批判地

吸收，主动自觉地对信息进行辩证分析，同时审慎地思考信息背后的心理过程和传播特性，敏锐捕捉公众的情感、动机与内在诉求。这方面的培养与提高需要领导干部发挥主观能动性，在实践中锻炼提升自己的理性思维能力和判断能力，克服经验带来的先入为主的影响。在压力应对和情绪管理方面，可由政府部门组织心理学或其他相关方面的专业人员对领导干部进行辅导培训，学习在面对突发事件时如何处理压力、调整情绪、保持冷静、理性思考。建议政府部门根据具体情况建立一套突发舆情事件的网络预警机制，在处理危机事件时可以灵活运用。此外，塑造健康的网络环境不仅会对理性的唤醒起到除障的作用，还可以引导民众理性使用媒介工具，维持网络健康，为网络发展服务；同时，将清除外部障碍与领导干部自身内在提升相结合也势必极大地促进领导干部更加重视网络舆论，真实了解民意，恰当处理事件。在内外结合的意义上，理性唤醒需要网络监管工作的外部支持。

（作者单位：浙江传媒学院　原文刊登于《中国广播电视学刊》2012年第12期）

学术卡片

城市融入之推手：新生代农民工的网络媒介素养

杨英新

《中国劳动关系学院学报》　2012年第2期

网络对于新生代农民工的城市融入有着特殊的渗透力和影响力，他们的网络媒介素养是其城市融入的推手之一。我们以河北省石家庄市新生代农民工为样本，通过调查和访谈试图了解农民工的媒介素养现状、存在的问题并对提升路径进行探讨。

调查显示，新生代农民工的网络媒介素养现状方面主要呈现如下情形：一是网络媒介的使用上，网络使用活跃，手机上网率较高；网络娱乐成为其城市生活压力缓解与释放的经常选择；网络即时通讯是其社会关系维系与重建的重要途径；网络新闻是其守望故乡与融入他乡的便捷渠道。二是网络媒介认知上，基本能认识到网络媒介的特点，大部分人能较准确地把握网络媒介的功能，且网络的赋权功能也能得到认同。三是网络媒介参与上，网络参与行为的比例不高且原创比例很小。四是网络媒介批判上，大部分人认为网络信息的可信性低于传统媒体，部分人担心网络安全问题；同时认识到网络媒体存在某些现实问题，并希望网络媒体能维护农民工利益。

目前，新生代农民工网络媒介素养依然存在着问题。其一是网络使用工具化缺失，利用信息的意识和欣赏信息的水平却还有待提高；其二是网络参与能力不强，大多没能有效利用网络媒体所赋予的话语权；其三是网络信息识别肤浅盲目，对网络信息的质疑精神以外往往缺少更进一步的辨别能力。

针对这些问题，新生代农民工网络媒介素养可以通过以下路径得到提升：（1）加强公共网络设施供给；（2）开展网络技能培训，提升利用网络发展自我的能力；（3）培养对网络信息的筛选与辨别能力；（4）用网络营造新生代农民工的利益表达空间；（5）丰富与新生代农民工需求对位的网络资源；（6）建构新生代农民工的健康网络形象。

（杨若翰　摘）

大众传媒时代编辑媒介素养论

乔瑞雪

《黑龙江社会科学》 2012 年第 3 期

编辑既是各种传媒信息的接受者，也是各种传媒信息的传播者。在大众传播时代，编辑的中介性地位和作为传媒守门人的责任，决定了编辑需要具备从传媒中获取、分析、整理信息的素养，以及借助传播技术和特定的媒介传播信息的素养。传播技术的发展和信息传播量的增大，对编辑的媒介素养提出了新的要求，大众传媒时代编辑的媒介素养培育问题成为理论界关注的焦点。

互联网信息技术的发展使得编辑面对的市场形势发生了变化，市场化对编辑素养的影响逐步加深。媒介技术的发展对编辑的知识结构和能力结构产生了巨大影响，这要求编辑必须站在一定高度上，对有价值的媒介内容进行全面整合和传播，编辑的文化选择能力和构建能力必须得到提高。除了传播环境的变化，受众获取信息的方式和渠道不断增加，受众对信息的了解和要求也逐步增加，编辑本身要加强对信息资源的收集，才能从根本上满足受众的需求。

大众传媒时代对编辑素养主要存在以下几方面的要求：（1）获取、分析、整理媒介信息的媒介素养，编辑作为信息传播的把关人，必须在大量的信息中迅速搜集有价值的传播信息，对媒介信息进行分析和加工。（2）运用媒介技术传播信息的素养，数字化出版技术、信息量和信息形式的变化、强化跨媒体协同出版的要求等均要求编辑提高相关媒介素养。（3）全球传播背景下跨文化传播的素养，编辑主体必须具备传播理念、改变传统的出版观念，既需重视本民族特色文化的传播，更需具备全面的文化传播能力，实现跨文化传播。

根据上述要求，针对大众传媒时代加强编辑素养的建设问题提出以下几点策略：（1）加强编辑的职业道德素养，树立坚定的政治立场，坚持正确的舆论导向，树立为人民服务的职业意识，树立实事求是的思想。（2）加强编辑的创新能力素养，不仅要具备敏锐的组稿能力，掌握广博的知识，把握传播导向；还要积极培育创新意识，实现观念创新、结构创新和体制创新三结合。（3）加强编辑的思维能力素养，注意将主流视角与边缘视角、精英视角与平民视角、历史视角与未来视角相结合。

（杨若翰 摘）

党政领导干部媒介素养的内涵及其培养

田萱

《新闻知识》 2012 年第 12 期

党政领导干部媒介素养涉及以下几个层面：一是对新的传播环境、传播事件、传播过程、传播效果等方面的认知；二是接触媒介的深度和广度；三是使用媒介做好本职工作、引导舆论的能力。从深层次看，党政领导干部媒介素养涉及执政党和各级政府社会管理的

125

现实问题，并且已经成为影响社会管理的重要因素，甚至是对社会稳定和发展产生影响的重要因素。因此，党政领导干部媒介素养培养的根本应该是在民主理念、人本精神和专业理念指引下而进行的媒介知识和技能的训练，也是新时代下领导干部的一次转型。

培养党政领导干部的媒介素养首先需要建立健全相应的培养制度——包括培训制度、招聘考核制度以及事后问责制度，这是提升党政领导干部媒介素养的必要条件。完善培养制度，一是要健全培训制度，扩大培训范围；二是要将媒介素养纳入党政领导干部的招聘体系中；三是要将媒介素养纳入党政领导干部的考核、监管机制中，采用多样性的方式进行考评，包括使领导干部考核指标涵盖媒介素养相关能力、年终考核采取民意调查方法并增加媒介利用相关情况的调查。

建立健全制度的同时应发展培训机构、开展多种多样的培训形式。其一是要健全培训机构，利用各种途径，系统地开展培养工作。在这方面，首先要引入党校和行政学院的培训科目，或将其作为培训基地，充分利用现有资源进行专项培训；其次要与专业教育院校建立长期的合作关系，还可利用行政渠道发放党政干部读本。其二是要将理论讲座和专题培训相结合，党政部门可经常邀请上级机关的领导、专业院校的专家举办理论讲座，亦可举办短期班。

在把握党政领导干部媒介素养的培养重点和层次方面应注意：（1）重点强化领导干部的法律意识、党性修养和人文素质，这也是领导干部媒介素养培养工作中最深层、最核心的问题，需要长期不懈的努力；（2）培养领导干部良好的心理素质，不仅要培养领导干部面对媒体的开放心态，还要培养其接受媒体监督的宽广心胸；（3）培养领导干部使用媒介的基本技能，使其不仅能够通过信息发布机制，把握有价值的信息，主动设置议题，还能够掌握受访技巧、学习并使用新媒体。

（杨若翰 摘）

媒介融合背景下新闻摄影记者的专业素养

周春红

《新闻爱好者》 2012 年第 22 期

近几年，媒介融合对新闻摄影的影响越来越成为新闻界关注的议题。本文仅从纸质媒体与新媒体融合的角度，分析该融合过程中对新闻摄影的影响，以及新闻摄影记者应提升哪些专业素养，以满足融合时期对新闻摄影的需求。

传统媒介背景下，报刊界、学术界认同的新闻摄影记者的专业素养主要包括：坚持党性原则，有新闻敏感性，熟练掌握摄影技术，有深入现场的拼搏精神，能客观真实地反映社会生活，以及具备较强的文字表达能力、社交能力、调查研究能力以及有图片编辑意识等。新形势下，摄影记者的专业素养在秉承传统的同时也需要在理论上加深对媒介及媒介融合概念及背景的理解和分析。

这里所说的媒介融合指的是传播渠道和传播组织、机构的融合。从以网络为代表的新媒介的出现，媒介融合就已经悄悄开始了。融合中的新闻媒介自然对新闻人包括摄影记者提出了新的素养要求。新闻摄影记者无论从顺应媒介变化还是自身生存的角度，都应积极接受"融合"给自身带来的机遇与挑战，主动学习新知识，更新思维方式，培养适应媒介融合需求的专业素养。

那么，如何在媒介融合背景下培养新闻摄影记者的专业素养呢？首先，应该坚定政治立场，提高警惕，坚守社会主义价值观，避免因懈怠和麻痹而顺应和宣扬西方价值观，把握世界舆论动态，营造有利于国家和民族发展的新闻环境。其次，应该合理应用数字技术，坚守真实性原则，发挥纸质媒介多年秉承的社会责任感传统以及积淀下的社会公信力，不要在媒介融合的过程中出现公信力融合而降低的状况。最后，应做全能型新闻摄影记者：掌握静态新闻照片后期制作的基本技术，熟练地用软件对新闻照片进行剪裁、色调调整、反差调整等；把握不同媒体的特点，并不断学习和掌握不同媒体的采集技术；详细了解不同媒介的特点；从思想上转变观念，在做好报道的基础上，做好应对互动的思想准备。

除了摄影记者需要提高其自身专业素养外，国家也应制定相关的行业规范和行业标准来管理媒介的大众传播行为，同时给优秀的摄影记者提供良好的媒介环境。各方面力量的共同促进才能满足新闻摄影的融合工作的需要，促使其更好发展。

（杨若翰　摘）

农村女性媒介素养调查

——以贵州省毕节市林口镇为例

凌　菁　陈雨曦

《新闻世界》　2012年第8期

女性媒介素养已成为女性在参与社会过程中的重要素质之一，而农村女性在女性群体中占较大比重，探讨她们的媒介素养状态有利于整个女性群体的自我发展和主体意识的提高。

本次调查以贵州省毕节市林口镇年丰村年丰组的女性为调查对象，采取访问以及统一问卷、随机抽样的方法，共发放问卷70份，实际收回有效问卷61份，有效问卷回收率为81.4%。

通过调查分析发现：（1）媒介接触的基本情况方面，电视成为农村女性接触的主要媒介，其对手机的使用大多是用来打电话，而接触网络的女性群体均为该村在外就读的高中生和大学生；农村女性花费在电视媒介上的时间最多，而接触其他媒介的时间很少；倾向于选择省级电视台的频道，收看以娱乐为主的电视节目，对新闻的关注主要以娱乐新闻和农业科技新闻为主。（2）媒介的认知和批判能力方面，农村女性对媒介功能的认知不足，且她们都赞同媒介对自己有一定的影响，媒介中的女性形象也对农村女性产生了一定的认知影响，她们的媒介批判能力普遍较弱。（3）媒介的参与能力方面，农村女性普遍存在媒介参与能力较弱的问题。

综观调查结果可以认为，我国农村女性整体上媒介素养较低，对媒介的使用和认知还处在一个较低的层次，对信息的接收还处于一个被动阶段，不能积极解读媒介信息。主要表现在：（1）媒介使用不均衡，接触频度较低；（2）接触目的较单一，媒介认知能力较弱；（3）缺乏参与媒介的能力；（4）农村女性群体之间出现"知沟现象"。

为加强农村女性对媒介的接触和使用，提高农村女性的媒介素养，应着力从以下几个方面入手：（1）加大农村信息基础设施的投入，丰富农村媒介生态环境；（2）增加电视节目的农村题材，反映农村的面貌；（3）提高农村妇女干部的媒介素养，培养意见领袖；（4）开展多样化的媒介素养教育的活动。

（杨若翰　摘）

浅析我国地方广播电视从业人员的媒介素养现状

孙　瑾

《中国传媒科技》　　2012年第2期

作为传统的传播媒介，广播、电视仍然是承担现代大众传媒的主要手段。但是目前我国地方广播电视从业人员的媒介素养情况参差不齐，总体情况不容乐观，为了从实际情况中了解我国地方广播电视从业人员的媒介素养现状，总结其问题所在，分析其成因，本研究通过对我国部分省、市的部分广播、电视台进行调查和访问，对当前我国地方广播电视从业人员的媒介素养现状及成因进行了探讨。

我国地方广播电视从业人员的媒介素养问题表现为四个方面：第一，我国地方广播电视从业人员具备基本的媒介知识，但是更新速度慢，跟不上大众传媒日新月异的发展脚步；第二，在媒介观念方面的主要问题是，多数广播电视从业人员以"有社会地位""薪酬客观"为目的进入媒体行业，缺乏基本的责任意识，无法起到文化创新传播的目的；第三，目前我国地方的广播电视从业人员媒介能力比较单一，在技能方面缺乏基本的整合能力，难以形成独当一面的人才；第四，媒介道德是传媒行业的灵魂，但我国地方广播电视从业人员中创新能力低下，文化产权意识薄弱，是媒介道德方面的严重问题。

我国地方广播电视从业人员媒介素养现状问题是由内外多个因素造成的：第一，社会多元价值观中某些消极方面不利于从业人员形成积极的媒介观念；第二，广播电视行业现行的聘任、考评和激励制度影响了广电从业人员能力的提高；第三，广播电视从业人员的职业观、价值观不利于形成高尚严格的媒介道德；第四，传媒院校的媒介素养教育缺失导致从业人员媒介知识的缺乏。

（杨若翰　摘）

试析公务员媒介传播角色与素养提升

白传之

《现代传播》　　2012年第5期

新媒体的快速发展，颠覆了传统的传播模式，也改变了人和媒介既有的关系。公务员作为特殊的媒介使用者，扮演着与普通媒介消费者迥异的角色与功能。在媒介传播系统中，公务员既是普通信息应用者，日常生活或事务性工作依赖于对信息的输入和输出；同时，他们又掌握着党和政府官方信息和重要社会信息，在媒介组织中还是重要的传播把关人，在一定程度上控制舆论导向。公务员在传播中媒介议程设置的能力，对他们在传播实践中具备的媒介醒觉能力有更高的要求。

在我国现有媒介管理制度下，传播系统大致可分为个人、执政和公共三个传播空间。公务员需要对这三个传播空间有着清醒的认识和划分，并能够科学合理地加以应用。若不加以区分，混同使用，必然带来严重问题。

2010 年 1 月 4 日，时任中共中央政治局常委李长春提出"善待媒体、善用媒体、善管媒体"，为新闻执政、媒体执政提供了指引，而提高公务员媒介素养正是有效地处理好与媒体的关系，更好地利用媒体资源执政的前提。人民日报把对媒体的不良做法归纳为"封、捂、堵、压、瞒"五个方面。本研究认为造成以上不良做法的原因主要有以下三点：第一，不能与时俱进地提升媒介素养；第二，认识上有误区；第三，回避媒体。另一方面，落实"三善"，需要在具体的施政过程中，把握如下九点基本原则，即主动性原则、真实性原则、及时性原则、统一性原则、效果性原则、适度性原则、合法性原则、充分性原则和平等性原则。

新媒体出现使得人和媒介的关系发生变化，议程设置能力出现此消彼长的状况，传统媒体权威和影响力受到了新媒体及个体的巨大挑战，一个全新的传播新生态正在运化和生成中。正确认识和理解这种传播新生态的形成与发展，已成为公务员媒介素养内容中的基本常识或意识。这就是平等意识、诚信意识、宽容意识、多元意识和互惠意识。这些意识构成了现代传播意识的核心，是公务员队伍自身现代化的必备素养，也是媒介素养研究发展的重要方向。

（杨若翰　摘）

新闻发言人的媒介素养

陆高峰

《青年记者》　2012 年第 22 期

新闻发言人的媒介素养主要指新闻发言人对媒介、记者、媒介产品生产与把关以及新闻传播等知识的了解情况、利用媒介进行传播以及与记者和媒介打交道的能力。

一项针对新闻发言人的调查研究表明，我国新闻发言人的媒介素养状况不容乐观。调查发现，超过 60％的新闻发言人没有媒体工作经历，超过 80％的新闻发言人没有受过新闻传播学本科以上的正规教育。不仅如此，高达 38％的新闻发言人在工作之外与记者较少联系，近 6％的新闻发言人工作之外从不与记者联系。近 20％的发言人认为自己很难与记者成为朋友。近 20％的受访者平均每天通过阅读、研究等接触媒体的时间基本为零或在 1 小时以下。超过 70％的受访者认为目前国内新闻发言人总体职业水平一般，有 15％的受访者认为目前国内新闻发言人总体职业水平较低。

新闻发言人的媒介素养缺失一方面表现为因没有媒体工作经历，使得许多讲话缺乏对受众的考虑、让人爱听和听得进去的话较少；另一方面表现为对记者和公众利益的不尊重。

造成我国新闻发言人媒介素养欠缺的主要原因有两点：一是我国新闻发言人教育缺乏制度性，系统的学科理论还没有形成；二是我国新闻发言人培训机制的滞后，专业培训少且内容多盲目照搬国外经验，实用性差。

同一项调查研究发现，不仅有高达36%的新闻发言人没有受过新闻发言人专业培训，超过40%的新闻发言人每年参加新闻发言人专业培训的频率基本为零，而且即使参加新闻发言人培训，仍有30%的新闻发言人认为新闻发言人培训内容不能切合自己的工作实际需要。超过20%的发言人认为自己的知识储备不能适应新闻发言工作需要。这说明我国当前既要提高新闻发言人的媒介素养，也要从根本上改善新闻发言人教育培训的有效性和针对性。

（杨若翰　摘）

年度述评

2012年我国不同群体媒介素养研究

南　山

就在我撰写这篇述评时，"4·20"芦山强烈地震的冲击波波及成都。还是犹如五年之前的"5·12"汶川特大地震，面前的电脑在没有任何预兆的大地振荡中跳动；还是犹如五年之前，网络媒介迅速并充分发挥着灾情报告、寻人求援、资源对接、救援合作的信息优势；还是犹如五年之前，政府还是没有想到可以利用网络媒介（短信、微博）立即对于成都当天的震情发布安民告示，以至于许多成都市民选择震后开车外出避震，从而造成较大面积的市内交通拥堵，以至于从这时便暴露出通往灾区的救援道路资源紧张的迹象。不可否认的是，与五年前的汶川特大地震相比较，"4·20"芦山地震的救援行动确实有了值得称赞的整体性提升。然而信息社会人们的素养状态，既会因媒介沟通而相互影响，也会因媒介传播而呈现出彼此的差异乃至于放大利益诉求的不同。从这个角度观察，所谓不同群体的媒介素养，只不过是不同群体的社会角色和社会预期的媒介展示而已。

2012年学术界对于不同群体媒介素养的研究探讨在下列检索的论文中较为全面地得以反映。《农村留守儿童媒介使用与媒介素养现状研究》（郑素侠）、《中国知识精英媒介素养现状研究》（张志安）、《自媒体环境下领导干部媒介素养的局限、原因与对策》（汤兆武）、《长治市居民媒介素养与媒介接触情况调查报告》（王嘉）、《新闻发言人的媒介素养》（陆高峰）、《新生代农民工媒介素养对其城市融入的影响探讨》（陈芳）、《新媒体时代拍客的媒介素养》（杨建荣）、《新媒体环境下新闻发言人的媒介素养》（李贞）、《我国执政者的媒介素养、局限、成因及超越》（张骞）、《网络时代领导干部的媒介素养》（杜骏飞）、《网络环境下领导干部媒介素养的培养和提升》（周韬）、《提升我区领导干部媒介素养的思考》（谢会时、尉朝阳）、《提高领导干部媒介素养的思考》（吴根平）、《提高官员政务微博媒介素养的策略研究》（王娟）、《数字时代编辑的传播理念与媒介素养探析》（乔瑞雪）、《试析公务员的媒介传播角色与素养提升》（白传之）、《试论媒介融合背景下网络编辑的媒介素养》（李青）、《全媒体时代新闻人应具备的媒介素养》（尹靓）、《浅析信息时代背景下秘书的媒介素养》（吴思佳）、《浅析网络时代领导干部媒介素养问题》（叶姝）、《浅析我国地方广播电视从业人员的媒介素养现状》（孙瑾）、《党政干部媒介素养与突发公共危机事件的应对》（朱德林）、《党政领导干部媒介素养的内涵及其培养》（田萱）、《电视媒介对农村留守儿童社会化的作用及难点》（杨斌成）、《论 WEB2.0 时代领导干部新媒介素养面临的挑战及提升路径》（梅松）、《论信息时代背景下网络编辑的媒介素养》（董杰）、《略论数字出版时代的编辑媒介素养》（陶克菲、李铁锤）、《媒介竞争下电视新闻编辑的基本素养》（刘承武）、《媒介融合背景下新闻摄影记者的专业素养》（周春江）、《媒介融合环境下新闻采编人员的职业素养》（张霆）、《媒介融合环境下政法干警的媒介素养》（白东梅）、《媒介资源重组与农民工媒介素养研究》（徐艳）、《农村居民媒介素养实证研究》（邴冬梅、于天放、李彬）、《农村女性媒介素养调查》（凌菁、陈雨曦）、《农民工媒介素养现状的调查报告》（宁波大学夏之韵暑期社会实践课题组）、《浅析交通部门干部的媒介素养构建》（于晨晖）、《城市近郊失地农民媒介素养现状的调查研究》（王靖、刘卫春）、《从媒体应对到媒介素养——中国职业运动员媒介素养教育探析》（岳游松）、《农民工新媒介参与和利益表达调研与分析》（宋红岩）、《新媒体环境下公务员传媒素养对执政能力的影响》（党静萍）等。以上论文的研究方向展示出农民工、农村留守儿童、媒体从业人员、特别是党政领导干部的媒介素养成为 2012 年媒介素养研究关注的重点，如果我们再将 2012 年不同群体的媒介素养置于不同群体的"中国梦"的社会背景之下予以解读，那么就会发现不同群体的媒介素养反映出的恰恰是不同群体如何寻找从"利益共识"到"社会共识"的过程。本评述报告将通过 2012 年呈现出的上述研究成果，归纳不同群体媒介素养研究所指向的从"利益共识"到"社会共识"。

一、农村群体基于媒介的"利益共识"

利益是群体认识和行动的出发点。社会学有关群体的概念是："一些由于享有共同价值和具有相应的实现角色期待所需的传统义务感而具有团结意识的人们。所有的群体当然都是集体，但是那些不满足成员间互动标准的集体不是群体。"2012 年媒介素养学术研究关注底层民众媒介素养的重点是农村群体。《城市近郊失地农民媒介素养现状的调查研究》（王靖、刘卫春）通过对苏州市近郊农民的调查发现，娱乐是农民对于媒介第一位的需要，其次分别为信息沟通、文化传承和网络监督，得出农民一般是较为被动地接受信息的结论。《农村留守儿童媒介使用与媒介素养现状研究》（郑素侠）认为，缺少亲情沟通，而使留守儿童迷恋媒介交流、电视和网络媒体。电视和网络对于留守儿童仅仅是提供精神慰藉的角色。《电视媒介对农村留守儿童社会化的作用及难点》（杨斌成）认为电视媒介对于农村留守儿童具有帮助其社会化，传授语言和其他认知本领，使其内化社会文化规范和价值标准，正确理解社会角色的期望和要求的作用。《新生代农民工媒介素养对其城市融入的影响探讨》（陈芳）发现手机网络是新生代农民工使用媒介工具的首选，具有"高普及率、高信任度和高满意度"的"三高"特征。《媒介资源重组与农民工媒介素养研究》（徐艳）提出农民工在媒介资源重组中获得更多的媒介资源，有利于加强其话语权。《农村居民媒介素养实证研究》（邴冬梅、于天放、李彬）对于吉林省农村居民的媒介素养调查而得出，受文化程度、经济收入状况、传播者偏好和农村自然条件的制约，吉林农村居民总体媒介素养处于较低水平。《农村女性媒介素养调查》（凌菁、陈雨曦）关注的是农村女性这一群体，这一群体同样属于农村媒介边缘化的阶层，所以培养农村女性意见领袖，开展多样化媒介素养教育则是解决问题的思路之一。《农民工媒介素养现状的调查研究》（宁波大学夏之韵暑期社会实践课题组）从大学生们的观察视角得出，农民工的媒介世界只是他们有能力接触到的电视，而且他们并不认同从这一媒介解构的世界的真实性。《农民工新媒介参与和利益表达调研与分析》（宋红岩）通过调查发现农民工媒介参与和利益表达均与媒介社会现状存在较大差距。

以上研究成果均揭示了在农村群体媒介素养特征的背后应当引起高度关注的问题，即经济收入、经济地位划定了个人获取媒介信息、进行媒介沟通的范围、程度、类型以及能力。我们在进城农民工居住地的调查也证实，许多家庭几乎没有报纸，而在城市的商务会所和高尔夫俱乐部，则是商业与政界人士进行广泛的信息沟通、联络感情的既定场所。对比两类完全不同的信息享有者，仿佛如同电影《黑客帝国》般在两个矩阵中来回穿行，令人难以想象落差如此巨大的信息资源和信息占有方式的不对称。由此我们有理由推论得出，提高农村群体的媒介素养的重要性在于，一旦我们的社会中不同群体出现矛盾，彼此之间还可以利用媒介进行相互理解式的和平对话。个人当然可以根据自己的喜好和需要选择并利用相应的媒介信息，然而只要我们可以避免通过媒介将与自己利益冲突的另一方本能地妖魔化，那么媒介就可以最大程度地发挥社会理解、和解的正能量。媒介素养反映的是社会的文明程度，是社会包容深度与广度最明显的指标。亚当·斯密描述过："当我们身处顺境时，即便朋友很少关心我们，也可以得到原谅。但是我们受到伤害时，他们表现得无动于衷，就会让我们受不了。如果他们不领会我们的感激，也不会像不同情我们的怨恨那样惹得我们怒火中烧。"有意思的是，所有的研究都指向农村群体对于电视媒介、特别是新媒介的偏好，这让人联想起美国社会学家刘易斯·芒福德对于罗马城市公共浴场的社会学解读，他认为洗澡从农民的洁身需要变成罗马公民的一种仪式性惯例，是表示罗马人在失去了他们原先的社稷和家神后，身体拜物教便成了他们空前亲近的宗教，公共浴场就是这一宗教的庙堂。我们是否也可以推测与土地、与乡土社会渐行渐远的农村群体也是像罗马人钟情于浴场一样，将自己所能接触的媒介作为寄托自己对于生活与未来希望的庇护所。

二、专业人群基于媒介的"利益共识"

2012 年的另一个研究热点是对于专业人群媒介素养的判断。这在下列论文中可以清楚地表现出来：岳游松在《从媒介应对到媒介素养——中国职业运动员媒介素养教育探析》中认为处于举国体制而封闭状态下的中国职业运动员的媒介素养教育，其任务是使这一群体补上接受公民教育、培养公民意识的重要一课。张志安在《中国知识精英媒介素养现状研究》在对有代表性的当前中国社会部分知识精英进行访谈后分析出，理性认知、频繁接触、适度参与是知识精英媒介素养的特征。而且在权力管控度越高的地方，精英们对于媒介的接触范围越窄，而权力管控度越低的地方，媒介越市场化，精英们的媒介观念、媒介使用、媒介参与水平越高。陆高峰注意了新闻发言人这一群体，他在《新闻发言人的媒介素养》中提出，不顾传播效果和记者感受是新闻发言人缺乏媒介素养的典型表现。杨建荣在《新媒体时代拍客的媒介素养》提出"拍客"应当做到严格自律，适度距离，信息把关。乔瑞雪《数字时代编辑的传播理念与媒介素养探析》提出，加强与媒介、媒体和受众的交流，提升掌握、分析、评估媒介产品的技巧和能力，是编辑群体媒介素养的具体表现。李青的《试论媒介融合背景下网络编辑的媒介素养》提出这一背景下的网络编辑要有选择能力、传播能力以及经营能力。尹靓在《全媒体时代新闻人应具备的媒介素养》提出在所谓全媒体时代的新闻人，应当具有多媒体传播能力、整合和选择能力。吴思佳关注了秘书这一特殊群体，《浅析信息时代背景下秘书的媒介素养》提出秘书要有新闻敏感性、舆论监督的解读、判断和引导力。孙瑾的《浅析我国地方广播电视从业人员的媒介素养现状》一文注意到当前地方广电系统仍是大众传播的主渠道，但是一些地方广电系统从业人员却存在创新能力较低，文化产权意识淡薄，对虚假新闻的鉴别力不高的问题。董杰的《论信息时代背景下网络编辑的媒介素养》分析了网络编辑要以网络技术为依托对信息进行创造性整合，从不同层面和维度挖掘信息内在的价值。陶克菲、李铁锤的《略论数字出版时代的编辑媒介素养》提出两个素养，即技术素养、批判素养。刘承武《媒介竞争下电视新闻编辑的基本素养》提出电视新闻编辑的政治素养、专业素养包括创新能力、策划编排能力、与记者通讯员的沟通协调能力、突发新闻的文字画面处理能力，总体是为受众服务的能力。周春红《媒介融合背景下新闻摄影记者的专业素养》提出坚定的政治立场、合理应用数字技术、坚持真实性的原则就是全能型新闻摄影记者。张霆的《媒介融合环境下新闻采编人员的职业素养》提醒要注意媒介融合环境下新闻表达手段和渠道的多元化、复合化，新闻采编的流程发生了很大的变化。白东梅的《媒介融合环境下政法干警的媒介素养》提出这一群体的社会重要性和关注度，必须要提升其整体媒介素养。于晨晖《浅析交通部门干部的媒介素养构建》提出这一群体处于当前社会热点行业，应当具备的媒介素养可以提高社会的交通意识和效率。

以上研究都涉及我们社会的结构性分层，即专业化的制度安排与人员配置。现代社会是重视并依赖于分工合作的社会，其制度安排的预期是每个人都应该在相应的位置上发挥相应的作用，扮演好相应的角色，亚当·斯密认为就是这样的分工促进了市场经济的扩展。因此，有关专业人士的媒介素养是与他们承担的社会分工的角色地位及角色意识遵循"全媒体"时代的职业要求联系在一起的。在上述研究论文中我们可以发现，尽管对于各类专业群体的媒介素养都提出各具行业特点的分析和解读，但是其前提都是基于使本行业如何在信息社会的分工体系中能够发挥应有作用，以实现其价值和利益。

工业社会以来形成的社会组织形式与工业产品生产流水线的设计原理基本一致，即首先制定社会的既定目标，建立社会运行基本模式，设计好工作进程以及应对各种不确定因素的措施，再根据工作进程的要求和应对措施最大化的覆盖面，对参与者的位置、任务、职责予以确定，做到明确分工、明确职责。用系统论的解释就是可区分和分解为各种投入、人员、结构、过程、产出以及边界条件等因素。在这里每个人的能力和利益的实现是对自己的位置的负责，是对整个工作程序的尊重。规模化程度越高，工作程序的整体性就越重要，个人的能力越要服从分工的约定。这种类型的组织架构具有极高的稳定性和抗干扰性，如果个别人的能力不能胜任，可以立刻用替换人员的方法予以解决而不会影响到整个工作的程序和质量。如果多数人都不能胜任的话，那就是程序（制度）设计存在着缺陷，需要对程序（制度）给予审定，以对程序进行体制性改进，最终恢复、提升程序的效率。在一个以程序（制度）为基本运行规则的社会里，各类行业都是按照相应的责任要求发挥着自己的作用，是按照相应的工作标准开展工作。这样的工作程序由于是"有限责任"的组合因而其效率是可以预期的，如果要对其效率进行改进也无需支付太大的成本。同样，由于人员之间的联系既不是小生产的家族团体，更不是江湖义气式的组合，而是由社会化大生产的工作程序决定的，所以只要每个人都有明确的位置和程序意识，就会减少摩擦，实现工作过程中的协调和团结也就具备了制度保障的前提。所以专业人群的媒介素养充分体现服从程序设计的特点，专业人群的利益诉求不能依靠权力垄断，只能以高度专业化和专业提升为利益实现的基础及其保障。

三、领导干部基于媒介的"利益共识"

2012 年的媒介素养研究将领导干部的媒介素养列为重要的研究对象。《自媒体环境下领导干部媒介素养的局限、原因与对策》（汤兆武）提出领导干部在自媒体环境下存在对媒介的认识不足、角色定位不全面、理性精神不足、技能欠缺等问题。《我国执政者的媒介素养、局限、成因及超越》（张骞）提出局限性的"三维"概念，即特权意识、缺少培训和既得利益。《网络时代领导干部的媒介素养》（杜骏飞）提出信息社会发生了从政府舆论本位到自由出版、匿名发表的转变，舆论本位分散而不确定，社会对舆论的控制力多元化，特别是网络监督的民间性、即时性、互动性和常态化的特征必须要进入领导干部的媒介意识。《网络环境下领导干部媒介素养的培养和提升》（周韬）认为领导干部必须要更新观念，与媒介良性互动。《提升我区领导干部媒介素养的思考》（谢会时、尉朝阳）以藏区领导干部为研究对象，提出创造实践机会，加强教育培训，完善新闻发布机制，规范管理媒体，优化话语环境等具体措施。《提高领导干部媒介素养的思考》（吴根平）提出领导干部要注重合理运用媒介完善自我，服务自我。《提高官员政务微博媒介素养的策略研究》（王娟）提出官员政务微博要体现服务民众、常态维护、舆情监控、引导社情的特征。《试析公务员的媒介传播角色与素养提升》（白传之）认为公务员媒介传播角色是在三个空间中展开的，即个人传播空间、执政传播空间和公共传播空间。《浅析网络时代领导干部媒介素养问题》（叶姝）提出从容、大气、有理有据的具体标准。《党政干部媒介素养与突发公共危机事件的应对》（朱德林）提出要从党性修养、公仆意识、传播规律、驾驭舆论、熟悉传播技术等方面应对突发公共危机事件。《党政领导干部媒介素养的内涵及其培养》（田萱）从三个方面论述党政领导干部媒介素养，即对新的传播生态的全程认知，接触媒介的深度和广度，使用媒介做好本职工作，完成从技能化向素养化的转变。《论 WEB2.0 时代领导干部新媒介素养面临的挑战及提升路径》（梅松）从网络技术的角度指出当前政务微博的三个短板"形式化、空心化、名利化"。《新媒体环境下公务员传媒素养对执政能力的影响》（党静萍）提出公务员的传媒素养要包括认识能力、批判能力和利用能力。

领导干部的媒介素养是当前全社会媒介素养的重要环节，2012 年有关领导干部媒介素养的上述研究关注了这一群体的自我提升空间、可能以及条件。如果深入探讨领导干部媒介素养的形成，除了微观层面的讨论之外，还可以关注领导干部的政务体制环境。

行政体制的工作流程是，行政组织运行的程序管理往往如梯若的分析是在委托—监督—代理三方之间的组织结构中进行的。一级行政部门和行政领导是本系统工作的"代理方"，直接布置工作任务的上级部门是此项工作的监督方，作出此项工作决策的更上级部门属于委托方，而这三者之间的信息分布和考核目标并不一定完全统一。这是因为一方面组织规模越大，其贯彻执行的链条就越长，原来设定的执行程序受到干扰而出现偏移的可能性就越大（周雪光，2008）。当然这样的偏移并非都是背离决策目标和运行程序的负面失真，如"具体情况具体分析"的因地制宜举措就可以发挥灵活多样实现组织目标的积极作用。另一方面则是哈耶克在信息分散论中证明的，现代社会信息是分散的，政府通过各种既定渠道（主要是下级汇报和利用媒介）获得信息，但是政府官员精力有限，获得的信息自然也有限，如果再考虑到下级汇报虚假信息和以行政偏好筛选信息的因素（如三鹿奶粉事件以及许多瞒报矿难事件），虚假信息导致决策失灵或媒介反应失误的概率则是很高的。因此，如果需要以媒介为载体表现政务信息，这样的行政体制工作流程的约定性是无法回避的。

行政组织因结构带来的约定还在于政府机关部门及人员之间的合作规则与惯例。建设规范化政府是经济社会发展的重要环节，按程序办事、按部门负责已经成为各级公务员基本的职业标准。机关工作的公务处理流程和按级按部门负责的相关规定，在涉及具体经办人的具体执行过程中，其着眼点却往往侧重于规避部门风险和推卸个人责任。涉及多部门办理的公务，各部门或经办人通常会根据部门和个人在其中的利益得失作出判断，这个利益并非物质利益的索取，而是经办此事有没有官场风险，即必须在判断如果存在这类潜在的风险能不能将其规避于本部门之外或者能不能承受规避风险的成本等问题中作出选择。至于已预见到的在经办流程中其他部门其他人员可能遇到的问题，只要不涉及本部门和本人，一般不愿意、也不会作出提前预警和积极的回应。所以，利益性合作往往成为许多机关单位办事和人际关系的"潜规则"。行政组织内部因存在着共同价值观与相应的实现角色期待义务感的落差反映到日常工作中有可能只是效率问题，但是一旦突发公共事件，媒介则会放大行政部门内部积累的这类弊端。

四、以从"利益共识"到"社会共识"为媒介素养的导向

2005 年诺贝尔经济学奖授予了奥曼教授和谢林教授,以表彰他们"通过博弈分析使人们增强了对冲突和合作的理解"所作的贡献。谢林教授的研究发现,在社会生活中,人们的行为模式具有相互隔离的倾向。例如在电影院中,如果观众人数少,人们总是会选择附近没有人的位置,以保持与他人一定的距离;公共汽车上如果一排可以坐两个人,乘客也不会按照从车头到车尾的顺序选择座位,同样会先占没有人坐的那排位置。谢林教授由此认为,人们愿意选择与自己特征相一致的人共处,对于与自己不同的人,总是怀着怀疑、保持距离的心理,当这种心理因素的强烈性达到一定程度后,就会形成抵制和歧视。中国的古话"物以类聚",也包含了这类意思。早期博弈论以古典经济学理性人的假设为前提,研究的重点是零和博弈,得出非合作博弈,即"纳什均衡"的判断。托马斯定理中的"自证预言"也可以在谢林的理论中得到解释,偏见往往是以某一群体夸大自身绝对优势和寻求自身利益的最大化为目的。2012 年不同群体媒介素养的研究成果促使我们必须重视培养媒介素养要以增进集体理性,让"利益共识"向"社会共识"转化为导向。

集体理性是合作博弈的基础。与早期的非合作博弈理论不同,与谢林同获诺贝尔经济学奖的奥曼教授特别关注社会合作问题。奥曼认为人们的不合作行为往往是因为分散的利益驱动,彼此之间很少发生相互关系或其关系容易中断,短期行为趋向突出而产生的。如果是在长期共存的条件下,人们则更倾向于合作。奥曼对于理性的界定是,如果一个参与者在既定的信息下最大化其效用,他就是理性的。因此,一个理性人选择他最偏好的行动,"最"是相对于他所掌握的(关于环境和其他参与者的)知识而言。奥曼基于信息对称的前提,从另一个角度阐述了托马斯定理中自证预言的作用,即如果开始时两个参与者具有了相同信念,则对于一个具体事件的较晚的信念(基于不同的个人信息)必然形成一致,这就给予涉及多人情形下的"交互认识"达成集体理性进而合作以可能。就人类的整体利益而言,合作总比不合作好,"囚徒困境"的零和博弈是因为隔离造成的。现实生活中人们的信息不对称只是一种情况,人们完全可以用沟通形成相互之间的良性互动,实现个人利益、整体利益的双赢。如果在制度引导下(即奥尔森所称的"a guiding hand")参与者可以充分通过模型、通讯渠道(媒介)交换私人信息或发出信号,表明个人行为具有连续性、可预测性或可信赖性,大家都可以共处于长期(重复)博弈的行为模式之中。那么所有参与者采取的策略均衡选择将与一次性博弈中个体理性选择趋于一致,这就使相关均衡即合作博弈成为可能。"5·12"以及"4·20"抗震救灾过程中的信息公开性、透明度证明,媒介推进的知情权是引导从个人理性到集体理性,形成社会共识和集体行为的前提。从 2012 年出发,希望通过媒介素养教育的普及和研究的深入,不同群体相互之间的媒介沟通、不同群体将包容和理解作为媒介素养的核心越来越成为我们生活的常态。

2012 年是"中国梦"成为我们的奋斗目标的一年。习近平总书记在新一届中共中央政治局常委中外记者见面会上坚定地表示"我们的人民热爱生活,期盼有更好的教育、更稳定的工作、更满意的收入、更可靠的社会保障、更高水平的医疗卫生服务、更舒适的居住条件、更优美的环境,期盼着孩子们能成长得更好、工作得更好、生活得更好。人民对美好生活的向往,就是我们的奋斗目标"。也就是更明确地表明,以人为本、以民生为本,以广大人民的福祉为标准,人是发展经济的目的而不是手段,国家任何形式的发展最终体现为每个个体的发展,这既是已经得到历史证明的大国和大国民崛起的人间正道,也是全面建成小康社会、实现"中国梦"的题中之意。我们追

求的发展应当会使无论是财富 500 强的商业精英，还是背着被子进城的农民工都有无限美好的希望。这样的发展追求的是要给予每个人以公平的机遇，让每个人的潜能都有得以实现的可能。梦想联结着理想，让所有人都有梦想的地方，一定会令人激动和向往。只要发展永远给所有人以尊严，那就证明人的价值、人的发展同样也是硬道理。如果发展是让进城农民工的孩子像温家宝所深情期待的"同在蓝天下"，这个以最广大基层民众利益至上的自信的发展过程，是以完善的机制确保公共资源和公共利益不受侵害，是以高效廉洁的行政体制确保市场运行不被非市场因素所干扰，是以稳定的制度空间确保个人的多样化和创造性得以充分发挥，而保证个人权利和创造力的充分涌动则成为可持续性发展的核心。将不同群体的媒介素养置于"中国梦"的社会背景之下进行观察，则可以发现中国社会各阶层的互动趋势。

参 考 文 献

[1] 郑素侠. 农村留守儿童媒介使用与媒介素养现状研究 [J]. 郑州大学学报，2012年第 3 期.

[2] 张志安. 中国知识精英媒介素养现状研究 [J]. 同济大学学报（社会科学版），2012 年第 6 期.

[3] 汤兆武. 自媒体环境下领导干部媒介素养的局限、原因与对策 [J]. 中国广播电视学刊，2012 年第 12 期.

[4] 王嘉. 长治市居民媒介素养现媒介接触情况调查报告 [J]. 长治学院学报，2012年第 8 期.

[5] 陆高峰. 新闻发言人的媒介素养 [J]. 青年记者，2012 年第 11 期.

[6] 陈芳. 新生代农民工媒介素养对其城市融入的影响探讨 [J]. 中国报业，2012 年第 12 期.

[7] 杨建荣. 新媒体时代拍客的媒介素养 [J]. 青年记者，2012 年第 9 期.

[8] 李贞. 新媒体环境下新闻发言人的媒介素养 [J]. 新闻世界，2012 年第 9 期.

[9] 张骞. 我国执政者的媒介素养、局限、成因及超越 [J]. 湖北社会科学，2012 年第 3 期.

[10] 杜骏飞. 网络时代领导干部的媒介素养 [J]. 新理财，2012 年第 10 期.

[11] 周韬. 网络环境下领导干部媒介素养的培养和提升 [J]. 闽江学院学报，2012年第 1 期.

[12] 谢会时，尉朝阳. 提升我区领导干部媒介素养的思考 [J]. 西藏发展论坛，2012年第 4 期.

[13] 吴根平. 提高领导干部媒介素养的思考 [J]. 辽宁行政学院学报，2012 年第 4 期.

[14] 王娟. 提高官员政务微博媒介素养的策略研究 [J]. 现代传播，2012 年第 4 期.

[15] 乔瑞雪. 数字时代编辑的传播理念与媒介素养探析 [J]. 中国报业，2012 年第 1 期（下）.

[16] 白传之. 试析公务员的媒介传播角色与素养提升 [J]. 现代传播，2012 年第 5 期.

[17] 李青. 试论媒介融合背景下网络编辑的媒介素养 [J]. 今传媒，2012 年第 4 期.

[18] 尹靓. 全媒体时代新闻人应具备的媒介素养 [J]. 青年记者，2012 年第 1 期（下）.

[19] 吴思佳. 浅析信息时代背景下秘书的媒介素养 [J]. 秘书之友.

［20］叶姝．浅析网络时代领导干部媒介素养问题［J］．学习论坛，2012 年第 9 期．

［21］孙瑾．浅析我国地方广播电视从业人员的媒介素养现状［J］．中国传媒科技，2012 年第 2 期．

［22］朱德林．党政干部媒介素养与突发公共危机事件的应对［J］．南都学坛，2012 年第 5 期．

［23］田萱．党政领导干部媒介素养的内涵及其培养［J］．新闻知识，2012 年第 12 期.

［24］杨斌成．电视媒介对农村留守儿童社会化的作用及难点［J］．传媒观察，2012 年第 3 期．

［25］梅松．论 WEB2.0 时代领导干部新媒介素养面临的挑战及提升路径［J］．湖北行政学院学服，2012 年第 3 期．

［26］董杰．论信息时代背景下网络编辑的媒介素养［J］．网络传播，2012 年第 11 期.

［27］陶克菲，李铁锤．略论数字出版时代的编辑媒介素养［J］．传媒观察，2012 年第 1 期．

［28］刘承武．媒介竞争下电视新闻编辑的基本素养［J］．传媒观察，2012 年第 6 期．

［29］周春江．媒介融合背景下新闻摄影者的专业素养［J］．新闻爱好者，2012 年第 11 期（下）．

［30］张霆．媒介融合环境下新闻采编人员的职业素养［J］．新闻爱好者，2012 年第 7 期（下）．

［31］白东梅．媒介融合环境下政法干警的媒介素养［J］．新闻世界，2012 年第 8 期．

［32］徐艳．媒介资源重组与农民工媒介素养研究［J］．新闻世界，2012 年第 6 期．

［33］郏冬梅，于天放，李彬．农村居民媒介素养实证研究［J］．社会科学战线，2012 年第 11 期．

［34］凌菁，陈雨曦．农村女性媒介素养调查［J］．新闻世界，2012 年第 8 期．

［35］宁波大学夏之韵暑期社会实践课题组．农民工媒介素养现状的调查报告［J］．东南传播，2012 年第 2 期．

［36］于晨晖．浅析交通部门干部的媒介素养构建［J］．新闻世界，2012 年第 6 期．

［37］王靖，刘卫春．城市近郊失地农民媒介素养现状的调查研究［J］．柳州职业技术学院学报，2012 年，12 月．

［38］岳游松．从媒体应对到媒介素养——中国职业运动员媒介素养教育探析［J］．新闻界，2012 年第 4 期．

［39］宋红岩．农民工新媒介参与和利益表达调研与分析［J］．中国广播电视学刊，2012 年第 6 期．

［40］党静萍．新媒体环境下公务员传媒素养对执政能力的影响［J］．中国广播电视学刊，2012 年第 12 期．

（作者简介：南山，四川省社会科学院社会学研究所研究员，硕士生导师，研究方向为发展社会学、网络社会学）

高校媒介素养教育

"参与式"媒介文化下大学生
新媒介素养的培育与发展

王　莉

　　20 世纪 80 年代，一场全球性的媒介素养运动从英国、澳大利亚、美国、加拿大等国向世界范围推进，媒介素养教育随即成为一个世界性课题。其目的是"指导受教育者正确理解并建设性地享用大众传播资源，培养受教育者具有健康的媒介批评能力，并能够充分利用媒介资源完善自我，参与社会发展"。[1]大学生是未来参与祖国建设的骨干力量，更是 21 世纪新媒体时代的重要受众群。中国互联网信息中心发布的《第 26 次中国互联网络发展状况统计报告》显示，我国在校大学生上网比率高达 84.7%[2]，手机上网率达到 85.7%。[3]中国互联网协会博客研究组发布的《2006 中国博客调查报告》也显示，年龄在 21~25 岁的博客作者约占 26.5%，其中在校大学生比例约为 68.2%。在网络与新媒体技术空前发达的现实环境之中，大学生的媒介素养教育问题成为当下我国高等教育和传播学研究的重点。

一、新媒体环境下的"参与式"文化

　　亨利·詹金斯在其名著《文本盗猎者》中提出，媒介技术构建了一种全新的"参与式文化（Participatory Culture）"范式。参与性文化的特点表现为："相对较低的艺术表现和公民参与的门槛；支持创造并与他人分享自己的创作；对于新手而言，能通过一种非正式的学习获得经验；参与者认为自己的工作是有意义的；参与者感受到某种程度的社会联系。如某人会在意别人对他发布的东西做何评价。"[4]这意味着"不断发展的媒介技术使普通公民也能参与到媒介内容的存档、评论、挪用、转换和再传播中来，媒介消费者通过对媒介内容的积极参与而一跃成为了媒介生产者"。[5]在论坛发帖、发微博、写博客、WIKI、SNS虚拟社区、视音频的制作与上传等，成为受众尤其是青少年人群最主要的媒介接触方式。这种大规模的媒介参与，作为一种"观点的自由市场"，令每位普通人都可以发出自己的"声音"。然而，这也需要参与者具备较高的知识素养和参与理性，才能更好地推进网络民主与社会发展。在这之中，"公众对媒介的认知、获取、判断、分析和使用媒介信息的能力[6]"，即媒介素养，要求媒介参与者熟悉新媒体的传播特性与规律，掌握、应用新媒体技术进行信息传播，建构理性批判的媒介知识与经验视角。

二、"参与式"媒介文化范式下大学生新媒介素养教育的新目标

　　在参与式文化媒介文化格局之下，对大学生实施媒介教育不仅应"有助于培养学生以批判的观点分析媒体如何运作、如何确立意图、被如何运用以及如何评价呈现在他们面前的信息"，[7]还增添了"新媒介素养教育"的内容，即"由听觉、视觉以及数字素养相互重

叠共同构成一整套能力与技巧，包括对视觉、听觉力量的理解能力，对这种力量的识别与使用能力，对数字媒介的控制和转换能力，对数字内容的普遍性传播能力，以及对数字内容进行再加工的能力"。[8]在综合培养和训练之下，构建大学生媒介素养知识与能力框架中"理解—过滤—批判—运用"的四大模块。

其一，构建对新媒体的经验认知、理解与主动学习机制。新媒体以其开放性、多元化、交互性、个性化传播特色迥异于传统媒体，高校媒介素养教育的首要任务是帮助大学生形成对媒介组织、功能、内容生产、媒介生态等方面的科学认识。并认识到新媒介在促进信息沟通、推动社会民主发展、构建受众经验认知、重塑价值观方面的意义与局限性。明确以下问题：

（1）新媒体是什么？传播些什么？

（2）新媒体的信息产品是如何制作传播的？与传统媒介有何差异？

（3）新媒体的社会功能有哪些？负面影响呢？

（4）新媒体每天都在发生哪些改变？我们可以利用新媒体做些什么？

其二，构建对新媒体环境下信息的选择机制及不良信息、冗余信息的"自动过滤"机制。自觉抵制信息污染源自于英国最初的"免疫式"媒介素养教育理念。新媒体环境下，信息传播高速快捷、收受及发送信息自由，固然令人们受益良多，但与此同时也像一把"双刃剑"。假新闻、黄色暴力等垃圾信息滋生，网游诱惑、网络侵权、网络诈骗、无良炒作、"伪"科学、文化侵略之类的负面问题丛生也同样令人喟叹。媒介素养教育当中必须晓以利害，培养学生对于这些不良及冗余信息的"自动过滤"机制。它包括：

（1）选择性地接收信息，拒绝垃圾、有害信息；

（2）培养对不良信息的警惕性，避免对网游、虚拟交友等活动的沉迷。

其三，构建对新媒介信息的"参与—批判—反应"模式。在这个信息传播高度发达的时代，我们大多数时候只能被动地依赖媒介为我们提供资讯并以此指导自己的行动。这种经由媒介选择、架构、呈现的系统环境被称作"拟态环境"（pseudo environment）。媒介素养教育是基于媒介作为公众与真实社会生活之间由文本建构的"中介"的特殊地位而提出。在"草根"新媒体环境下，匿名用户身份不可考、文化素质参差不齐，势必造成知识的"碎片化"、"拟态化"。"批判—识别"是媒介素养教育的根本理念，新媒体万象更多地考验受众的信息接收能力范畴下的理性与素质。它包括：

（1）对媒体信息的真假、正误、价值的判断能力；

（2）如何理解新媒介信息的意义？意义是如何呈现的；

（3）媒介是如何再现意义或主题的？媒介文本建构的规律是什么？

（4）辨识并协调客观现实与"虚拟"现实关系的能力；

（5）分析跨媒介的信息流动现象。

唯有具备批判性地剖析媒介文本（如文字、音像视频）的能力和素质，习得以历史的、社会的、辩证的态度评价媒介及其产品，培养学生对于新媒介信息批判性解读能力，辨清"媒介真实"与"客观真实"，才能真正地理解媒介，令其成为大学生学习、生活、决策与自我发展的有利借鉴。

其四，培养对新媒介建设性的近用能力。参与性媒介文化范式下实践与应用能力是根本。且我国在新媒体出现之前，媒体近用的机会甚少，新媒体不仅改变了这种状况，更给人们提供了诸多的接触、使用媒介的机会。大学生对媒介的近用能力应包括：

（1）对新媒体信息的准确搜集、整合、创造性地传播能力；

（2）对新媒体信息进行评估及综合分析能力（包括核查事实、判定真伪、深化认识）；

（3）信息制作与传播能力，如建立网站、制作并上传视音频短片、发布有价值的新闻、言论、图片等；

（4）运用新媒体在虚拟平台进行表达、沟通的能力；

（5）通过自身读、写、制作等能动性的媒介实践构建"元认知（meta-cognitive）"[9]，思考自己的实践活动并适时调整、改进与完善。

（6）通过自己的实践反思，深刻理解媒介生产背后的政治、经济、社会原因，理解媒介文本、媒介生产是如何与这些复杂的原因联系在一起的。[10]

除此之外，"参与式"文化注重个体在新媒体环境下的适应与自我发展能力，因而媒介素养还应突出强调以下几点：

（1）交际协商能力——在网络空间与其参与者进行理性对话、交流的能力。如日常沟通、学习交流、商业交流等。

（2）集体协作能力——与其他参与者在网络及网下进行团队协作的能力。如开展舆论监督、发起活动或竞赛、品牌推广等。

（3）传播伦理与道德自律能力——在遵守传播伦理及道德自律的前提下参与新媒体内容分享、制作与传播。

（4）避免伤害与自我保护能力——不侵害他人合法权益，并使自己免受新媒体风险危害及维权意识及能力。

在媒介素养教育中培养、锻炼学生的以上各项能力，鼓励大学生知识、能力、道德框架的发展和参与的自信，令其成长为理性且富有创造性的媒体内容制作者和社区参与者，达到媒介与人的共同发展。

三、"参与式"媒介文化范式下大学生媒介素养教育的重点

1. 在学校与社会的联合教育中注重对大学生能动参与性的培养

培育"参与式"文化所需要的社会技能和文化能力需要一个系统的媒介教育。素质培养是一个动态的过程，更多地取决于个体与社会互动中所取得的各类知识与经验的综合。无论是学校教育还是社会实践都应确保学生能从中受益，最根本的一条是要给他们较大的空间去参与公共、社会和经济生活，让他们懂得在复杂的现实中如何去面对和掌控局面。或者说一种社会技能的培养。这当中，学校教育作为一种传统学习方式搭建起学生与媒介沟通的"桥梁"。从理论引导入手，并注重对学生动手能力、媒介策划及创意能力的开掘。可组织学生开展一些与新媒介相关的如校园 DV 大赛、"大学生记者"、"优秀博主"、"向媒介谏言"、社会调研等主题活动。社会教育作为校园学习的一种有益补充，强调"参与"和协作能力的培养。与校外一些社会组织尤其是媒体单位、公关机构建立各类合作关系，作为实践基地，将主体理论认知与实践客体结合，通过了解媒介的实际运作过程，开展层次丰富的媒体互动实践，可以开阔学生视野，锻炼学生的实际工作能力，鼓励学生以"主体"的姿态通过亲身的媒体制作，突破理论学习与模拟实践的局限，激发其对媒介的参与、融入及近用媒介的积极性、主动性，切实提高思辨能力和素养水平。

2. 教育体系的成熟规范与教学内容、方式创新

新媒介素养教育所以要进行内容创新，是基于如下原因。其一，网络、新媒体日新月异，技术发展迅猛，各类媒介所承载和传播的信息，数量大、议题广、内容繁、问题新；iPhone、iPad、iPod、IPTV、SNS 等不断翻新的新媒体词汇、"门事件"、"××风波"等网络社会热点频出均令人目不暇接。媒介素养教育应时刻引导学生对这些新的媒介变化给予充分关注，在教学内容上确保与时俱进，坚持"启发、引导、互动"相结合的教育方法，以获得最佳的教育效果。其二，我国尚未建立成熟的教育知识体系。自 2004 年首届中国媒

介素养教育研讨会召开，"媒介素养"的概念和意义才开始受到国人重视。以上海交通大学为首的一批大学也纷纷开设媒介素养教育课程，然而多数是针对非新闻类学科学生以选修课形式开设。因此，有必要根据当下媒介发展实际建构一套更为成熟、规范的理论框架体系，以普适性为根本，注重不同专业、不同年级的学习需要，编写通俗易懂、生动活泼、贴近现实、有助实践的教材，并在课程设置上有所侧重，区分新闻与非新闻专业、师范与非师范专业、基础与进阶学习、通识与选修的不同情况而有所安排。为深化教学效果，构建学生完整的媒介素养知识体系，还可开设《媒介文化》、《媒介伦理与道德》、《媒介社会学》、《媒介生态》等课程及交叉学科知识。教学上则可采用案例教学、讲座或论坛式教学、情境对话教学等方式，激发学生的学习热情。

3. 注重对大学生的人格教育

新媒体传播裹挟着各类信息和诱惑扑面而来，青少年由于心智发育不全，更易迷失自我。人格的扭曲、价值观的变异、健康生活的理念可能会在媒介的空间里被瞬间"内爆"了。大学生当中，内心封闭、患得患失，或随波逐流、迷茫或畏惧情绪者不在少数。一些学生有自我意识浓重、责任意识弱化的趋势，集体协作观念较弱、服务和奉献精神不足等。

教育的核心是培养健康的人格。新媒体时代参与式文化发展的核心是建立在"人"及其活动关联之上的。从媒介素养的角度讲，囿限于自我中心的角色认知意识、缺乏责任意识、误读误用媒介，将会阻碍社会民主化发展的进程，只有当媒介使用者具备了健康人格，才能发挥批判媒介素养教育的积极作用。而现实的情况是，由于过分强调专业学习成果，大学生在人格塑造方面缺乏必要的引导。高校媒介素养教育要重视学生健康的"主体性人格"塑造。"所谓'主体性人格'是指那种从道德主体的人本身来说明道德价值的源泉、自由意志对善恶的选择，而不是把一切归之于某种外在权威的强制和传统习俗。"[11]首先要培养学生健康、独立、诚实、坚持的人格品质，帮助学生树立强烈的社会责任观。唯有如此，才能对传授行为予以理性规束并发挥积极作用。

4. 注重教育过程中"球土化"

"球土化"（Globclization）概念由当代文化社会学家、美国匹兹堡大学教授罗兰·罗伯逊（Roland Robertson），在上世纪 90 年代中期提出，是全球化（globalization）与本土化（localization）之间的一个"缓冲带"，它展现了不同文化主体在面临全球化时一种混合与重构的趋向。而媒介素养的理论源自英国，在英国、澳大利亚、加拿大、英国、美国等诸多欧美国家，媒介教育也早已纳入公共议程，受到国家的大力支持。世界各国的媒介素养教育中有许多成熟宝贵的经验可资借鉴，各个国家根据自己国情的不同，在教育的实施上也会有所区别。如英国就采取教育部门与社会单位合作及进阶式学习与灵活的考核模式，覆盖国内百余家大、中、小学；加拿大与澳大利亚则相当注意本土文化的保护，以受教育者媒介文本的解读能力为中心进行强化培养；美国的媒介素养教育则主要由民间组织和学校、教师自主开展。我国教育实践一直偏重于理论，学生动手能力、独立作业能力亟待提高。因而在推广媒介素养教育的过程中，应秉承"球土化"发展的理念。对内应进一步扩大媒介素养教育推进的深度与广度，结合各地区实际情况制定科学的教育方略并监督实施，可考虑在各省设立媒介素养教育"示范学校"，"以点带面"、"由上至下"逐步开展深入下去；对外则需紧跟时代与国际步伐，加强国际学术交流与合作，引进优秀的教学经验和研究成果，令大学生在广泛接触国际前沿知识、开拓视野的过程中，逐步提高媒介参与的能力。构建媒介素养教育的全新格局。

新媒体时代，媒介素养已不仅是个人意义上的道德或涵养问题，而是公民社会个体素养的重要组成，是信息时代人们不可或缺的社会"通行证"。它通过对媒介资源"公平使用"（fair use）帮助所有的人成长为批判的思考者、有力的沟通者和积极的公民[12]，也是在公共领域中强化公民想象和扩大民主生活的强大后盾。[13]让即将步入社会的大学生接受良好的媒介素养教育，对大学生的个人成长与社会发展均具有重要和深远的意义，既是我国人文教育的重点，也是当下培育公民社会、完善社会管理，促进个人—媒介—社会"三位一体"共生关系良性发展的根本。

参 考 文 献

［1］［英］大卫·帕金翰．宋小卫．英国的媒介素养教育：超越保护主义［J］．新闻与传播研究，2000（2）：7.

［2］中国互联网络信息中心（CNNIC）．第 26 次中国互联网络发展状况统计报告，2010-7-16.

［3］http：//www. anhuinews. com/zhuyeguanli/system/2010/05/11/002916449. shtml 转引自中国新闻出版网．

［4］Henry Jenkins. Confronting the Challenges of Participatory Culture：Media Education for the 21st Century. The MacArthur Foundation. Chicago，Illinois. P7.

［5］蔡骐．新媒体传播与受众参与式文化的发展［J］．《新闻记者》，2011（8）．

［6］复旦大学媒介素养研究网《媒介素养教育与媒体发展》．

［7］［加］巴里·邓肯，卡罗琳·威尔逊．《全球研究和媒介教育：新世纪的出路》［A］．《媒介素养》［C］．北京：中国传媒大学出版社，蔡帼芬主编，2004.

［8］［英］大卫·帕金翰．宋小卫．英国的媒介素养教育：超越保护主义［J］．新闻与传播研究，2000（2）：7.

［9］"元认知"即对认知的认知，具体地说，是关于个人自己认知过程的知识和调节这些过程的能力：对思维和学习活动的知识和控制。包括元认知知识和元认知控制。"元认知"理论研究的开创者 Flavell 将其表述为"个人关于自己的认知过程及结果或其他相关事情的知识"以及"为完成某一具体目标或任务，依据认知对象对认知过程进行主动的监测以及连续的调节和协调"。

［10］G. Capello，D. Felini，R. Hobbs. Refections on Global Developments in Media Literacy Education：Bridging Theory and Practice. Journal of Media Literacy Education 3：2（2011）72.

［11］朱汉民．儒家人文教育的审思［M］．武汉：湖北教育出版社，2000：46.

［12］The Code of Best Practices in Fair Use for Media Literacy Education. http：//www. centerforsocialmedia. org/fair-use/related-materials/codes/code-best-practices-fair-use-media-literacy-education．

［13］ThompsonJ. B. 1995. The Media and Modernity. A Social Theory of Media. Stanford，CA：Stanford University Press．

（作者单位：长江大学　原文刊登于《高教研究》2012 年第 12 期）

大学生媒介素养教育模式的借鉴与建构

李军林

媒介素养教育起源于英国，美国紧随其后。到目前为止，西方传媒发达的国家，如澳大利亚、法国、加拿大、芬兰等，都已经将媒介素养教育正式纳入到正规的教育课程体系之中。亚洲传媒发达的国家，如日本和韩国，也已经普及了媒介素养教育。中国的台湾和香港地区，媒介素养教育也比较完善，并形成了自己的特色。因此，学习和借鉴这些国家和地区媒介素养教育的先进经验，建构起具有中国特色的大学生媒介素养教育模式就成为可能。

政府对大学生媒介素养教育的高度重视

西方国家的媒介素养教育都有一个从民间呼吁到政府关注的过程，学校媒介教育的普及最终在政府的干预下，得以全面展开。正如美国学者德弗勒·鲍尔洛基奇所言：虽然媒介自成一个行业，但它们已经深深地渗透到我们的社会之中，在有限的程度上，它们已经成为我们教育体制的一个部分。加拿大媒介素养教育之父约翰·庞金特也曾说过：媒介素养教育应该是一种草根运动，教师应成为宣传和推广媒介教育的主导力量，但官方的教育机构必须给予明确的支持。

英国政府在推动媒介素养教育的进程中作用巨大。早在20世纪70年代，英国就形成了一场声势浩大的媒介素养教育运动。1988年，英国教育部将媒介教育纳入正式教学体系中，并规定在小学阶段和中学阶段要进行媒介教育。2003年，英国政府将原先掌管通信、广播的机关与电视委员会和传播标准委员会合并为通讯局，用以管理媒体，负责确保民众在电视、广播等媒体使用上的权益。同年12月，英国国会通过《通讯法案》，明确通讯局所承担的媒介素养教育方面的职责。美国加利福尼亚州20世纪末就通过了一项有关媒介素养教育的法案，以抵制影视暴力的影响。各级政府成立专门的机构制定媒介素养教育的相关政策，来推行媒介素养教育。美国政府还制定了《媒体评级分类手册》，对媒体进行评级，以帮助广大学生正确使用媒体。加拿大政府制定教育法规，指定媒介素养成为课程体系中的一个组成部分，并与媒介素养教育中间组织签订协议，确认媒介素养教育的基本纲要，组织实施。日本政府对媒介素养教育也高度重视，政府曾多次召开青少年媒介素养调查研究的会议，并于2006年将电视节目制作纳入课堂教学，大力推行一系列媒介素养教育活动。一些地方政府还出资支持媒介单位建立学生媒介素养教育基地，承担本地区媒介素养教育的任务。澳大利亚政府一直重视媒介素养教育，在全球化大潮中，尤其注重提升国民的跨文化媒介素养的水平，1994年，政府出台了《鉴于公民：公民课与公民素质教育》，明确指出了公民素养教育包括跨文化媒介素养教育，并致力于提高公民跨文化媒介素养的知识和技能。我国台湾地区政府也在2002年10月，出台了具有划时代意义的媒体素养教育政策手册，对媒介素养教育进行了明确具体的规定，2003年5月，成立了"媒介素养教育委员会"，专门负责研究、推动和评估媒介素养教育的规划和政策。

应当说明的是，上述国家和地区政府媒介素养教育的对象主要是中小学生，包括大学生，甚至是全体公民。也就是说，这些国家和地区的媒介素养教育是全民教育、终身教育。我国媒介素养教育还处在初级阶段，大学生媒介素养教育虽然已经起步，但进展缓慢，究其原因，仅有媒介素养教育研究者和研究会等中间组织的努力远远不够，中国政府的高度重视是不可或缺的。我国政府应从社会主义制度的巩固、社会的稳定和谐、国家和民族前途的高度，来正确认识大学生媒介素养教育问题。结合其他先进国家和地区的经验，我国政府在推动大学生媒介素养教育方面，主要承担三方面的责任：一是政策支持。政府教育行政主管部门应当制定符合中国国情的媒介素养教育政策，包括总体目标、基本原则、指导方针和具体措施，确保媒介素养教育纳入到大学课程体系之中，从而使媒介素养教育在各级各类大学广泛推行。目前教育部公布了8门公共艺术类限选课程，其中的《影视鉴赏》就与大学生媒介素养密切相关，可以认为是政府加强大学生媒介素养教育的重要举措之一；二是资金支持。发达国家和地区政府无一例外对媒介素养教育予以资金支持，如日本政府出资支持电视台、电影公司等建立影视资料档案馆、影视制作与编辑学习室等，满足民众媒介素养教育的需要。我国政府也应当加大对媒介素养教育研究的投入力度，同时加大对媒介素养教育中间组织的培植力度，出资支持社会团体、民间组织以及新闻传媒机构承担大学生媒介素养教育的任务，从而避免政府孤掌难鸣局面的出现；三是组织、协调、监督和评价。好的媒介素养教育政策，一定要有具体的落实措施，这就需要政府的组织和协调。政府应当组织一切可以动员的力量，如高校、社会团体、家庭、媒体等，协调各方面的关系，共同落实大学生媒介素养教育的任务。与此同时，政府还应当监督媒介素养教育政策的执行，防止上有政策下有对策情形的出现。另外，政府还要建立和完善大学生媒介素养教育的评价和激励机制，对媒介素养教育的结果进行考评，并奖优罚劣。

高等院校对大学生媒介素养教育的具体落实

大学生媒介素养教育的重任具体由各级各类高等院校组织实施。纵观西方发达国家媒介素养教育的情况，基本上由各级各类学校具体实施。如英国在1988年将媒介教育纳入正式教学体系中，并规定在小学阶段和中学阶段要进行媒介教育。美国根据中小学生生理和心理发展规律，结合时代特点，对每个阶段媒介素养课程的内容作了详细的规定。在加拿大，媒介素养课程不仅是必修课程，而且有一批优秀的媒介素养教育资源，如《媒介素养资源指南》、《遭遇媒体》等优秀教材，供教师选择利用。政府还规定，媒介素养教育必须修到一定学分才能毕业。在我国香港和台湾地区，媒介素养教育主要集中在中小学。不仅如此，在传媒发达的国家和地区，媒介素养教育已经逐渐渗透到各级各类学校的语言、文学、艺术等不同学科，进一步凸显出了媒介素养教育的广阔空间。如美国在自己的母语课程中，增设了媒介素养教育的条款，马萨诸塞州英语语言艺术标准指导原则明确指出：要用有效的英语语言艺术课程标准，发展来自各种媒体形式的读写能力。电脑、电视、电影、录像和广播是现代世界中广泛运用的传播模式。所有学生都要学习如何有效使用这些媒体为不同目的获得信息，并向他人交流这些信息。其他各州的英语语言艺术标准对于媒介素养的要求都有类似的规定。所有这些规定最终在美国母语课程中得到具体落实。

我国媒介素养教育起步较晚，教育的对象主要是大学生，因此高校成为了媒介素养教育的主力军。即使如此，发达国家和地区中小学媒介素养教育的经验仍然值得我们借鉴。首先，应当在高校中成立大学生媒介素养教育研究会，特别是传媒类专业发达的重点大学，让他们牵头组建全国性媒介素养教育的专门研究机构，而其他高校成为这一组织的成员单位，共同承担大学生媒介素养教育研究和实践的重任。其次，要在各级各类高校开设媒介素养教育方面的课程。这既可以是涵盖媒介素养教育基本内容的专门性课程，如《媒介素养教育概论》，也可以将媒介素养教育的内容融入到其他课程之中，如效仿美国，在中国母语《大学语文》课程中增加媒介素养教育的内容。再次，要大力培养媒介素养教育师资并充分拓展媒介素养教育资源。优质师资是良好教学效果的保证，因此，高校应当制定科学合理的师资培训政策，设立专门的师资培训项目。确保从事媒介素养教育的师资队伍自身有正规的媒介素养教育经历和媒体实践经历。同时，还应加大媒介素养教育资源的开发力度，高校可以自行组织开发，也可以与媒介机构，或者从事媒介素养教育的中间机构联合开发教育资源。再次，要改革和创新教学手段和教学方法，利用现代教育技术拓展大学生媒介素养教育的路径。如利用现代教育技术创设虚拟媒体环境，实现交互性学习。也可以借助现代教育技术创新教学方法，如教学的"多媒化、个性化、合作化"，以及学习的"自主化"，无疑对提升大学生媒介素养有一定帮助。还可以利用现代教育技术中心，作为大学生媒介素养教学的实习基地，让他们更好地将所学知识内化为自己的能力。最后，要建立和完善媒介素养教育的考核和评价机制。大学生媒介素养教育课程与其他课程不同，它有较强的理论性，还有更强的实践操作性。所以，仅凭一张试卷来决定考生媒介素养的成绩，显然不能反映学生的真实情况，因此，应当建立多元的考核评价体系，如以学校考评为主，社会考评和个人自评相结合的考评体系。

传媒机构对大学生媒介素养教育的深度参与

传媒机构不仅是媒介信息的制作播出机构，也应该是全民媒介素养的教育机构。在加拿大，成立了由广播、电视、网络服务供应商和政府共同资助的"媒体意识网"，在世界上首次为媒介素养开辟了情报交易场所，推出了媒体素养教育网络职业培训项目。加拿大广播公司还出版了《在盒子里》的媒介素养教材，内含由六个媒体包组成的系列资源，为媒介素养教学提供了方便。媒介机构还制作了许多有关媒介素养教育的影视节目在全国播放，并创办了"电视、我、儿童万岁"的有关媒体和生活方式的教育节目，借助传媒的力量，大力传播媒介素养教育的理念和内涵。在日本，各地报刊社广泛参与媒介素养教育活动，报业协会成立专门部门致力于这项工作。一些报社向儿童敞开大门，让他们了解新闻的采访、编排、制作、传播过程，提高他们对媒体的兴趣，帮助他们掌握最基本的信息采集和选择的能力。日本广播协会还为一些学校自己制作的校外活动节目提供播出平台。成立针对中小学生的广播电视俱乐部，让学生体验媒体的真实生态。在英国，BBS 电视台的工作人员利用自己的专业知识、技能以及影像资源，编辑出版了一系列媒介素养教育的教材，如《怎样正确认识电视》、《广告里所隐藏的秘密》以及《比网络游戏更重要的》等，为该国的媒介素养教育添砖加瓦，摇旗呐喊。应当说明的是，传媒发达国家的新闻传播法律法规体系完善，新闻传播自律道德规范严格，从而较好地保证了传媒机构正确履行社会责任，自觉承担全民媒介素养教育的导引任务。

我国大学生媒介素养教育的任务主要由大学来完成，但仍然需要媒介机构的深度参与。一方面，当代大学生生活在一个传媒时代，媒介已经深深渗透到每一个大学生学习和生活的点点滴滴。另一方面，大学媒介素养教育偏于理论，即使有实践，更多属于模拟性实验。而媒介则是真刀实枪地制作和传播信息。鉴于发达国家和地区媒介素养教育的成功经验，我国传媒机构在大学生媒介素养教育过程中，至少应该在三个方面继续努力。一是营造大学生媒介素养教育的良好媒介环境。媒介组织及其从业人员应当严格遵守国家法律法规以及新闻传播道德规范，坚持正确的舆论导向和正面宣传为主的方针。不断提高自身的政治素养、法律道德素养以及专业素养，生产出具有时代气息的精品力作，营造出健康向上的媒介氛围。从而对大学生媒介素养的提升产生潜移默化的作用。二是为大学生媒介素养教育提供优质资源。各级传媒机构可以根据自身媒介的特点，编写一些通俗易懂的传媒教材，也可以建立媒介素养教育陈列室，或者是媒介素养教育基地，定期向大学生开放，使大学生在总体上了解媒介机构的运作。三是拓深与大学合作的力度和广度，为大学生媒介素养教育提供实战机会。大学媒介素养教育主要强调理论的系统性，在实践动手能力的培养方面显然不及传媒机构。因此，各级媒介组织应当为大学生媒介素养教育提供实习基地和实战机会，如由报刊社、广播电台、电视台提供采访设备，由大学生自己采集、编辑新闻，然后在报纸期刊发表，在广播电台或电视台播放，以提升大学生媒介信息的制作能力。也可以由媒介机构邀请大学生作为业余新闻阅评员，对媒介信息的编排形式和内容进行全面监督，以此提高大学生的信息批评能力，形成媒介机构、大学和大学生的三赢局面。

（作者单位：湖南工业大学　原文刊登于《传媒观察》2012 年第 1 期）

关于我国高校大学生媒介素养教育的思考

饶丽虹　夏　星

一、引言

　　媒介素养的概念最早由英国学者利维斯和汤普森在 20 世纪 30 年代初为了反对传媒中的流行文化价值观而提出，在《文化与环境：批判意识的培养》一书中他们认为，新兴的大众传媒在商业动机的刺激下所普及的流行文化，往往被推销一种"低水平的满足"，这种低水平的满足将误导社会成员的精神追求，尤其是会对青少年的成长产生负面的影响。作为媒介教育的先导，两位学者提出了"文化素养（cultureliteracy）"的概念。学术界将此看作媒介素养教育的起点。20 世纪 60 年代后，随着人们对媒介功能认识的提高，先后有学者提出媒体"再现"，即通过对媒体内容和形式的了解，探究媒体背后的现实，从而培养受众的媒介批判能力。20 世纪 80 年代后，研究人员开始强调受众在面对媒介时"自身能力"的培养。1993 年联合国教科文组织（UNESCO）第一次发表了传媒教育的定义：对现代传媒的沟通方式及表达方式进行专门研究、学习和教授的学科，在教学理论及实践中成为专门及自主的研究项目。

　　随着信息社会的日新月异，作为社会信息重要来源的大众传媒也以其一日千里的速度发展和普及。成千上万的影像与资讯以各种媒介为载体如同阳光、空气、水一样成为生活的要素，裹挟着不同意识形态的媒介信息正以不同的方式改变着大学生的思想观念、行为模式、心理状态、价值判断，影响着大学生精神文化生活和思想道德的建设与养成。因此，理性地认识媒介和辨别媒介信息，领会媒介及其信息的影响力，积极利用媒介促进自身发展、进步已成为当代大学生应对信息时代的必然选择。

二、国内外媒介素养教育的发展现状分析

1. 国外实施媒介素养教育的组织形式及课程模式

　　西方国家的媒介素养教育已经历了近 80 年的发展。1997 年，英国就有近 2/3 的学校开设媒介研究课程，现在许多学院和大学设有媒介素养教育的教师培训项目；在美国，有大约 5000 所中学开设了新闻传播学课程，选修的学生每年约有 17.5 万人；在德国，有关媒介素养的知识是师范类院校、成人教育机构、宗教团体和社区工作者的经常性的讲演和宣

传内容；作为当代西方最重视媒介素养教育的国家，澳大利亚拥有一套从幼儿园到十二年级的完整的媒介素养教育课程与教材，也是世界上第一个通过法令使媒介素养教育成为常规教育的国家。

总体来看，国外媒介素养教育的组织大致分为两类：一是由政府出面并给予财政和政策支持成立的；二是由私人、民间团体或宗教团体自主建立的。如美国旧金山的"媒介素养教育方略"、洛杉矶的"媒介素养教育中心"、麦迪逊的"全国电子传媒协会"和阿什维尔的"媒介素养公民行动"等媒介素养组织，它们定期研讨媒介素养的问题；智利有"基督教会和传播行为研究中心"、"教育普及中心"和"文化、艺术表达与研究中心"等组织；日本在 20 世纪 70 年代中期就成立了"儿童与公民电视论坛"等民间组织，以筹办会议组织专题研究等形式大力倡导媒介素养教育。

从世界范围来看，媒介素养教育的课程模式主要有三种：一是成为独立的一门必修课程，如澳大利亚的南威尔士 1981 年的"教育中的大众媒介"条例中，要求从幼儿园到 12 年级将媒介素养教育作为必修课开设；二是作为某一正规课程的一部分，如英国将传媒素养知识纳入"英语语言文学"中；三是作为选修课，如法国的"影视媒介"通常是由校内外各种团体通过"课外讲座"的形式实现。

总体而言，在西方国家，媒介素养被认为是全体公民都应该具备的基本品质，重视从小开始培养，媒介素养教育已经纳入了国家大中小学课程体系，形成了较为成熟的教育模式。另外，各国政府也非常重视，由政府部门发起并联合相关机构成立专门的媒介素养教育机构，制定媒介素养教育规划，承担计划实施、教育普及、协调推广等主要工作，充分整合、利用各种社会资源，包括政策资源、资金资源和文化资源等，促进媒介素养教育项目的推广和实施。

2. 国内大学生媒介素养教育的发展现状

相对于西方国家，我国对于媒介素养教育的研究是刚刚起步，呈现出下列几个特征。

（1）有关媒介素养课题的研究时间短、成果少，尚未引起广泛的重视。从 1997 年卜卫发表第一篇关于媒介素养教育的学术论文以来，媒介素养的研究在中国大陆尚没有质的飞跃，依然停留在对国外文献的追溯和引用上，对我国大陆目前媒介素养教育的现状也仅限于浮光掠影地描述。2004 年 10 月，"首届中国媒介素养教育国际研讨会"在京召开。与会专家认为，中国公民的媒介素养普遍不高，应当吸取国外经验，开展媒介素养教育；虽然不少学者尝试结合中国国情提出有针对性的观点，但总体看来，依然缺乏真正有建树、有创新的观点。此外，相比其他热门的新闻传播学课题而言，媒介素养课题的研究在中国大陆始终没有引起广泛、充分的重视。有关此课题的研究论文在一些权威和核心期刊上还非常少见，这方面的研究文章每年平均不超过 10 篇，数量之少、成果之罕，令人感到遗憾和担忧。

（2）对作为媒介接触的主流人群的大学生媒介素养研究微乎其微。媒介素养教育是全民教育的重要内容，也是终身教育的重要内容，如何对不同知识背景、文化层次、年龄阶段的受众进行媒介素养教育也是我们研究的重要课题，大学生作为媒介接触的主流人群，他们的媒介素养状况关系到我国媒介素养的整体水平，他们的媒介素养问题本应受到更多更深刻的关注，但实际研究情况却不尽如人意。中国国际广播出版社出版的《2010 中国媒介素养研究报告》共收录传播界、教育界各专家学者相关文章 65 篇，但是其中讨论大学生媒介素养教育的文章仅 7 篇，因为调查数据的欠缺，使得学者们对当前大学生媒介素养教育现状的批判力度不够，也导致他们呼吁实行媒介素养教育的声音显得力度不够。对媒介素养教育的内容和方法也是描述性语言居多，缺乏细致入微的对我国在社会转型期媒介环境现状的分析。

（3）高校媒介素养教育缺乏有效实践，仅限于理论研究和介绍。对媒介素养和媒介素养教育，少数学者的关注和研究仅局限于在学术期刊或学术论坛中发表文章，有关媒介素养教育的实践非常匮乏。与西方国家媒介素养已经发展成为一门健全的学科相比，我国学校教育中还较少使用媒介素养教育来定义或设置课程，即使是有所涉及的诸如信息技术教育课程，也普遍存在着所编制的课程跨学科研究不够，特别是吸收传播学和心理学的研究成果太少，在课程目标上，偏重现代技术的技能掌握，忽视传媒素养的提升。在我国只有极少的学校开展媒介素养教育。2002 年中国传媒大学正式成立媒介素养教育研究中心，2004 年高等教育研究所设立媒介素养教育专业硕士点，同年 9 月，上海交通大学在本科生中首次开设媒介素养公选课，同年 10 月 1 日，复旦大学媒介素养小组创建并开通了中国大陆第一个媒介素养专业网站（www. medialiteracy. org. cn），2006 年 6 月 23 日，复旦大学媒介素质研究中心（Fudan Media Literacy Research Center）正式成立。然而一般高校由于师资、技术、设备等条件的制约，却无法同步发展。目前高校中除了北京、上海等少数高校有计划地开展了大学生媒介素养教育外，国内其他高校对大学生实施媒介素养教育的寥寥无几。这方面，台湾政治大学媒介素养研究室做了不少有益的探索和实践，值得我们借鉴。

总体看来，我国的大学生媒介素养教育实践处于起始阶段，进行大学生媒介素养教育开发及评价研究的研究者及机构仍是少数，教育实践的贫乏直接导致相关教育理论的空缺。特别是将媒介素养教育纳入到思想政治教育的范畴，将媒介素养作为传播学的重要部分，将思想政治教育进行传播基础或原理性研究，是思想政治教育创新发展的必然要求。有了大学生媒介素养教育课程、学习资源、教育模式等的开发研究，才能对开发的内容进行评价研究，并最终完善我国独具特色的大学生思想政治教育的科学体系。

总体而言，媒体素养教育从 20 世纪 30 年代提出至今，经过近 80 年的发展，在西方国家已经形成成熟的理论框架和实践体系，融入了从小学至大学各个阶段的课程体系之中。但与此形成强烈反差的是，我国的媒介素养教育起步较晚，还处在理论摸索阶段。国民媒介素养教育的重要性还未引起社会广泛认知和充分肯定。当前在我国除上海、北京、广州等为数不多的高校相对有计划地开展媒介素养教育外，其他高校实施该项工作的寥寥无几，远不能适应现代社会对人才培养的需求。

三、我国高校实施媒介素养教育的可行性分析

高校作为人才培养和公民素质教育的重要阵地，在现阶段的国情条件下具有实施媒介素养教育的可行性。

其一，高校对大学生实施媒介素养教育，可以素质教育为依托，将媒介素养教育作为大学生素质教育的一项重要内容，拓宽素质教育的内涵，提升素质教育的质量，发挥高等教育特有的制度化、强制性以及良好的持续性优势，保证媒介素养教育理念和内容得到比较稳定的贯彻。对于大学生来说，利用学校和教师的权威性，系统地讲解和讨论媒介文本解读与分析的技巧，容易与周围同学达成共识，相互影响，以此达到有效利用大众媒介的作用。

其二，鉴于我国中小学是以高考为根本目标的升学应试教育，课业负担已经令学生不堪重负，暂且不能沿袭发达国家将媒介素质教育列入中小学正规教育内容的模式，但大学教育体系相对宽松自由，可以作为启动媒介素养教育的突破口和主阵地。在大学教育中首先导入基础的概论型的媒介素养教育课程，从有条件的院校设立公共选修课开始实验，逐步力争成为各大学各专业的公共必修课或基本素质课。另外，可依托大学现有的新闻传播类学科点，先以大学生群体为试点，然后展开对我国公民媒介接触行为及其媒介素养状况

的大规模调研、编写符合国情的有针对性的媒介素养教育教材、开设有关媒介素养教育的学术机构和研讨会议、为社会培训媒介素养教育师资、为政府部门提供有关媒介管理的政策咨询，等等。

四、高校实施媒介素养教育的路径探析

1. 将媒介素养课程纳入通识教育课程体系

信息社会，媒介素养已成为公民的基本素养，高校将媒介素养课程纳入通识教育课程体系，符合学科发展及学生成人成才的需要。在课程内容的设置上，至少应涉及以下几个方面：介绍媒介的基本知识、发展历史、信息传播规律，使学生了解媒介传播信息对社会发展的巨大影响；阐述媒介与社会政治、经济文化之间的关系以及影响媒介生存发展的各种社会性因素，让学生学会判断媒介信息的多重意义；介绍媒介产品或媒介信息的生产制作过程及传播方法和技巧，使学生具有使用、操控媒介的能力；引导学生对媒介进行有选择地参与和接触，培养学生利用媒介发展自我、服务社会的能力。

2. 国家出台相关的政策法规以规范媒介素养教育的实施

我国媒介素养教育面临的最大问题是社会重视程度不够，社会对于媒介的价值认识和功能使用仍停留在低水平上。纵观世界范围内媒介素养教育实施比较成功的国家和地区，不难看出媒介素养教育得以成功实施的前提保障之一是国家政策法规的引导。国家的政策法规一方面能够加大学校的重视程度，引起学校对媒介素养教育重要性的关注，另一方面国家出台的政策法规能够起到很好的规范作用，引导媒介素养教育的师资培训、资源建设以及考核制度逐渐向系统化与标准化发展。

3. 促进媒介素养教师的专业化发展

目前高校在开设媒介素养教育课程时，遭遇的一个难题是，专业教师严重不足。除了新闻传播院校的教师外，一般高校开设媒介素养教育课程的教师基本都不是具有媒介素养专业背景的，面对如此现状，促进媒介素养类学科教师的专业化发展是十分必要的。一方面，对现有的教师进行系统的、全面的、专业的培训，媒介素养类教师应全面了解国内外媒介素养教育实施现状，充分认识媒介素养教育对大学生的重要意义，科学地进行媒介素养教育课程的设计与实施，合理安排媒介素养课程的内容，合理设计教学内容、过程、方法、评价的各教学活动。另一方面，应在师范院校尽快建立起媒介素养教育专业，培养专业化的各不同阶段的媒介素养学科教师。双管齐下，加快媒介素养学科教师队伍专业化建设，增强师资力量。

此外，媒介素养教育的推广与实施仅靠高等教育一个环节是远远不够的，高校媒介素养课程之所以实施效果不佳与义务教育阶段媒介素养教育缺乏有密切关系。媒介素养作为公民的基本素养之一，应该纳入公民教育体系中，从小培养公民媒介素养意识与能力，在此基础上，高等教育阶段的媒介素养才能达到预期的效果。

（作者单位：湖北工业大学　原文刊登于《当代经济》2012 年第 10 期）

大学教师媒介素养教育研究：现状及对策

李谋冠

《中国广播电视学刊》　2012年第4期

传媒愈发成为塑造和产生信息化校园中拟态现实的主导力量，大学教师的传统形象和地位正日益受到新媒介形态的冲击。同时，在信息传播活动过程中，大学教师很大程度上承担着信息把关人的角色，因此审视并重视大学教师的媒介素养教育，愈发显现出其重要性和必要性。

当前中国大学教师媒介素养教育的现实存在以下特点：（1）观念制度上的缺位。认为像大学教师这样的职业人士无须接受媒介素养教育。（2）缺乏系统的培训制度。教师在学生时代和教师继续教育阶段均缺乏媒介素养教育。（3）缺乏科学的学习内容。媒介素养教育与其他教育内容相混淆。

针对以上现状，大学教师媒介素养教育的有效途径应从以下六点着手：（1）构建完备的媒介素养教育制度。通过立法、完善本科学制的设置和大学教师继续教育等途径来建构完备的教育制度。（2）提高大学教师重视媒介素养教育的自觉意识。要积极转变培养方式和理念，真正实现从"要我学"向"我要学"、由自发需要向"内在性的自觉"需要的转变。（3）有针对性构建大学教师媒介素养教育的内容体系。提高大学教师的媒介意识和认知能力；培养大学教师多层次的媒介素养能力；正确辨析媒介素养教育的内容与教育技术的内容之间的关系。（4）建立专业的培训机构和平台。借助当地师范院校教育技术学院（中心）和现代远程教育技术的优势来搭建培训机构和平台。（5）大力提高大学教师媒介素养教育的科学性。主要体现在教学目标的阶段性、教学内容的针对性、教学方法的适用性。（6）与学生一起共同接受媒介素养教育。

（种聪　摘）

大学生网络媒介素养教育的德育价值及其实现路径

李海燕

《渤海大学学报》　2012年第5期

如何优化大学生媒介素养教育并利用其资源促进德育的发展，已经成为新时期高校德育研究领域中的重要课题。网络媒介素养是指人们认识、分析、评价、获取网络媒介信息并且使用网络媒介信息服务于个人学习、工作和生活的能力。大部分网络媒介信息缺乏权威性与准确性，大学生自身经验不足，如果缺乏一定的媒介素养，就容易在浩瀚的信息中迷失方向，进而影响到正确的价值观、人生观和世界观的形成。

因此网络媒介素养教育对于大学生具有重大价值：一、大学生网络媒介素养教育是高校德育的完善和补充。二、网络媒介素养教育有助于大学生"自主型"德育模式的发展。三、网络媒介素养教育助推虚拟大学生德育范式的发展。四、网络媒介素养知识的融入丰富了高校德育课程内容。

在大学生中实现网络媒介素养教育路径有以下几条：一、要培养大学生对网络媒介的认知能力。二、要培养学生对网络媒介信息的理性传播能力。三、要培养大学生利用网络媒介信息来发展和完善自我的能力。

高校德育工作者必须站在时代的高度，以开展大学生媒介素养教育为切入点，在理论上积极探索、总结网络媒介下大学生德育工作规律，在实践上勇于开辟网络时代德育工作的新方法和新途径，要以积极创新、求真务实的精神开创网络时代高校德育工作的新局面，为大学生的网络生活领航。

（种聪 摘）

大学语文教学中强化媒介素养教育的思考

《教学研究》 2012年第5期

信息社会使大学生置身于无处不在的媒介世界之中，大学生媒介素养的缺失必然会影响其人文素养的提高。对当代大学生开展系统的媒介教育，使其媒介素养由自发变自觉，不仅必要，而且具有现实意义。在高校现行培养方案框架体系下，最直接、最简便、最高效的大学生媒介素养教育，就是穿插、渗透于大学语文的教学之中。

从课程定位、教学目标和课程作用三个层面来看，大学语文课程与媒介素养教育存在一定的内部关系。因此可将媒介素养教育引入大学语文课堂，通过提升学生的媒介素养，使学生正确看待媒介文化，获取好的媒介信息，质疑媒介的不良信息，全面提高学生的人文素养。

在大学语文教学中强化媒介素养教育可以从以下两方面入手。首先，在教学模式上采用建构主义模式，设置情景，培养学生批判性思维能力。在大学语文教学中采用建构主义的教学模式。以学生为中心，在教学设计中，教师创设有利于学习者建构意义的学习情境，在学习过程中贯穿协作精神，并通过师生之间的交流，实现意义的建构。其次，在课堂教学内容中适当增加媒介信息以提高大学生的媒介素养。在注重对经典文本解读和知识点传授的同时，必须要兼顾对媒介信息的解析，通过发问、讨论和分析，不仅可以激发学生的学习兴趣，而且还有利于提高学生的媒介批判能力。

在大学语文教学中强化媒介素养教育是媒介化生存时代的有益尝试和发展方向，将对大学生人文素养的提升、人文精神的养成具有重大意义。

（种聪 摘）

高校传媒专业学生全媒体素养培养策略研究

随着科技的发展，信息的传播方式也在不断地发生着变化，如今已经进入了全媒体时代。高校的传媒相关专业作为传媒人才的培养源头，应该紧跟时代培养出适应时代需求的高质量人才。

全媒体素养就是在综合学习和使用各种媒体时通过训练和实践而获得的技巧或能力。全媒体时代的人才需要具备全面的媒体技能水平、多种媒体综合运用能力以及受众至上的全媒体意识。

从对全媒体素养的界定来看，学生的这种素养实质就是一定的技巧和能力，而这种技巧和能力又是通过对各种媒体的综合理论学习和对媒体的积极运用和实践获得的。因此，要培养学生的全媒体素养，就必须从理论和实践两个方面抓起。

在理论层面，首先，提升专业教师水平。将自己的教师送到外面进行学习、培训，同时提供优惠政策引进高端人才。其次，调整课程体系与培养方案。课程体系的调整应科学统筹，本着"按需设课"的原则，办学单位依据既定的专业培养目标和时代的需求总体把握课程的开设。在实践层面，首先，加大设备资金投入。结合专业定位、培养目标以及自身特点合理地构建专业实验室。其次，营造媒体应用氛围。利用专业知识丰富学生的课余生活。再次，加强多方合作。加强院校之间以及与媒体单位的合作。

高校应该积极应对变化，为传媒行业培养素质全面、能熟练驾驭各种数字化装备、适应多样化采编技能的全媒体人才。相信通过积极的应对、科学的转变，我们的高校一定会源源不断地为传媒行业提供符合时代需求的合格人才。

（种聪　摘）

高校学生辅导员媒介素养及其提升策略

信息时代下，媒介环境已经成为高校大学生思想政治教育环境的重要组成部分，高校学生辅导员是大学生思想政治教育的骨干力量，如何正视媒介的影响、重视媒介的作用、运用媒介的力量，已经成为高校辅导员队伍建设的重要内容。

媒介素养之于高校辅导员的意义可以从三个方面来谈：一、个人层面：媒介素养是辅导员自身发展的基本素质。因为媒介素养有利于辅导员正确地认识自己，大众传播媒介具有监测环境、协调社会、传承文化、提供娱乐等功能，外部环境的信息主要通过它连续不断地向个人、组织、社会传递。二、工作层面：媒介素养是提高学生思想政治教育实效性的客观要求。新媒介技术在大学生思想政治教育领域的运用，不但可以提高大学生们的信息获取效率，而且可以增强思想政治教育的吸引力和感染力，提高思想政治教育的有效性。

三、社会层面：媒介素养是和谐校园建设的有力保障。辅导员在进行大学生思想政治教育的过程中事实上也承担着学校新闻宣传的任务，是学生宣传工作最有效的实施者和学生舆情最有效的引导者。

高校学生辅导员媒介素养的主要内涵包括以下几个方面：一、有效获取并正确理解、评估、判断信息的能力；二、整合信息和利用媒介传播信息的能力；三、对大学生进行媒介素养教育的能力。

对此，可以从以下途径寻求高校辅导员媒介素养的提升：一是与时俱进，增强媒介意识；二是主动实践，提高媒介能力；三是加强培训，建立长效机制。

（种聪　摘）

公共危机视阈下的大学生媒介素养教育研究

饶丽虹　夏　星

《中国管理信息化》　2012 第 17 期

公共危机是指那些严重影响甚至威胁大众正常生活、工作以至生命财产的突发事件，主要分为不可抗拒力引起的自然灾害和人为因素造成的危机两大类。公共危机发生后，受众如何解读媒体公共危机的报道并参与公共危机的沟通、决策，不仅与媒体报道有关，也受自身媒介素养的影响。关注公共危机信息在大学生这个特定群体中的传播，总结其传播规律，有针对性地加强大学生的媒介素养教育，使其能够理性地认识媒介和辨别媒介信息，领会媒介及其信息的影响力，具有十分重要的意义。

在新的媒体环境下，公共危机信息呈现以下两个传播特点：一、国外反华势力以"公共危机"为契机，恶意诋毁中国形象。二、传播主体的多元化导致公共危机信息传播得零乱和随意。

在我国，媒介素养教育并未引起足够重视，由于这方面的缺失，大学生群体对公共危机信息的接受呈现以下几个特点：一、对媒介运作方式不够了解，对危机信息背后的意识形态之争缺乏甄别能力；二、大学生媒介消费能力弱，对公共危机事件缺乏理性的思辨能力。

大学生是被社会寄予厚望的一个群体，其社会心态关系到社会整体未来的发展变化，加强大学生的媒介素养教育关键在于做好以下两点：一、加强大学生媒介素养教育课程体系的建设；二、借助校园媒体，提高媒介实践能力。

（种聪　摘）

论"自媒体"的兴起与大学生网络媒介素养教育的创新

李 凯 梁浩明

《东南传播》 2012年第2期

互联网发展迅速，各种网络应用技术层出不穷。互联网信息传播模式在"自媒体"应用普及的影响下，正在发生着深刻变革。大学生是"自媒体"最为活跃的用户群体，这给大学生网络媒介素养教育工作提出了新的挑战。大学生网络媒介素养教育，意在提高大学生使用互联网的能力，以及面对互联网中各类信息时的辨别能力、认知能力、批判能力、利用能力、创造能力。在不同的网络发展阶段，大学生网络媒介素养教育也有着不同的要求。

"自媒体"的崛起使互联网信息传播格局产生了以下变化：一、传播大众化，互联网成为普通民众可以任意使用的"零门槛"的传播工具；二、传播模式多元化，"自媒体"时代，网络传播中人际传播效应凸显。三、互联网用户的新角色，大学生网民数量大、关系紧密，大学生"把关人"的角色越来越明显。四、信息质量良莠不齐，一方面其使用门槛低、操作简便、发布快捷，另一方面，缺乏对发布信息的有效监督审查手段。

我国大学生网络媒介素养存在的一些不足：一、网络媒介知识和运用能力不足，大学生互联网媒介知识和使用能力依然处于较低水平。二、深度解读能力、批判质疑能力、独立思考能力等媒介信息处理能力处于较薄弱水平。三、对媒介信息的负面影响存在一定的认识，但是媒介道德规范和法律意识处于较低水平。

提高大学生网络媒介素养，可以通过以下几种途径：一、讲座、论坛、竞赛；二、大学生社团活动。三、校园社交网络元素，主要指大学网站下的学生论坛、学校官方微博等。

（种聪 摘）

数字时代高校媒介素养教育与
大学生公民意识培育的关系探析

邱昊

《东南传播》 2012年第1期

媒介素养教育是指导学生正确理解、建设性地享受大众传播资源的教育，通过这种教育，培养学生具有健康的媒介批评能力，使其能够充分利用媒介资源完善自我，参与社会发展。

高校是媒介素养教育的前沿阵地，面对新的媒介生态环境和大学生实际需求的变化，媒介素养教育的传统模式必须被纳入当前的文化和社会环境中，通过吸纳、转换等方式，形成新的媒介素养教育的内容和功能，从而使媒介素养教育在持续的文化和社会建构中不断获得新的生命力。将公民意识的培育融入高校媒介素养教育正是在新的媒介和社会环境下以一种现代性的姿态实现高校媒介素养教育的理念和实践的传承、延续和再造。

媒介素养教育与公民意识两者之间的关系主要体现在以下几个方面：一、培养民主社会的公民是当代高校媒介素养教育和公民意识培育的共同目标。媒介素养教育的赋权范式有着鲜明的引导媒介使用者通过积极参与生产媒介信息推进社会民主建设的特征，契合了当前中国社会的现实需要；二、主体性的建构是当代高校媒介素养教育和大学生公民意识培育的基础。对于大学生公民意识的培育来说，主体意识是构成公民意识等诸多意识的基础，没有主体意识，一切都无从谈起；三、责任意识是当代高校媒介素养教育与公民意识培育的关键。高校的当代媒介素养教育必须在建构大学生主体性的基础上培养他们的责任意识。

当代高校媒介素养教育和大学生公民意识培育的目标以及实现目标的基础和关键步骤都具有诸多共同点，因此，在数字时代变化的媒介生态环境中，把公民意识的培育纳入到高校媒介素养教育的体系中来具有重要的现实意义和价值。

（种聪　摘）

新媒介时代大学生媒介素养教育的模式研究

焦红强

《河南教育（中旬刊）》　2012 年第 4 期

新媒介环境对人们的媒介素养提出了更高要求，也让我国的媒介素养教育提上了日程。采取科学的教育模式，提高大学生的媒介素养非常重要。

过去几十年间西方发达国家对媒介素养教育的模式进行了各种探索，到中国开始进行媒介素养教育研究时，国外已经过了 4 次"范式"转变，因此这 4 种"范式"在目前中国的媒介素养教育中都有体现。从实践上看，国内已有不少高校开始了媒介素养教育实践。

从媒介素养教育的主体上看，大学生的心理特征决定了他们在新的媒介环境中媒介接触行为更多。不过实际的调查发现，虽然大学生接触媒介时间长，但对于媒介的认知能力却不容乐观。因此，在新的媒介环境中，采取科学的教育模式，提高大学生的媒介素养就显得更加迫切。

结合大学生的媒介素养现状和心理特征，笔者认为大学生的媒介素养教育可采用"分析——参与"模式。这一模式的第一步是通过基本的媒介教育提高大学生的媒介分析能力与信息鉴别能力，第二步是让大学生积极主动地参与媒介活动、提高媒介使用能力。这种模式可以用 4 种方法来实现：第一，进行媒介通识教育；第二，提高信息分析辨别能力；第三，加强信息传播道德教育；第四，引导和鼓励学生参与媒介信息传播活动。此外，可以利用课堂教育平台、媒介教育平台、社团教育平台以及自我教育平台等媒介素养教育平台，为实践工作服务。

（杨若翰　摘）

2012 我国高校媒介素养教育研究

尹 力

媒介素养教育最早起源于 20 世纪 30 年代的英国，1933 年，汤普森和李维斯首次就学校引入媒介素养教育的问题作了专门阐述，并提出系统的教学建议。到 20 世纪七八十年代，由于政府和联合国教科文组织的介入，西方国家开始形成一定规模的学校媒介素养教育。相较于国外，我国的媒介素养教育起步较晚，并且其最初的教育实践主要是针对中小学生，如中国传媒大学在北京黑芝麻胡同小学进行的教学活动，而真正面向高等院校大学生的媒介素养教育课程，直到 2004 年才首次在上海交通大学开设。此后，上海师范大学、复旦大学、浙江传媒学院等高校也陆续在本校大学生中开设了专门的媒介素养课程。教育实践上的发展必定也会反映到理论研究上来，经过近十年的发展，我国高校媒介素养教育的理论研究也取得了长足进步。

与 2011 年比较，2012 年我国高校媒介素养教育研究的论文呈现出以下几个较为明显的特点：（1）研究论文在数量上有较大幅度增长，在质量上亦有较为明显的进步。2011 年，在 CNKI 上，以"高等院校"、"大学生"、"媒介素养教育"等为关键词，笔者共搜到研究论文八十余篇，而 2012 年，这一数字增长到了 126 篇。除此之外，论文研究质量的提升也较为明显，这一点尤其体现在对高校媒介素养教育主体——大学生相关情况的实证调研上。与 2011 年不同，2012 年已有不少实证调研摒弃了笼统的数据描述，而代之以较为翔实的抽样方法叙述、调查样本选择以及相关数据解释，这不仅很好地诠释了实证调研中强调的客观主义科学精神，也极大地增强了研究结论的信度与效度；（2）出现了对传媒类专业大学生媒介素养状况及教育途径的探讨与思考，如冯瑞珍的《对新闻传播类大学生媒介素养调查分析——以河北省四所高校为例》、音坤的《地方性本科院校新闻学专业学生媒介素养教育现状及途径新探》等，而这是在以往的高校媒介素养教育研究中很少被研究者关注到的一个话题；（3）对西部边远地区高校大学生媒介素养教育的关注度明显加强，不仅有对西南、西北等高校大学生的研究，还出现了对西藏、新疆等少数民族地区大学生的实证分析及比较研究。

不过，综观 2012 年我国高校媒介素养教育的理论研究，仍可发现一些较为明显的不足。其一是对媒介素养概念的定义仍有过于宽泛的趋势，这使不同学科背景的媒介教育者和研究者，都可以从自己所熟悉的角度理解什么是接近、分析、评价和传播的能力，并在讨论中总得以维护自己的立场。而事实上媒介素养并不仅仅是一组有用的技能，媒介素养的内涵也并非是依据其社团或政府的利益来界定；其二是虽有许多较为翔实的实证调研，但针对问题提出的解决方法仍流于泛泛而谈，具体的、具有可操作性的方案缺乏；其三是理论研究的深度仍有待挖掘，对高校媒介素养教育的研究并不能仅仅停留在对一些现象的描述与解答上，更深层次的理论思考对我国高校整个媒介素养教育实践的发展都将是不可或缺的。但无论如何，瑕不掩瑜，下面本文将在对 2012 年我国高校媒介素养教育研究的相关成果进行梳理的基础上，从大学生群体媒介素养状况、新媒介环境下的大学生媒介素养教育、高校媒介素养教育课程设计、高校教师群体的媒介素养等四方面来进行评述。

一、大学生群体媒介素养状况

我国高校的媒介素养教育其针对群体主要是在校大学生，因此，准确定位该群体的媒介素养状况是科学编制媒介素养教学大纲、调整相关教学策略的基础，一直以来，对该问题的关注都高居高校媒介素养教育研究的首位。而 2012 年研究者对大学生群体的实证调研更出现了细分化的趋势，专业差异、地域差距等外在客观的不可逆因素被更多地考虑进来，因此，虽然 2012 年对高校大学生媒介素养状况的调查仍多集中于大学生对媒介的认知、接触和使用及利用等方面，但相较于以往的研究，因调研对象的同质化程度更高，也就在某种程度上使其调研结果更具准确性和代表性。

（一）传媒专业和非传媒专业大学生的媒介素养状况

所谓媒介素养，主要是指人们对各种媒介信息的解读和批判能力，以及使用媒介信息为个人生活、社会发展所用的能力，因此，对媒介相关知识的掌握与理解是判断个人媒介素养水平高低的重要指标。在传统的媒介素养教育中，教育者多强调对媒介文本内容的解读和对媒介文本制作技巧的解码，而这些内容，在整个大学学习的过程中，传媒专业的大学生其实是会通过不同方式接触并亲身实践的，比如通过新闻传播类理论课程初步理解传媒是如何塑造出一个与真实世界不一样的"外部世界"，通过具体的、实践性的课程学会信息传播的制作技巧，等等。因此，传媒专业大学生无论是在对传媒的认知、接触，还是在拥有的传媒制作能力、传播技巧等方面都与非传媒专业大学生存在不同。

2012 年，有研究者调查了高校传媒专业学生的媒介素养状况。冯瑞珍在对河北省属四所高校新闻传播专业本科生进行的调查中就发现，在回答"'李刚门'事件是否能反映客观事实"时，70.83％的被调查者表示能"部分反映"，19.32％的学生表示"不能反映"，有 9.46％表示能反映。而在被问到 2011 年日本"3·11"大地震之后中国市场上出现"抢盐"事件的问题（多选）时，有 85.81％的被调查者认为是消费者的盲从，有 14.45％的学生认为媒体的报道存在一定的问题，导致人们的误解。根据该调研中的系列数据资料，研究者最后认为，在对具体媒介事件的理解上，受过专业知识训练的学生对媒介表征和建构有清醒的认识，不容易把媒介现实和客观现实混为一谈，对媒介事件有深刻认识。[1]

蒋小花等则分别对杭州下沙高教园区的传媒专业学生和非传媒专业学生进行了调查，调查结果亦显示在对媒介信息的判断方面，有 63％的传媒专业学生认为准确信息和综合信息同时是他们判断事件的依据，并且该组中有达 20％的学生不受媒介信息的影响，而在非传媒专业的学生中，仅有 8％的学生表示不受媒介信息的影响。[2]

金雷磊在对福建山区高校本科生媒介素养状况进行调查时亦发现，非新闻传播专业的学生媒介素养要比新闻传播专业的低。如他在调查大学生对传媒行业的认知与了解时，就发现新闻专业的学生对于什么是新闻，如何认识与理解新闻，新闻的特点及新闻的价值体现在哪里等基本问题十分清楚，而非新闻专业的学生对这些基本问题的了解就没有那么全面。[3]

总结研究者的调查结果，我们可以看到，基于专业学习的背景，传媒专业大学生对媒体的认知能力和批判能力普遍高于一般的非传媒专业大学生，这也就相应使其媒介素养水平高于普通专业大学生。因此，在现有的高校媒介素养教育实践中，我们应区别对待传媒专业和非传媒专业大学生。针对传媒专业学生已具备一定的媒介认知、判断及参与制作能力的状况，高校媒介素养教育者应适时改变教学重点，摒弃在传统媒介素养教育中追问——谁生产媒体文本？如何生产？文本形式如何？如何再现真实？谁是文本的目标群体？如何理解文本含义？——这一媒介素养教学模式的固定版本，以提高这些未来的大众信息传播者接触和使用媒体信息时的道德意识及自律能力为突破口、以引导他们树立与主流文化相吻合的价值观为目标指向，实现有针对性地从技巧到素养、从媒介解构到文化建构的转向，唯此才能真正做到有的放矢，并达至最佳教育效果。

（二）不同地区高校大学生的媒介素养状况

一直以来，我国高校的媒介素养教育实践都表现为一种不平衡的状况，这不仅体现在开设媒介素养专门课程的高校数量少，也体现在东部发达地区和西部等相对不发达地区的差距上。那么，相较于东部地区，那些处于地理环境相对封闭、社会经济发展也相对落后的西部高校校园里的大学生群体的媒介素养又是怎样一个状况呢？2012年，有不少研究者针对边远不发达地区高校的大学生做了媒介素养的实证调研。

旷晓霞调查了广西南宁、柳州、桂林、百色、钦州等地高校大学生媒介素养的状况，发现当前广西大学生媒介素养总体状况不太乐观，处于低水平阶段。其主要表现为对媒介的认知能力较低、对媒介信息深层次的辨识能力还处于自发状态、对媒介的利用能力非常弱。[4]祝传鹏以陕西理工学院为例，调查了陕南90后大学生的媒介素养状况，调查结果显示，大部分90后大学生对媒介的基本属性没有明确的认识，对媒介和社会舆论的关系亦缺乏正确的认识，在媒介实践能力方面还不够积极，参与媒介制作的总体比例还不够高，使用媒介信息的能力还有所欠缺。[5]

还有研究者探讨了西藏、新疆等边远少数民族地区大学生的媒介素养状况。常凌翀从媒介认知、媒介功能、媒介使用等几个方面考察了位于西藏拉萨的四所高校和位于陕西咸阳的西藏民族学院的藏族大学生的媒介素养状况，调查结果显示，有80％以上的藏族大学生赞同"媒介报道是客观现实一面镜子，能够真实反映现实世界"；当自己对媒体的信息具有不同的观点时，区外藏族大学生有48％会选择设法求证，26％则会相信媒体，16％选择"坚持己见"，而区内有38％的藏族大学生选择设法求证，34％选择相信媒体，14％选择"坚持己见"。[6]韩卫娟等调查了新疆石河子大学学生的媒介素养状况，发现在石河子大学有58.32％的理工科同学未参加过任何形式的媒体内容制作，有59.34％的学生认为媒介对自己有影响。[7]

还有研究者比较了东西部地区大学生的媒介素养状况，韩燕等调查了杭州和西安高校大学生的媒介素养状况，发现两地的大学生既有共性也存在差异。比如都是每天接触电脑和手机最多、时间最长，在对媒介的认知方面，东西部地区大学生的差异也不大。不过，在新媒介制作和参与方面，东部地区大学生的积极性和参与度更高一些，而西部地区大学生相对来讲是被动参与媒介制作和传播。[8]

从以上研究者的调研中我们可以看到，除了像西安这样无论是在城市规模、还是在经济发展程度等方面都与东部中大城市差距不是太大的西部省会城市外，大部分边远地区包括西藏、新疆等少数民族地区大学生的媒介素养状况都还相对处于一个偏低的水平，这也反映出有利的媒介接触条件和发达的媒介使用环境有助于提高受众的媒介素养水平。

二、新媒介环境下的大学生媒介素养教育

进入21世纪后，以网络为代表的新媒介开始在我国高校普及。借助于互联网，一种可以使普通大众提供与分享他们本身的事实、他们本身的新闻的途径，如博客、播客、社交网络、论坛、即时通讯等"自媒体"亦迅速被高校大学生接受并应用。据中国互联网信息中心统计，截至2011年12月底，中国网民数量已达5.13亿，其中10～29岁的青少年网民占56.5％，在社交网站中，学生用户的比例达到50.3％，其中绝大部分是大学生。因此，在新媒介环境下如何实施对大学生群体的媒介素养教育问题也就成为2012年我国高校

媒介素养教育的一个关注热点。

(一) 大学生群体的新媒介接触情况及存在问题

大学生历来是与新兴媒介接触最多的一个群体,这不仅与大学校园里电视等传统媒体的缺位有关,也与大学生接受新生事物迅速、追求新与奇的心态相关。据冯瑞珍对河北四所高校新闻传播类专业大学生的调查,有近95％的学生拥有自己的微博、人人网、开心网等类似网站、自己的个人空间,其中,26.15％的人经常使用。而在网络上有过跟帖、留言、发表评论等行为的大学生则占被调查者76.22％的比例。[9]肖灿发现选择网络作为日常关注较多媒体的学生之中,有七成以上的人都注册过微博账号,并且有超过三成以上的人是经常使用。[10]史雅娟调查了河南16所高校从大一到大四共600名学生,其中379名学生拥有QQ、博客、微博等网络空间,占被调查总人数的63.2％。[11]高冬可在调查河南高校80、90后大学生的网络媒介素养现状时发现,有46％的学生已开通饭否、微博或者博客,另有12％的人准备开。在已开通微博的学生中,基本上每天都用的学生占20％,偶尔用的占55％。[12]

除对大学生新媒体的接触情况进行调研外,还有学者关注了新媒体环境下大学生群体媒介素养存在的问题。李海燕认为,大学生这一高素质群体依然存在网络媒介素养偏低的现象,具体体现在他们能够快速、便捷地获得网上信息,却很少去质疑这些信息;无法对网络媒介传播信息的方式及信息本身作出准确的评价;无法将自身的信息需求与媒介所提供的内容有效联系起来。[13]王莲华则认为,媒介道德和法律意识也是大学生媒介素养的一个重要因素,但从总体来看,我国大学生对网络道德规范认知比较模糊,对网络安全、知识产权等方面的知识了解甚少,对侵权盗版、网络违规等行为虽有认识,但自律与他律意识都较薄弱。[14]

还有研究者从新媒体自身的特点出发探讨了对大学生媒介素养带来的挑战。罗佳等认为,虚拟的网络交往导致大学生自我封闭与现实中的交往能力下降,造成人际关系的冷漠,极易使个体形成孤独、焦虑等不良心态。[15]郭丽萍则认为,自媒体带来了价值体系"无核心化",这无疑会分化销蚀传统的社会信仰体系,并消解传统权威,而权威性一旦动摇,稳定统一的价值观念就有可能遭到质疑,正统的价值体系也将受到冲击。[16]

毫无疑问,各种新媒介和新传播方式的出现,极大地改变了传统媒体传播环境下受众只能被动接受媒介信息的状况,推动了大学生积极参与媒介、制作各种媒介信息的热情。但另一方面,我们也要看到,自媒体使用过程中的非理性传播、对网络传播言论发布可能引起的严重后果认识不足,也很容易使网络传播成为"恶搞"、谣言、不良情绪等的宣泄地。因此,新媒体时代出现的新情况新问题和新变化,不仅对当代大学生的媒介素养提出了新要求,也对我国高校的媒介素养教育提出了新考验。

(二) 新媒介环境下的大学生媒介素养教育方式与实施途径

新媒介带给我国高校大学生的无疑是一把双刃剑,如何帮助他们扬长避短地用好这把剑,并发挥其最高正能量,是在新媒介环境中,每一位高校媒介素养教育者都需去正视和认真思考的问题。

有研究者认为,开展大学生网络媒介教育,应把学校、传媒界和社会等各种有效的教育途径和资源整合起来,以促进大学生网络媒介素养的全面发展。[17]还有研究者提出"四位一体"的教育模式,即通过政府引导、高校培育、媒介机构参与和研究者批判及大学生的自我教育,形成内外结合、经纬交叉的复合型教育模式。[18]亦有研究者从"参与式"角度出发,提出在综合培养和训练之下,构建大学生媒介素养知识与能力框架中"理解—过滤—批判—近用"的四大模块。[19]亦有研究者指出，网络媒介素养教育不仅应使学校教育和家庭教育相结合，还应使专业教育与思政教育相结合。[20]

有研究者探讨了新媒介环境下大学生媒介素养教育的实施途径，认为要充分利用校园广播、电视台、报纸、刊物、宣传栏、校园网络等一系列平台，通过传播健康的信息资讯，培养学生正确的价值观和行为方式，提高学生解读媒介信息、赏析媒介文化的能力；此外，校园传播平台也可以为学生提供参与制作、传播信息、发表观点的舞台，让学生自由展示，与学校乃至社会良性沟通。[21]李凯等认为，除了课堂教学外，还可以考虑使用以下几种方式开展大学生网络媒介素养教育：（1）讲座、论坛、竞赛；（2）大学生社团活动；（3）校园社交网络元素，这主要指的是大学网站下的学生论坛。通过利用学校的论坛、微博，不仅可以对重要事件、新闻信息等进行及时发布，引导学生舆论，还可以通过对学生的关注度、留言内容等进行调查、统计，及时发现可能导致不良后果的问题。[22]

相较于报纸、电视等传统媒体，以网络为代表的新媒体的一个重要特点就是强调交互性和参与性，这一特征亦决定了新媒介环境下的高校媒介素养教育必须采取一种更为能动的、与人分享的、民主和开放的教学方法。因此，不是单纯依赖以课堂单向传播式的我说你听这种教学方式为基础的传统媒介素养教育方法，而是争取多方面、多学科的协同配合，是满足当前互联网发展对大学生媒介素养培养各项要求的现实需要。

三、高校媒介素养教育课程设计

相较于各种宏观的、框架性的高校素养教育路线图，微观而具体的媒介素养教育课程设计似乎更能体现某一时期、某一地区的媒介素养教育水平。因媒介素养教育理念和实施方式上的差异，现有各国媒介素养教育课程的设计也呈现多元化格局。英国学者莱恩·马斯特曼就曾将其概括为四种模式：（1）媒介研究作为一门独立的科目；（2）媒介研究作为某一科目中的一个部分；（3）把媒介教育融入所有科目中；（4）媒介研究作为一个整合的、跨学科的课题。在我国高校现有的媒介素养课程模式中，把媒介素养教育作为一门独立课程，或把媒介素养教育融入其他科目中进行教学是目前较为常见的两种方式。

（一）独立式课程

所谓独立式课程是相对于媒介素养的融入式课程而言的，简单来说就是以提升受教育者的媒介素养为主要目标来展开课堂讲授或师生间交流互动的课程设计。在这方面，南京师范大学自主开发设计的《视觉文化与媒介素养》国家级精品课程做得较为出色，该课程不仅有明确的课程目标、新型的课程模型，还辅之以立体化的课程资源建设，形成了一个课程建设的系统工程。

在目标设计方面，该课程旨在培养大学生的视觉素养和媒介素养，培养对视觉信息和媒介信息的选择、理解、批判、应用和创作的能力与素养。在教学实践探索之中，还建构了一个三层次的课程模型：基础层——先行组织者，用来帮助大学生有效获取相关新知识；核心层——知识、理解和能力，代表课程的内容、资源的开发等，引导学生获取知识、促进理解和提高能力，层层递进，相互促进；提升层——自我意识，意味着课程目标不仅仅是能力的提高，更是文化自觉意识的唤醒与博雅素质的养成。[23]

在课程内容设计上，《视觉文化与媒介素养》从"知识模式"、"理解模式"和"能力模式"三个层面入手，紧扣读图时代和媒介文化环境下的"观看"行为特点，阐释内容与形式之间的内在逻辑关系和媒介传播的特征与影响，推动大学生能力的发展，促进大学生自觉意识的提高。[24]

除此之外，《视觉文化与媒介素养》课程还构建了跨学科团队，选择具有教育技术、艺术教育、视觉艺术、视觉心理、计算机图形和新闻传播学等不同学科背景的教师，形成知识互补的教学团队来开展课程教学活动。[25]为给课程的发展奠定扎实基础，还实现了课程内容、课程资源与课程方法之间的相互渗透和促进，以构成一个有机体，共同达到课程目标。[26]

从 2012 年的相关研究来看，我国高校媒介素养教育的独立式课程设计还不多见，而类似《视觉文化与媒介素养》这样的精品课程更是严重缺乏，这也在一定程度上折射出我国媒介素养教育所处的尴尬地位，没有相关政策及一定资金支持的我国高校媒介素养教育与实践，其未来之路仍将坎坷与艰辛。

（二）融入式课程

与重新独立开发一门全新的媒介素养教育课程相比较，在现有的其他科目教学设计中融入媒介素养教育的内容，不仅简便，无疑也更适合当前我国高校的实际情况。

徐协提出了在大学语文教学中强化媒介素养教育的思考，认为可从以下两方面入手，一是在教学模式上采用建构主义模式，设置情景，培养学生批判性思维能力；二是在课堂教学内容中适当增加媒介信息以提高大学生的媒介素养。[27]张萍等亦建议将媒介素养教育渗入大学语文课堂，通过人文情怀和审美能力的培养使学生自觉远离媒介"垃圾"；通过在课堂上讲故事和典故的方法引导学生做一个有操守的媒介信息利用者和传播者。[28]

有研究者探讨了在大学英语教学中实施媒介素养教育的方法。于莹认为可从以下几方面进行尝试：一、从语言技能层面，加强学生对英文网络媒介内容的认知和理解能力；二、从网络英文媒介常识的层面，增强学生对英文媒体基本情况的了解；三、从批判性语篇分析层面，培养学生对英文网络媒介的批判意识和创新能力。[29]井媛则认为，教师应鼓励引导学生多读多看外刊新闻，在日常报刊教学中有意识地补充国际国内相关热点问题，并鼓励学生就热点新闻问题发表个人观点，帮助他们在积累报刊相关专业知识的同时，形成良好的阅读习惯。此外，鼓励学生主动参与新闻报道的创作过程也十分重要。[30]

袁莉鉴于曾有研究者提出建立独立的媒介素养课程体系，但却立即遭遇各军队院校不同培养领域、专业设置等方面限制的现实状况，认为将媒介素养的相关课程纳入在军校具有普遍适用性的人文素质教育课程体系就能很好地解决这一问题。她认为，在军校人文课程体系内，既可以开设独立的媒介素养必修或选修课，也可以把它与其他课程甚至军事类课程的相关内容结合起来。例如在《军事应用文写作》中的军事新闻写作部分进行讨论；探讨《军人心理》和《军队思想政治工作》中大众传媒的影响及其运用，等等。[31]王刚也提出了类似的看法，认为在目前不具备开设独立媒介素养课程的条件下，通过改进学校已开设的"现代教育技术"公共课程，既可以提高师范生的媒介素养水平，也能进一步优化他们的教育技术能力。[32]

总结以上的研究成果，我们可以看到，在整个 2012 年，我国高校媒介素养教育的课程设计及教学实践都还基本处于一种各自为战、单打独斗的分散状态，诸如南京师范大学开发出的那种多方联动、具有整体性、系统性课程的学校还属凤毛麟角。不过我们需要看到的是，从 2001 年最初面向教育技术学与传播学研究生首开的《视觉文化与信息技术》课程，到最终入选国家级精品课程，南京师范大学的《视觉文化与媒介素养》课程亦经历了十余年的理论探索与教学实践的积淀。正所谓"十年磨一剑"，或许对于我国高校媒介素养教育的课程设计我们也应该报以如此的期许。

四、高校教师群体的媒介素养

媒介素养教育从 1933 年发轫到现在，其教育理念与范式已几经变革，从最初基于精英保护主义立场的免疫范式，到如今重视参与的赋权范式，媒介素养的整个教育过程也日益倾向强调实践性及教育者与受教育者之间的互动性。在这一理念下，作为媒介素养教育者的教师角色与身份定位不再是单一的说教者，而更多是一种参与性、合作性的指导者。教育者需要参与到学生们的媒介体验中去，认识到学生们的体验与自身的体验有何显著的差异，因此，在大学校园里，教师群体的媒介素养状况也将直接关系到受教育者——大学生群体的媒介素养水平。2012年有研究者探讨了我国高校教师群体的媒介素养状况。

王靖等认为，高校教师的媒介素养水平与其专业发展呈现出一种正相关的态势；更为重要的是，由于教师职业的特殊性，其媒介素养状况也会对学生造成影响。因此，提升高校教师的媒介素养，促进高校教师专业发展就成为我们在媒介信息时代的崭新视角。[33]李谋冠亦认为，大学教师的媒介素养水平直接影响教师身心成长和专业发展，并对大学教学活动场域内的各行为主体产生深远影响。因此，大学教师的媒介素养教育必须得到教育行业主管部门、学校和教师的关注、重视与合力并举。[34]

张红等认为，高校辅导员作为高等学校从事德育工作、开展大学生思想政治教育的骨干力量，承担着教育、管理、咨询、服务和研究为一体的育人工作职能，是一种多角色的传播者。在现代媒介高度发达的环境下，辅导员能够多大程度地影响学生、提高大学生思想政治教育工作的实效性直接与辅导员个人媒介素养的高低成正相关的比例关系。因此，媒介能力是体现高校辅导员媒介素养的重中之重。[35]

高翠林则认为，现代高校图书馆已经由传统意义上的藏书阁、借阅室发展成为了现代大学的信息中心。因此，作为现代信息中心的图书馆员，必然要转变成为一个有思想的"知识商人"，其任务就是把知识商品带给需要的用户，并将其引向信息源，形成有效互动，而不再是原先的搬运书籍的普通员工。因此，图书馆员要在拓展图书馆职能中实现自身角色的转换，进而为大学生媒介素养与现代图书馆信息中心的发展担负必要的责任。[36]

正是因为认识到了高校教师群体对大学生媒介素养水平的影响，研究者们进一步从不同角度探讨了提升我国高校教师媒介素养的构想。李谋冠提出了大学教师媒介素养教育的几条有效途径：（1）构建完备的媒介素养教育制度；（2）提高大学教师重视媒介素养教育的自觉意识；（3）有针对性地构建大学教师媒介素养教育的内容体系；（4）建立专业的培训机构和平台；（5）大力提高大学教师媒介素养教育的科学性；（6）与学生一起共同接受媒介素养教育。[37]孔祥渊则认为，高校教师可通过学习获得知识，通过实践锻炼掌握技能，通过环境熏陶影响观念这三种方式来建构教师媒介素养。[38]

曾海燕把辅导员的媒介素养培训分为两个层面。一是技术层面。即对辅导员进行媒介技术培训，目的是训练辅导员对媒介信息进行有效地选择、获取、处理、生成、传递等技术操作，从杂乱无序的"消息"中找到有用的媒介信息，最终达到可以创造和传播媒介信息的程度。二是思想意识层面。即对辅导员进行媒介意识的教育培训，目的是使辅导员从政治高度上深刻认识到提高自身媒介素养的紧迫性和重要性，形成良好媒介态度和积极的媒介意识。[39]郭彩锋则建议从开展梯度媒介素养培训、创建区域图书馆员的共享空间、建立信息资源评价体系、加强知识产权宣传力度、培养馆员的知识产权意识等方面来加强高校图书馆员的媒介素养。[40]

从总体来看，媒介素养教育的理念与教育实践是一个伴随着社会变迁、经济发展而不断发展变化的复杂系统。基于不同的国情和媒介生态环境，对于"媒介素养"这一外国舶来品，我们并不能实行单纯的"拿来主义"，理应把西方的经验与中国的实际相结合。而在2012我国高校媒介素养教育的研究中，我们亦可以感受到研究者们通过各种实证调研活动表达出的对中国高校媒介素养现实状况的深切关注。作为一门实践指向性很强的课程，我国高校媒介素养的理论研究与社会实践本应就是一个平行发展、相互寻求支持的过程，希冀未来能有更多更好的高校媒介素养教育的理论与实践出现。

参 考 文 献

[1] 冯瑞珍. 对新闻传播类大学生媒介素养调查分析——以河北省四所高校为例 [J]. 新闻界，2012（21）：70～74.

[2] 蒋小花，郎杭芳. 媒介素养教育对大学生的影响与对策研究 [J]. 科教文汇，2012（8）上：41～42.

[3] 金雷磊. 福建山区高校本科生媒介素养实证调查 [J]. 三明学院学报，2012（3）：81～84.

[4] 旷晓霞. 高校服务广西新发展视阈下大学生媒介素养教育研究 [J]. 中国报业，2012（5）下：43～44.

[5] 祝传鹏. 陕南90后大学生媒介素养调查——以陕西理工学院为例 [J]. 牡丹江教育学院学报，2012（6）：97～98.

[6] 常凌翀. 新技术条件下西藏藏族大学生媒介素养状况实证分析与比较研究——以拉萨和咸阳两地为例 [J]. 西藏民族学院学报（哲学社会科学版），2012（4）：91～97.

[7] 韩卫娟，王党飞. 西部边远地区大学生媒介素养的问题及应对策略——以石河子大学为例 [J]. 新闻知识，2012（11）：88～90.

[8] 韩燕，洪浩轶，刘佳佳. 东西部地区大学生媒介素养现状调查研究——以杭州和西安部分高校为例 [J]. 新闻知识，2012（5）：29～31.

[9] 冯瑞珍. 对新闻传播类大学生媒介素养调查分析——以河北省四所高校为例 [J]. 新闻界，2012（21）：70～74.

[10] 肖灿. 媒介融合时代大学生媒介素养现状研究——以三亚学院为例 [J]. 今传媒，2012（4）：43～45.

[11] 史雅娟. 新媒体时代高校大学生媒介素养的理性分析——以河南省高校大学生的实证研究为例 [J]. 河南工业大学学报（社会科学版），2012（4）：159～162.

[12] 高冬可. 80、90后大学生网络媒介素养现状解析——以河南高校为例 [J]. 和田师范专科学校学报，2012（1）：31～34.

[13] 李海燕. 大学生网络媒介素养教育的德育价值及其实现路径 [J]. 渤海大学学报，2012（5）：121～124.

[14] 王莲华. 新媒体时代大学生媒介素养问题思考 [J]. 上海师范大学学报（哲学社会科学版），2012（3）：108～115.

[15] 罗佳，杨晓博. 大学生网络媒介素养现状及对策研究 [J]. 中国报业，2012（5）下：195～196.

[16] 郭丽萍. 论大学生新媒体素养对思想政治教育的影响 [J]. 国家教育行政学院学报，2012（6）：64～67.

[17] 吴静. 论大学生网络媒介素养及教育途径 [J]. 信阳师范学院学报（哲学社会科学版），2012（5）：33～35.

[18] 刘可文. 新媒体时代大学生媒介素养教育研究 [J]. 新闻窗，2012（4）：67～68.

[19] 王莉. 参与式媒介文化下大学生新媒介素养培育 [J]. 高教研究，2012（12）：236～237.

[20] 刘东岳，高银铃. 网络文化安全视角下的大学生网络媒介素养教育 [J]. 实践与探索，2012（5）：281～282.

[21] 陈媛媛. "新媒体"时代高校媒介素养教育与文化建设 [J]. 教育学研究，2012

(6)：53～54.

[22] 李凯，梁浩明．论"自媒体"的兴起与大学生网络媒介素养教育的创新［J］．东南传播，2012（2）：125～126.

[23] 张舒予．"视觉文化与媒介素养"课程核心理念与教学设计［J］．现代远程教育研究，2012（2）：38～43.

[24] 聂竹明，张舒予，申灵灵．基于博雅理念的"视觉文化与媒介素养"国家精品课程开发与建设［J］．电化教育研究，2012（8）：94～99.

[25] 赵慧臣，杜华，张舒予．课程群协同进化视野下的《视觉文化与媒介素养》课程建设［J］．现代远距离教育，2012（5）：55～59.

[26] 张舒予．"视觉文化与媒介素养"课程核心理念与教学设计［J］．现代远程教育研究，2012（2）：38～43.

[27] 徐协．大学语文教学中强化媒介素养教育的思考［J］．教学研究，2012（5）：70～73.

[28] 张萍，方婧．大学生媒介素养教育刍议［J］．湘潮（下半月），2012（5）：124～125.

[29] 于莹．大学英语教学中的网络媒介素养教育探析［J］．北京邮电大学学报（社会科学版），2012（5）：9～15.

[30] 井媛．浅议英语报刊教学与学生媒介素养教育［J］．科技文化，2012（1）上旬：120～121.

[31] 袁莉．将媒介素养教育纳入军校学员人文素质建构体系［J］．语文教学通讯，2012（7～8）：124～127.

[32] 王刚．媒介素养融入"现代教育技术"课程改进初探［J］．长春理工大学学报（社会科学版），2012（5）：186～188.

[33] 王靖，陈卫东，刘卫春．媒介素养与高校教师专业发展［J］．长春大学学报，2012（1）：123～126.

[34] 李谋冠．大学教师媒介素养教育研究：现状及对策［J］．中国广播电视学刊，2012（4）：68～70.

[35] 张红，张朱博．高校辅导员媒介素养现状调研与对策分析——以北京师范大学为例［J］．高校辅导员学刊，2012（3）：92～94.

[36] 高翠林．"融媒时代"的高校图书馆馆员媒介素养初探［J］．河北科技图苑，2012（6）：35～37.

[37] 李谋冠．大学教师媒介素养教育研究：现状及对策［J］．中国广播电视学刊，2012（4）：68～70.

[38] 孔祥渊．教师媒介素养：意义及建构［J］．思想理论教育，2012（9）下：20～24.

[39] 曾海燕．高校学生辅导员媒介素养及其提升策略［J］．学术论坛，2012（5）：200～203.

[40] 郭彩锋．新媒介视阈下高校图书馆员媒介素养研究［J］．图书馆界，2012（3）：8～10.

（尹力，浙江传媒学院媒介素养研究所博士）

2012中国媒介素养研究硕博论文摘要

"90后"大学生网络媒介素养现状及提升对策研究

——以重庆市为例

西南大学　杨维东

"90后"大学生由于出生在中国改革开放已经取得明显成效和互联网等信息技术飞速发展的年代，他们已经成为影响网络事件走向的重要力量，"90后"大学生网络媒介素养的构成要素包括：网络媒介认知素养、网络媒介甄别素养、网络道德法律素养、网络安全素养、网络行为自我管理素养、网络发展创新素养。

为了解"90后"大学生互联网应用情况和网络媒介素养水平，以重庆大学生为例，进行抽样调研。主要通过问卷调查法从构成"90后"大学生网络媒介素养六个方面进行全面调查。首先，以网络素养构成的六个要素为维度，设计了"90后"大学生网络媒介素养问卷，在两所高校进行测试，对问卷的信度进行检验，信度系数分别是0.95和0.86。其次，正式问卷调查在重庆市10所高校进行施测。最后，问卷统计完后，对其结果进行分析。

"90后"大学生网络媒介素养问卷调查结果包括以下六个方面：（1）网络媒介认知素养现状是触网早，上网时间长，上网技能熟练，拥有新媒体的比例较高；（2）网络媒介甄别素养，表现在信息来源的途径多元，对网络信息信任程度不高，倾向于选择主流媒体，面对多元开放的舆论环境，境外不良信息对"90后"大学生的渗透不容忽视；（3）大学生的网络道德法律素养，"90后"大学生能在网上严格要求自己，但他们对网络黑客行为表现出容忍甚至尊重，而在保护和尊重他人知识产权上认识模糊；（4）网络安全素养，"90后"大学生是网上舆论重要的参与群体，对"90后"大学生"网络围观"心理导致的认知模糊亟待引导，"90后"大学生崇尚健康的主流文化，网上"90后非主流现象"只属个别人行为，会利用新媒体进行维权，是网络事件潜在的"发动机"；（5）网络行为自我管理素养，"90后"大学生网络应用丰富，但在虚拟场所中易自我迷失，极少发表攻击性言论，有一定的自律意识，依赖网络，一定程度上影响了其社会化进程和学习生活；（6）"90后"大学生利用网络进行自主专业学习和处理信息的能力较强，具有一定的创新素养。

在了解"90后"大学生网络媒介素养现状后，提出了以下对策建议来提升大学生媒介素养：（1）加强网上马克思主义阵地建设；（2）推进网络媒介素养教育"进课堂"、"进教材"；（3）将网络媒介素养教育纳入大学生日常思想政治教育工作中；（4）引导"90后"大学生进行网络媒介素养的自我教育；（5）构建多重网络诚信体系营造健康有序的网络运行环境；（6）各方联动切实将网络媒介素养教育落到实处。

（张锐娟　摘）

大学生网络素养及其培育问题研究

——以张家口市五所高校为例

河北师范大学　肖立新

大学生网络素养是指大学生不断适应网络媒介的发展，在信息社会利用网络促进自我发展，并创造价值的能力和意识，是一个集思想文化、意识水平、技术含量、知识积淀和创造能力于一体，并在此基础上能够吸收、融合、创新与完善的能力系统。由此可见，大学生网络素养是一种建立在个体主观学习和外界客观教育基础上的综合素质。网络时代大学生网络素养由五个方面的内容构成：一是网络认知能力；二是网络操作能力；三是网络信息的获取和处理能力；四是网络行为的自我管理和约束能力；五是网络安全意识等，这五方面内容是相互联系、相互依存的。

为进一步深入研究大学生网络素养培育问题，笔者对张家口市五所高校大学生的网络素养现状进行了实证调查。首先编制了一份调查问卷，问卷包括媒介素养五个方面内容，然后在张家口市五所高校施测，并随机抽取 35 名学生进行个别访谈。结合中国互联网络信息中心发布的《2009 年中国青少年上网行为调查报告》显示，中国青少年网民规模已达1.95 亿人，而这 10.8％的是大学生。大学生仍然是学生群体中上网的重要群体。调查显示：男性上网明显要偏高于女性；理工类本科学生占多数；大部分学生上网历史较长；宿舍成为大学生上网的主要地点；使用网络的情况大多不是利用网络进行学习。

对大学生网络素养现状从三方面进行分析：（1）从积极方面来看，大学生对网络媒介非常认可，操作熟悉，具有较强的网络安全意识；（2）学生网络素养存在的问题主要有，缺乏网络信息批判意识，网络接触行为的自我管理有所欠缺，网络学习能力、网络创新能力及网络伦理道德有待提高；（3）存在问题的成因有缺乏良好的网络教育环境是客观原因，大学生特殊的心理特征与行为是主观原因，大学生网络素养培育的缺失是重要原因。

大学生网络素养培育共有三大途径：第一，社会培育途径，需要完善大学生网络素养培育相关政策，大力加强高校数字图书馆建设，以及健全完善网络监管和行业自律机制；第二，学校培育途径，首先，建立健全网络素养培育课程，其次，加强校园网络环境的绿色监管，最后，培养高素质的网络素养师资队伍；第三，自我培育途径，个体要树立正确的网络观，加强网络人际交往，强化网络学习，注重网络道德规范的内化。通过三大途径创造性地提出了开展网络素养培育的具体措施，使大学生在社会化、网络化、信息化的过程中，具有网络社会必备的网络素养，以适应网络社会的要求和发展。

（张锐娟　摘）

丹阳市初中生群体的媒介素养现状研究

辽宁大学　丁　丽

媒介素养是指人们面对媒介各种信息时的选择能力、理解能力、质疑能力、评估能力、创造和生产能力以及思辨的反应能力，这些能力包括认知媒介、参与媒介、使用媒介三方面。由于初中生青春期叛逆等特征较为明显，易接受新鲜事物，但是自主性却不强，因此思维与行动受周围环境影响更大，因此本论文选取初中生为研究对象。

本论文以丹阳市内五所初中学生的抽样调查为据，主要采用文献研究法、问卷调查法、统计分析法与个别访谈法，探查近两年媒介的发展变化对初中生媒介素养的影响，并对初中生新媒介的媒介素养作进一步重点研究探索，为媒介素养研究提供更为具体的量化报告与定性分析。

对丹阳市初中生媒介素养现状从接触媒介种类倾向、接触媒介动机、对新媒介使用能力、媒介认知能力、媒介批判能力、网络安全意识、媒介素养教育这七个方面进行分析，结果发现：（1）电视和网络成为对初中生影响程度最深的两种媒介类型，他们对新闻关注度、思辨力不高；（2）对网络小说的关注、网络娱乐性是初中生群体上网主要动机；（3）手机媒介渗入到日常生活中，微博拥有率很高，但利用率低；（4）角色扮演类游戏受到初中生普遍欢迎，能把握对于追星行为以及偶像剧喜欢的程度；（5）大多数人对于媒介解决现实问题的能力持理性态度，上网会分散人的注意力；（6）初中生群体尤其是女生群体网络安全意识很强；（7）严重缺乏学校与家庭的媒介素养教育，大部分人认为网络需要遵守现实伦理与道德的约束。在进行调查研究后，对教师和家长进行访谈。对教师的访谈发现，初中生群体对于新闻类信息并不关注，许多学生都是带着手机，主要用手机挂 QQ 或者看小说，这和学校规定不符，因此在以上手机上网地点调查中，这项数据有可能有偏差。对家长的访谈发现，初中生媒介使用习惯受父母媒介习惯影响，并且初中生容易受广告媒介的影响。

对初中生媒介素养现状的原因分析主要有四个方面：（1）手机媒介渗入日常生活并成为生活本身；（2）初中生有较好的媒介认知能力，但是媒介使用能力稍显欠缺；（3）对于网络媒介作为学习工具利用率低；（4）初中生群体有较强的媒介批判能力。

提高初中生媒介素养的策略：（1）利用媒介的玩具特性，寓教于乐，激发初中生主动学习知识与技能的能力；（2）利用初中生自主性学习意识，建构他们自己的媒介素养体系；（3）传统媒介的影响力是初中生群体媒介素养提高的切入点；（4）学校与家庭要起到辅助作用，避免"免疫模式"。

（张锐娟　摘）

当代大学生媒介素养教育现状的实证研究

——以武汉地区六所高校为例

华中师范大学　徐　毅

媒介素养教育致力于帮助人们提高对媒介的认识，熟悉媒介传播规律和流程，培养他们运用、分析媒介所传播的信息以及制作媒介产品的能力，使得他们具有良好的媒介道德规范的认知与自律能力，成为主动且具有批判性的媒介使用者。大学生作为一个特殊的社会群体，其媒介素养水平，直接影响到其对现实社会事务的认知和行为。由此，加强对大学生媒介素养的研究，提升他们理性辨别媒介、抵御媒介负面影响的能力，已成为当今社会和高校面临的一项重要课题。

基于本文的研究目的，并结合国内外对大学生媒介素养的研究结果，本文提出五大研究假设，分别为：大学生使用传播媒介具有明确的目的性和功利性；具有较强的媒介批判能力和独立思考能力；有很强的媒介使用和参与能力；具有较好的媒介道德规范和自律约束能力；对媒介素养及教育的认知比较清晰。本调查围绕这五大假设，采取多段抽样的方式进行，以华中地区六所高校的大三学生为样本选取对象，采取社会学中的调查与统计方法进行研究分析。

通过对华中地区六所高校大学生媒介素养的调查分析，可以得出如下结论：一、大学生对媒介具有一定的依赖性和功利性，对新媒体"偏爱"有加；二、大学生具有一定的媒介批判能力，但媒介道德规范和自律意识有待加强；三、大学生具备较强的媒介参与意识及积极性，但媒介技术的应用能力还十分缺乏；四、大学生对自我媒介素养的认知比较模糊，但参与媒介素养教育的意愿十分明确。

大学生对自我媒介素养水平的认知总体上显得过于乐观，其想象中的水平稍微高出了自身的真实水平。与高校媒介素养课程的欠缺相比，大学生却对参与媒介素养活动和学习媒介素养课程表现得十分积极，所以亟需在高校中开展媒介素养教育活动。

加强大学生媒介素养教育的建议：一、高校应该在大学生中广泛开展媒介素养课程，培养他们的独立思考和批判能力；二、将媒介素养教育与推行素质教育相结合，提高大学生对媒介文化的鉴赏能力；三、为大学生参与媒体实践提供活动平台和保障，提升大学生参与媒介互动的能力；四、加强学校与家庭、社会的沟通，构建媒介素养教育网络；五、进一步加强对大学生媒介素养教育的研究，提出有针对性的适合我国国情的媒介素养教育理论。

本研究没有足够的资料和成果可供借鉴和参考，因此难免还存在不足和缺陷，并且受人力、物力及资金成本等的限制，研究范围较窄，研究内容不够全面，研究方法上没有进行个案研究等原因，相关结论还需进行进一步的论证和讨论，对于结果的推广有待进一步研究。

（张锐娟　摘）

儿童广告素养的现状及影响因素分析

——以广东湖南两地为例

暨南大学　黄丽娟

儿童广告素养指儿童在阅听各种媒介形式广告时，知晓广告、理性看待广告并合理利用广告的一种能力，具体而言包括接触广告、认知理解广告、辨析广告、评价广告、抵御广告不良影响、利用广告等方面。无论是规避广告的消极作用，还是正确看待广告的积极作用，都需要培养儿童甄别各类广告、正确认识广告、提高抵御不良广告影响的能力。

本研究以广东湖南两地的三到六岁小学生为调查对象，通过问卷调查和深度访谈相结合的方法，对儿童的广告素养现状及影响因素进行了初步的探讨，了解儿童广告素养的情况。调查问卷包括调查对象的基本情况、广告素养的六个维度、广告素养影响因素的各项指标这三部分，通过问卷信效度的检测各分量表信度系数都在 0.8 以上，具有较良好的信度。

我国儿童广告素养的研究结果为：（1）广告素养整体上水平不高，对广告有一定的认知、辨析和抵御能力，但儿童主动接触广告的水平不高，广告的说服策略处于辨析意识模糊状态，对广告的利用还不够；（2）城乡儿童广告素养呈显著性差异，城市儿童整体上比农村儿童广告素养高，造成差距的主要原因包括政治经济环境的差异、信息鸿沟的存在、城乡教育的差异、家庭环境的不同；（3）性别对儿童的广告素养影响并不显著，只在广告的利用方面存在差异，男生比女生更加积极地搜索自己需要的相关广告；（4）在广告的接触水平上，年级越高的儿童接触广告越频繁，对自我广告接触的评价水平也随着年龄的增长而相应地提高，高年级的儿童对品牌的认知度更高，但在广告素养的认知理解、辨析、评判、利用等方面，不同年级的儿童并不存在显著性差别；（5）对广告态度越积极的儿童，接触广告的频率越高，而辨析广告、批判广告、抵御广告方面水平更低；（6）儿童的媒介使用只对儿童利用广告有影响，媒介使用程度高的儿童，越会主动搜索相关产品的广告；（7）家庭环境中父母的文化程度、父母对广告的态度、父母与儿童共同讨论的情况都与儿童的广告素养有关，基本呈现正相关关系；（8）学校教育与同辈群体对儿童的广告素养有积极的影响。

从以下几个方面入手，提高儿童的广告素养：（1）提高儿童广告素养教育培养目标；（2）在儿童广告素养培养中应遵循结合地域发展实际的原则和广告素养教育应实行阶梯原则；（3）提高的具体策略包括，首先，父母要充分发挥积极引导的作用；其次，学校要开展有效的广告素养教育，再次，媒体要主动承担广告素养教育的责任；再次，自发的民间组织需大力推动包括广告在内的媒介素养教育；最后，政府要充分营造开展广告素养教育的政治经济环境。

（张锐娟　摘）

儿童网络素养研究

华东师范大学　李宝敏

儿童网络素养是儿童在网络世界的多重关系建构中形成的自身的内在素养，是内在于儿童本身的包括意识与价值判断能力等在内的涵养，也是儿童在与网络互动中探究虚拟世界、建构多重关系、生成意义，形成个人认同与理解从而发展自我的能力，是儿童在与网络互动中不断提高、动态发展的过程。可以从文化学、心理学、哲学、教育学、儿童学等不同学科多视角考察网络素养与儿童发展的意义与关系。并且网络素养与信息素养、科学素养、技术素养等有着一定的渊源与联系。

儿童网络素养具有相对的稳定性、个体差异性、发展的连续性、内在整合性、实践性等特征。儿童网络素养分为四大维面：即知识维、行为维、能力维、情意维，不同维面对应着网络素养的不同要素与内在组成部分。它的功能体现在：促进意义建构；发展综合能力；养成良好的网络行为习惯；形成正确的情感态度与价值观念；发展探究精神，促进儿童网络探究过程；发展批判意识，在批判与反思中提升网络实践能力。儿童网络素养的价值一方面体现在网络素养是时代发展的需要，另一方面体现在儿童成长的现实需要上。

我国儿童媒介素养现状为：（1）儿童喜欢上网，但面临诸多困惑与问题；（2）"知"，儿童在网络实践中形成了一定的网络知识，但对网络素养的认知度偏低；（3）"行"，儿童网络行为目的性、计划性缺乏，"娱乐行为"占主导，"知"与"行"存在不一致现象；（4）"能"，儿童批判意识缺乏，对信息的鉴别能力、评价能力不足，反思能力与意义建构能力尚未形成；（5）"情意"，儿童是非价值观念模糊，缺乏对意义价值层面的思考。

通过网络探究来提高儿童的网络素养，首先，网络探究包括的理论基础有技术探究理论、批判素养理论；其次，通过实践路径来提高儿童的网络素养；再次，网路探究具有开放性、多样化与不确定性、虚拟性和开放性等特征；然后，网络探究的目标包括，促进儿童网络知识的建构与生成，促进儿童网络素养核心能力的发展，促进"知"与"行"的内在统一，直接影响到儿童网络行为的发展，丰富儿童的情感体验，促进儿童价值观念的形成；最后，儿童网络探究包括对自我、对他人、对生活、对世界、对知识的探究。儿童的网络探究分为四类：验证性探究、结构性探究、引导性探究、开放性探究。

基于网络探究的网络素养教育应尊重儿童网络探究的本质特征与规律，为儿童有意义的网络探究创设条件并提供支持。具体可通过将儿童的网络探究与生活探究融为一体，将网络探究与学科探究相结合来提高儿童的网络素养。

（张锐娟　摘）

高校管理者的媒介素养对学生管理效果的影响研究

西南大学　孙　超

媒介素养是一种能力，它主要有信息的获取能力、信息的分析能力、信息的产制能力和媒介技术、信息批判和解读能力这四个维度，并且这些维度可以被具体量化。本研究中所指的高校管理者指从事本科生管理工作的管理者。高校学生管理者的媒介素养，会通过影响信息的质量和流通效果对高校学生管理效果造成影响。

本研究将学生管理工作的研究范围选定在学生德育管理、日常生活管理、学业管理和紧急事件管理这几个较为具体具备可操作性的且较为明确的管理工作。所以，此处仅选取与上述四个方面学生管理工作相关的媒介素养理论、管理学理论和传播学理论作为本研究的理论依据。

具体研究，首先访谈辅导员、教学秘书和团委工作管理教师，通过了解三个方面的问题：高校学生管理工作现状，高校管理者的基本情况，高校学生管理工作中的信息和媒介运用情况，为问卷的设计奠定基础。其次，进行问卷设计，共包括四个方面，高校学生管理者的基本情况、高校学生管理者的媒介素养现状、高校学生管理者的学生工作管理效果状况、高校管理者的媒介素养在学生管理工作中的体现。最后，选取了天津和重庆四个高校不同院系的高校管理者作为调查对象，对于高校的选取尽量做到全面、有代表性。

研究结论认为：高校学生管理者的媒介素养与其学生管理效果具备较高的一致性，计算机水平不同的管理者在媒介素养上存在显著差异；各类高校管理岗位对于媒介应用需求有各自特征；高校管理者的媒介素养各个子维度与管理效果各个子维度之间存在不同的相关特征。

依据研究结论应提出：高校学生管理者的入职选拔与在职培养要重视媒介素养因素；高校学生管理工作应重视媒介信息系统的构建。具体措施包括：（1）高校管理者入职选拔应考核媒介素养，考核时可参照不同管理岗位对于媒介的不同需求、各岗位的工作特点、计算机水平等因素；（2）高校学生管理者应根据需求提高媒介素养；（3）明晰各类学生管理岗位对媒介的需求情况；（4）为各类学生管理岗位配备所需求的媒介；（5）整合校内媒介资源构建学生管理工作中的媒介信息系统。

学生管理是高等教育管理系统中的一个重要组成部分，最重要的影响因素在于与学生经常接触的高校管理者，在信息化高度发展的今天，媒介素养作为高校管理者的必备气质之一，在高校学生管理工作有效发展过程中显得尤为重要。明晰媒介素养与管理效果的相关关系，才可厘清高等教育学生管理者对于媒介素养的需求，并为高校管理者的媒介素养标准提供依据，以提高高等教育学生管理水平，提高高等教育培养人才的质量，推动高校学生管理的科学化发展。

（张锐娟　摘）

高校媒介素养通识教育现状研究

浙江师范大学　赵越慧

21世纪，媒介已经渗透到人们生活的诸多方面，如何应对媒介以及相关的媒介素养受到了广大教育学者的关注。其中把高校学生群体作为考察对象的研究较多，但这些研究多是通过对学生媒介素养相关行为、态度进行问卷调查，从而说明学生群体的媒介素养有待提高和媒介素养教育推行的必要性。现实中，高校的媒介素养的教育情况如何，国内学者关注较少。

本文主要采用文献法、个案分析法和比较分析法等科学研究方法对高校的媒介素养通识教育现状进行研究。首先介绍了媒介素养教育的国内外研究现状和通识教育的发展历程，并对相关概念进行了分析，同时介绍了相关的理论。在此基础上，根据众多学者对大学生媒介素养进行的调查，总结出大学生的媒介素养现状，进一步说明对大学生进行媒介素养教育的必要性和现实性。本文根据白传之的 CTL（Culture-Thinking-Language）媒介教育内容模型的媒介语言、媒介文化、媒介理念三个教育内容在高校通识课 II 的大范围背景下，进行媒介素养通识教育课程提取。其中，媒介语言指除人的自然语言外的媒介语言，诸如报纸排版中的插画、艺术设计、电影中的特效等；媒介文化——媒介所表达的文化；媒介理念——媒介传达的思想。其中，以浙江师范大学和浙江理工大学为例，对高校媒介素养通识教育现状进行研究，还对老师和学生进行了访谈。结果表明媒介素养通识教育与学校类型、所设专业相关，其教育内容分散和教育区分度不明，并且受校园地理环境影响，师生对媒介素养通识教育看法与做法的矛盾以及对媒介素养教育不够重视。

为此，本文对媒介素养教育通识课进行了统一的规划、构建，其构建的内容包括：教学对象、教学目标、指导原则、内容、实施、评价等方面。其中，以高校中的大学生为教学对象，以知识、能力和健全人格作为媒介素养教育的教学目标，以基础性、实用性、灵活性和时代性为通识课设置的指导原则，对媒介知识、媒介能力和媒介道德等教学内容进行了建构。关于课程教学的实施途径和实施策略，给出了一些建议，其中在实施途径方面，通过课堂教学和媒介辅助教学相结合，在教学方式上采用启发式教学、讨论性教学、角色扮演的模拟式教学和案例分析式教学等，同时结合校园电台和校园网站开展活动教学。在实施策略方面，主要有案例讲解，促进迁移；理论联系知识，参与媒体制作；客座教授讲座和学生自己组织教学。最后，可以通过卷面考试、口试或调研报告、时事评论等方式进行教学评价。

鉴于媒介素养教育的进程中，社会不断发展变化，新媒介会不断产生，所以媒介素养教育资源的数据更新、开发尤为重要。笔者期望本文的此次研究能为后续学者的相关研究起到抛砖引玉之用，为推动高校媒介素养教育的实施尽微薄之力。

（高苗　摘）

公务员媒介素养问题研究

长春工业大学　张鑫睿

信息传播技术的日新月异和以互联网为代表的新兴媒体的蓬勃发展，把现代社会带入一个公开、透明、即时、海量的传统与现代相结合、主流和非主流信息相交融的新媒介化时代，公务员的媒介素养及其行为化表现在很大程度上直接关系着党和政府的社会公信及社会形象，也间接影响着政府的工作成效及其社会评价。因此，有针对性地提高和丰富公务员的媒介素养及其行为塑造，在当下就显得尤为关键和重要。

本研究在介绍媒介素养国内外研究综述的基础上，提出了公务员媒介素养的内容，主要包括四个方面：第一，常态环境下公务员的媒介素养，指的是在日常生活的状态下，公务员要善用媒介信息，在满足公众知情权的同时，促进政府决策的透明化和科学化，构建政府和媒体之间的专业化、规范化的合作关系，具体为知识素养、态度素养和技巧素养。

第二，拟态环境下公务员的媒介素养，指的是公务员在信息环境或新闻环境下要控制自己的行为，同时具有正确的意识，在向受众传播（报道）最新发生的具有新闻价值的信息时所用的语言应具有客观、确切、简练、朴实、通俗等特点。第三，突发事件中公务员的媒介素养，表现在了解舆论，下情上报，沟通媒体，管制新闻和控制流言这几个方面。第四，形象推广中公务员的媒介素养，主要是在推广形象的过程中必须坚持实事求是，以人为本，个性鲜明和反馈矫正。

在此基础上，通过问卷调查的形式对公务员媒介素养的现状进行了研究，指出公务员存在的问题，并进行了分析。目前存在的问题主要表现为：一是公务员在媒体与记者认知方面存在问题，相当一部分公务员更加关注政府控制记者的绝对自由以及服从于政府的社会责任，却忽略了政府对记者所负有的义务。二是公务员在接触媒体和使用媒体方面存在问题。公务员工作的职务特点不断地对其行为产生影响；网络媒体的创新和扩散在公务员群体中的速度相对较缓慢。三是公务员在媒体参与、应对方面存在问题，指的是日常工作中的应对水平和应对突发事件或公共危机的能力有待提高。调查发现，存在以上问题的原因主要是媒介素养教育上欠缺和思想认识存在偏差等。

提高公务员媒介素养，对提高党的执政能力，促进和谐社会构建有着积极的意义。因此对于如何提高公务员的媒介素养提出了以下几点：在公务员对媒体和记者的认知方面，应该注意增强意识，让新闻融入工作；在公务员对媒体接触与使用方面，应主动锻炼抓住每一个机会；在公务员与媒体打交道方面，应该注重方法和技巧；在公务员对媒体参与和应对方面，应该学习借鉴，积累成功的经验。同时，政府应该加强专题培训，把媒介素养作为选任干部的重要条件，激励广大公务员在公共行政中高水平地展现媒介素养，提升公共服务和公共管理的软实力。

（高苗　摘）

孤儿媒介素养水平与媒介接触习惯的关系

——在天津 SOS 儿童村的一项实证研究

天津师范大学　许志铭

社会化理论认为：大众传播与家庭教育、学校教育和社群关系一同影响着儿童的社会化进程。由于家庭教育严重不足、社群关系异于常人等原因，孤儿在社会化进程中面临着种种困难。在这种情况下，大众传播在孤儿的社会化进程中往往扮演着极为重要而特殊的角色。孤儿依靠大众传播来理解这个社会，而大众传播则影响着孤儿的社会化进程。然而，既有文献中以"大众传播对孤儿的影响"为主题的研究数量却很少。

研究首先通过概念化和操作化过程将媒介素养和媒介接触的概念具体化，使之最终变为可测量的变量，最终确定研究的问题为：天津 SOS 儿童村中儿童的媒介素养水平与其媒介接触习惯（种类、频率和时间等）是否具有联系？研究对近年来中国知网中出现的论文进行了分类和整合，并对论文中的研究成果进行了梳理和举例。

其次，本研究综合使用了定性研究方法和定量研究方法。其中，定性研究是以天津 SOS 儿童村中的儿童为研究样本，选择四年级以上的儿童共 60 人，作为研究对象，观察儿童接触媒介的习惯，向具有代表性的儿童提出一些设计好的问题，并对他们的反应作出记录。而定量研究中，通过设计一份问卷，对研究总体进行抽样后，集中发放问卷，收回问卷后，我们对问卷中各项数据进行统计，并进一步分析，得出初步结论：受测孤儿接触的媒介种类越多，媒介素养水平量表得分越高，代表他们有着更好的媒介理解和使用能力；阅读报纸能力较强的受测孤儿，使用其他媒体的能力也较强；网络使用能力较高的受测孤儿，使用其他媒体的能力不一定也强。

最后，我们就研究的结论，研究的方法，数据的分析，研究的伦理和实践意义进行了进一步的讨论。其中，在研究结论方面，某种程度上契合了之前有关的研究和调查所得出的结论，同时也印证了我对 SOS 儿童村的了解。在研究方法方面，由于定性和定量的研究方法具有不同的思路，故难以确保将两种方法融合起来是否到位。在数据分析方面，除了做 Pearson 相关分析外，我们并没有使用其他分析方法。在研究伦理方面，本研究回避了对孤儿身世背景、个人经历的涉及，把孤儿作为一个常量而非变量对待，虽然避免了在研究中造成"二次伤害"的可能，但也限制了我们研究结论的深刻性。在意义方面，从理论意义上讲，这项研究或许可以开始填补相关理论的空白。从实践意义上提出几点建议：一是儿童村管理者应该为村内儿童订阅适合他们阅读的报纸、杂志；二是给每家配备电脑，并接入互联网，但是利用某些技术手段（如过滤软件）限制他们访问的内容；最后了解孤儿处理媒介信息的困难，考虑他们的特殊诉求。

（高苗　摘）

广州车陂村居民媒介素养调查研究

广西大学　张继德

媒介素养研究自上世纪 90 年代中后期进入中国以来，在十余年的发展历程中，我国学者对其的研究不断深入，并开始探索在中国视野下的媒介素养研究路径。农村和城市地区受众的媒介素养状况是我国新闻传播学者的主要关注点，对处于城市和农村夹缝中的城中村则较少研究。鉴于此，本文试图从传播学视角切入，考察城中村居民的媒介素养状况。

首先对媒介素养研究在国外经历的四种范式作了简要介绍，并梳理了我国学者发表的关于媒介素养及媒介素养教育的文章，介绍了我国现阶段研究现状。其次，对媒介素养、媒介素养教育的概念进行了阐述，并对我国城市化的进程作了简要介绍，同时阐述了城中村的形成机制及特征。在此基础上，研究采用了问卷调查、观察、个案访谈等方法，以广州车陂村原村民和租户为研究对象，收集了他们媒介使用情况的资料，根据社会分层理论和"知沟"理论，着重分析了性别、年龄、教育、经济等因素对受众媒介接触的影响。结合国内外已有研究成果，运用传播学、社会学理论进行定量和定性分析，得出的结论为：一是城中村居民媒介素养教育缺失；二是电视仍是城中村居民获取信息和娱乐的主要媒介；三是城中村居民在娱乐的同时开始关注新闻信息；四是网络、手机媒体发展迅速，存在"知沟"现象，即严重的两极分化现象；五是城中村居民只是单纯的信息接收者，而非积极的信息传递者。

最后通过以上的调查和总结，我们进一步认识到媒介素养是一个亟待重视的教育课题。提高受众的媒介素养有助于强化公众的传播权意识，更重要的是告知受众在大众传播媒介促进民主机制过程中的责任；同时，提高城中村居民的媒介使用能力，帮助他们跨越信息鸿沟。主要从媒介素养教育的主体层次和媒介素养教育的对象两方面进行了分析。其中，媒介素养教育主体包括：学校教育、家庭教育和社会组织教育。鉴于城中村居民的媒介素养普遍不高，笔者认为家庭教育在城中村媒介素养教育中的意义不大，主要强调学校教育和社会组织教育的形式。而社会组织教育中的政府组织、媒介组织和民间团体三者上下结合，共同推进媒介素养教育。根据媒介素养教育的对象分为在校学生教育和成人教育，而学校教育是最正规、最系统、最具规模的，所以对在校学生进行媒介教育是推广媒介素养的关键和突破口。成人的媒介素养教育则主要通过社会组织教育推进。另外，提高传媒普及水平，优化城中村信息传播环境，防止信息分配不平衡导致在社会各阶层出现"信息沟"。

本文试图在对城中村居民的媒介素养状况进行调查的基础上，探索提高城中村居民媒介素养的途径，以便使他们能够正确理解、合理地运用大众传播媒体及其信息和文化资源，从而更好地观察社会、了解世界、完善知识和参与社会活动。

（高苗　摘）

国外媒介素养教育案例解析及方法启示研究

南京师范大学　姜淑慧

目前，我国媒介素养教育在实践模式探究过程中出现了这样的问题：国内媒介素养教育实践该如何展开？针对这一问题，笔者从案例选取、案例解析、方法启示的角度分析美国明尼苏达州媒介素养教育、加拿大安大略省媒介素养教育、英国电影教育典型案例内容和实践过程，以期解决问题。

研究首先介绍了媒介素养教育的相关概念，通过文献研究法梳理和分析了国外媒介素养教育研究的现状及特点，描述了国内媒介素养教育研究的三个阶段。国外媒介素养教育开展较早，从产生至今大致经历了三种理论范式的变化，分别是："诡辩与抵制"范式，"大众文艺"范式，"表现"范式。国内媒介素养教育起步较晚，纵观国内媒介素养教育发展历程，迄今为止主要经历了三个阶段：起步阶段，加速阶段，深化阶段。其中，起步阶段的主要特征是对国外媒介素养教育发展演变过程及国外媒介素养教育先进理念的研究，在此基础上阐释关注媒介素养教育的必要性。加速阶段的主要特征是重视研究符合本国特色的媒介素养教育理论。深化阶段的主要特征是理论研究与实践应用共存，重点对媒介素养教育实践模式探究。

本研究选取了三个案例进行了分析，分别是美国明尼苏达州媒介素养教育、加拿大安大略省媒介素养教育、英国电影教育 3CS 模型。其中，美国明尼苏达州媒介素养教育是"独立设课"和"融入式设课"相结合的媒介素养教育模式，分别分析媒介艺术课程和英语课程中媒介素养教育的内容和特点，从整体上获得其媒介素养教育的方法启示："独立设课"与"融入式设课"相结合、"媒介文本分析"和"媒介创作"相结合、"目标导向"和"分层教育"相结合。加拿大安大略省媒介素养教育是"融入式设课"媒介素养教育模型，它的显著特点为：各个年级分别融入不同的课程，以多样的形式开展媒介素养教育。分别分析各个阶段教育内容及特点，并从整体上获得方法启示：语文教学中的媒介素养教育的分层培养、英语课程中的媒介素养教育的分层培养。英国电影教育 3CS 模型，其 3CS 指的是文化通道、批判理解、创造性活动。最基本的特点是强调学生的参与和经验、教师的专业发展和政府的积极干预。分析此教学实践模式产生的背景、内涵、内容、实施方法、展示具体实施案例及特征分析，从学生参与角度、系统评价角度、专业发展、经验积累角度获得方法启示。

最后，在以上分析的基础上对国外媒介素养教育方法做了如下总结：媒介素养教育组织方法的总结和启示，表现为：按照媒介议题组织教学，提供学生多维度审视媒介的机会；按照媒介艺术类型组织教学，帮助学生从多视角分析问题；按照核心概念组织教学，帮助学生系统掌握媒介相关知识。媒介素养教育教学方法的总结和启示，分别为：教师讲授法，重在教师引导下学生的积极参与；小组合作法，重在学生角色定位以及经验分享；文本分析法，重在从多角度揭示媒介信息内涵；任务驱动法，重在强调学生在创作中理解媒介；观赏学习法，重在强调学生在娱乐中理解媒介。

（高苗　摘）

合肥市大学生媒介素养现状研究

安徽医科大学　周丽娜

随着传媒的高速发展，以互联网为代表的新兴媒体，正改变着人们的生活方式、学习方式、娱乐方式甚至是语言习惯。大学生作为现代大众传媒最为关键的受众，是一个国家进步发展的主要力量。从总体上看，大学生对媒介信息辨识能力低下，对负面信息的自我免疫力差，媒介素养尚未成为大学生应有的基本素质。因此，从我国教育现状和社会需求来看，提升大学生的媒介素养，是件迫在眉睫的事，有着重要的理论和实践意义。

本研究以合肥市具有代表性的安徽大学、安徽农业大学、安徽医科大学等 3 所高校大学生为研究对象，通过问卷调查和文献研究相结合的方法，描述了当前合肥市在校大学生媒介接触、利用、认知和评价的整体状况，以及不同性别、专业、城乡间的差异，分析了影响大学生媒介接触、利用和评价的主客观因素，探讨了大学生媒介素养存在的问题并提出了相应的对策建议。

该研究首先介绍了研究背景、研究意义以及国内外研究现状，界定了媒介素养的相关概念，并在此基础上提出了研究思路和研究内容。其次，从媒介接触利用、认知与评价这两个方面对大学生媒介素养的整体状况进行了调查和分析，并在此基础上提出存在的问题及评价。在对大学生媒介素养整体描述的基础上，通过卡方检验和差异性分析，表明不同性别的大学生在媒介接触、媒介利用等几个方面均存在显著性差异。对于不同的媒介男女生的接触时间长短均不一样，相对来说女生接触各种媒介的概率大一些；不同专业的大学生在媒介接触、媒介利用等方面存在显著差异，文科类大学生更多地接触报刊杂志网络电视，理工类学生更多地接触互联网；不同生源地的大学生在媒介接触、媒介利用方面存在显著差异，生源地为城市的学生相比较农村的学生接触媒介的时间较长。

最后，对于如何提升大学生媒介素养提出了几个对策，主要是从以下几个方面着手展开实践：第一，政府干预，相关政府部门应加大媒介素养教育的人才和资金的投入力度，组织专家学者进行媒介素养方面的相关研究，加强国内相关领域的深入交流。建立专门的媒介素养教育机构，并编制相关的教材，鼓励教与学。还可以学习和借鉴国外成功的经验，并结合本国实际情况建立自己的一套理论体系和制度。第二，媒介责任，媒介组织应强化社会责任，尽可能过滤并减少信息污染，在允许信息多元并存的基础上坚持信息传播的高品质。媒体还可以加强与高校合作，通过出版专业的报刊、书籍或举行专题培训和讲座，集中介绍媒介知识，或举办大学生喜闻乐见的栏（节）目。第三，学校教育，学校开设媒介素养相关课程，确保媒介素养教育理念和内容得到比较稳定的贯彻；创新教学方法，开辟新的空间，加强媒介素养教育实践；打造一支高素质的教师队伍。第四，家庭参与，倡导家长与子女共同提高媒介素养。第五，自身修养，合理引导大学生，将他们从被动接受教育转变为主动寻求教育、主动思索教育，自己搜寻学习相关知识，不断进行思考总结，将所学的理论知识运用于媒介实践活动中。

（高苗 摘）

论视觉文化传播语境下的媒介素养教育

山西大学 武 娟

随着现代科学技术的发展和消费型社会的形成，以及人们对信息传播数量和质量要求的不断提高，我们已经进入了视觉文化传播全球化的时代。视觉文化的全球化为民族文化的发展创造了机遇，促进了跨国的文化交流，促进了我国民族文化的发展，为我国民族文化的发展、创新提供了新思路。但同时也对我国的民族文化产生了冲击。在这样的视觉文化背景下，面对大众传播媒介所提供的信息洪流，公众需提高自身的媒介素养才能更有效地提高获取信息的能力。

本论文以视觉传播和媒介素养的有关理论为指导，依据收集的有关数据进行研究。媒介素养教育的研究在国外已经有广泛的发展，但是国内的研究还主要集中在理论意义的建构上。在研究过程中，通过采用比较研究的方法，列举大量国外先进经验的实例，坚持理论与实际相结合。比较国内、国外二者媒介素养教育的不同方法并且进行分析，希望能找到适合中国国情的方法。这样才有利于公民整体素质的提升，有利于良好的传媒环境的形成。

国外学者认为媒介素养教育必须建立一个完整系统化的课程，通过逐步分类的培训，让他们具有独立、正确的媒体批判意识，使他们能够抵御大众传媒所产生的不良影响。部分国家政府要求对大中小学实施媒介素养教育，并在学校设立相关的课程。

国内学者认为媒介素养教育的方法基本上有三种：学校教育、社会教育和媒体宣传。其中，学校教育就是将媒介素养教育作为一门学科来让学生学习。家庭教育是通过父母和长辈的指导，使未成年人学会正确选择正确的媒体，进行信息过滤，提高对消极信息的抵制能力。社会教育，则主要是通过一些社会团体、学术机构或研究机构等，通过专题短期课程对成年人进行媒介素养教育。具体到对我国中小学生媒介素养的教育，也可以从很多层面来实施，让学生更多地接触报纸等媒体，并且指导他们阅读，让他们能够识别新闻和广告，确定报纸的正面和负面消息，并且对实际生活有所指导，最终培养他们的理性消费能力，从而提高自身的媒介素养。

在全球化视觉文化传播这样的大环境中，文化传播虽然会显示出不平衡性特点，全球化并不意味着一种文化取代另一种文化的存在，而是"和而不同"，民族文化完全可以和视觉文化相结合，逐步适应社会发展的要求，把独特的民族文化推广到世界各个地方。媒介素养教育主要是培养人们的一种能力，其主要是为了使受众积极主动地正确运用大众传播媒介。建立能够适应我们发展的媒介素养教育体系需要在社会实践中加强多个学科的交流合作。

（高苗　摘）

媒介素养：农民工使用手机情况的调查和分析

——以山东省滨州市农民工为对象

辽宁大学　李卫卫

目前我国的农民工传播的研究较少，特别是农民工使用手机媒体的状况分析更少，且多为期刊短文的形式出现，还没有独力性的研究专著，大多数研究都只停留在微观的个体的描述上，而整体的系统化的理论化研究还呈现出空白状态。

本文通过"媒介素养"理论来分析两代农民工的手机使用情况，主要从媒介素养的角度（媒介使用、媒介认知、媒介评价和媒介参与）分析农民工的手机媒介素养现状，并且发现手机媒介素养存在的问题，从而提出一些提高农民工媒介素养的建议。即用"媒介素养"理论来支撑农民工使用手机媒体的情况和措施分析。

从总体上说，本文主要采用了问卷调查和比较研究相结合的研究方法。在滨州市的无棣、博兴、阳信、惠民的四个县城发放问卷，发放问卷一共二百份，回收的有效问卷共185份。本调查问卷共设了19个问题，而且主要是通过媒介使用、媒介认知、媒介评价和媒介参与这四个方面进行了问卷设计。对比滨州市农民工与郑州市农民工的手机使用情况，同时比较北京市新生代农民工和滨州市第二代农民工手机使用情况，最终得出较为客观可信的有关滨州市农民工的手机使用情况及其手机媒介素养提升建议。

通过对两代农民工使用手机情况的比较分析发现：（1）媒介使用方面，第二代农民工使用手机的功能出现扩大化的趋势。（2）媒介认知方面，手机媒介为第二代农民工实现梦想，获取城市社会资源提供了渠道和途径。（3）媒介评价方面，第二代农民工自身观念发生了很大的变革，所以影响了他们对手机的使用。（4）媒介参与方面，第二代农民工的话语权意识增强，更加希望在网络上发表自己的观点和看法，而且想了解更多的政策，从而来反映自己的情况和状况，让政府和有关部门来了解这一群体，制定切实可行有利于农民工自身发展的政策法规。

从媒介素养的角度进行分析，两代农民工使用手机方面仍然存在下列问题：（1）媒介使用方面，两代农民工对于手机的使用，还是处于一个浅层次的使用状态，浪费了手机的一些实用性的功能。（2）媒介认知方面，农民工在使用中，普遍反映手机上网费用过高，所以限制了很多农民工对于手机的上网功能的使用。（3）媒介评价方面，农民工对于手机信息缺乏自身的判断，很多农民工对于接收的信息都不去求证它的真实性任意地转发，严重影响了信息的传播；娱乐信息受到大多数农民工的青睐，但这也忽视了对其他信息的关注。（4）媒介参与方面，在现实社会中缺乏表达自己观点和意见的途径和载体，所以造成他们很多人都选择沉默的方式，一直处于话语表达的弱势地位；对于网络的依存促使他们缺乏与外界的交流和沟通，更加不利于他们更好地融入城市生活，并且得到城市人的认同。

以下是针对提升第二代农民工媒介素养的建设性的意见和措施：（1）农民工必须注重自身手机媒介素养的提高。（2）政府加大规范和保障农民工手机媒介素养提高的力度。（3）各种大众媒体共同促进农民工手机媒介素养的提升。希望能够起到现实的指导意义，我相信只要我们社会各种力量不断地去积极努力，农民工将会成为这个社会举足轻重的一个群体。

（应通　摘）

媒介素养变量在未成年人社会化过程中的影响研究

——以河南省为例

河南大学　王　敏

未成年人的成长是一个社会化的过程，这一过程理应是有序的，但是大众媒介正在或隐或显地影响着这一过程。笔者结合未成年人的特点及河南地区文化特点，制作了调查问卷。此次调查仅在河南省18个地市未成年人群中进行，为随机抽样调查，发放问卷668份，收回有效问卷668份。此次"河南省未成年人媒介素养调查问卷"共有15道题目，问卷从多个方面探讨未成年人媒介素养的状况，从中我们可以得出关于未成年人媒介素养现状的较为系统的认识。

由问卷分析可知：（1）未成年人对于媒介的社会功能有一定的正确认识。（2）未成年人对于媒介行为的认识和分析能力令人担忧，有一部分未成年人对于媒介采取无条件信任的态度，认为只要媒介上出现的都是可以接受的，这正反映了他们缺乏必要的质疑意识和质疑能力。（3）未成年人接受和使用新媒介能力较强，但是未成年人利用媒介的自控能力还不强，存在着一定的盲目性、随意性，很容易受到媒介本身内容的引导而关注原本不需要的内容，从而偏离其预期的媒介消费需求。（4）未成年人对于媒介信息的解读能力处于较低水平。（5）未成年人参与媒介活动的热情由高到低是电视、网络、广播、报刊；有一部分未成年人能够网上开博或发布信息的能力来自于课堂；很少有未成年人具有发现新鲜事及时联系媒体的意识，这跟他们不关注新闻正相关。

通过上述五个方面的分析，该研究得出结论：未成年人的媒介素养呈现出一种普遍的缺失状态，他们很容易将"媒介真实"与现实生活混为一体，很容易受到媒介环境的负面影响。在这些研究中，我们进一步调查分析了媒介素养与未成年人社会化的关系并提出解决方案。

从河南省未成年人媒介素养的现状可以分析出以下几点：（1）各方对于媒介素养教育的认识不足，在家长和老师的眼里，网络上的不良信息就是未成年人上网过程中最大的问题。（2）对于媒介素养教育的践行不足，没有媒介素养教育的师资保障，媒介素养教育目标就不能付诸实践，提升中国的媒介素养教育水平便只能是一个理想，只能停留在学者研究当中。（3）对于媒介素养教育的能力不足，我省的中小学普遍存在对媒介素养教育重视不够，对媒介素养教育投入不足的问题。

针对以上问题，研究者认为要创建有中国特色的提升未成年人媒介素养的社会工程。实现这一目标，第一要树立有中国特色的未成年人媒介素养教育目标；第二要建构有中国特色的未成年人媒介素养教育结构及内容，包括儿童阶段媒介素养教育与初、高中阶段媒介素养教育；第三要设置有中国特色的未成年人媒介素养教育路径，这里研究者给出了建立河南省中小学媒介素养教育师资培训基地的设想，且认为各方应做好政策建议和理论研究。

（应通　摘）

媒介素养教育视域下的高中语文阅读教学

西南大学　顾玉武

媒介素养教育的相关理论告诉我们，大众传播时代的阅读素养不仅包括纸质媒介的阅读，而且包括对电影、网络、电视等新媒介的数字化阅读。我们已有的阅读素养的理念已经不能适应时代发展的要求了，重构阅读素养迫在眉睫，而媒介素养教育的理论为我们指出了思考的方向。

加拿大提出的媒介素养的"八大理念"蕴含着加强媒介素养教育的必要性与意义，而且对阅读素养有一定的启示：第一，阅读能力不能只停留在理解、鉴赏层面。第二，批判性阅读能力是阅读素养的重要组成部分。第三，数字化阅读是一种极为重要的阅读能力。笔者认为作为大众传播时代的受众，应该具备这样的阅读素养：选择能力、理解能力、质疑能力、批判能力。

同样是语文阅读教学，世界主要发达国家在阅读教学目标的设置上与我国有一定的差别。国外语文阅读教学能力结构呈现出几个特点：低年级重视理解能力，而高年级重视批判性地阅读能力。当然了，媒介素养是阅读教学的重要目标。与此同时，我国语文阅读能力与国外相比，一个很大的不足之处在于阅读材料大多定位为纸质媒介，而且所选取的读物多为经典的文本，对媒介素养关注不够，对学生的批判性阅读能力的培养较欠缺。

与国外语文阅读能力的构成相比，我国语文阅读能力呈现以下几个特点：首先，将"鉴赏"能力的培养提高到前所未有的高度。其次，高度重视阅读过程和方法。然后，有信息素养，无媒介素养。

除此之外，我国的阅读素养理念跟发达国家是有一定的差距的，我们对学生阅读素养的要求是比较低的，尤其是当处于信息高速发展的新媒体时代下，这既不符合世界教育发展的趋势，同时也不能满足青少年的需求。

虽然我国学者们关于阅读能力结构的研究，成绩是显著的，但是受时代发展的限制，在某些地方跟世界发达国家相比还存在一些不足，例如，把不同层级的阅读能力放在同一个平面上并列比较；把不同性质的阅读能力放在同一子系统排列在一起；把阅读表述力（用口头和书面语表达阅读心得的输出能力）排斥在阅读能力之外；把阅读操作技能和阅读能力系统等量齐观；研究的读物主要是纸质媒介。

为了适应大众传播时代，从知、情、意出发，高中生语文阅读素养（这里所讲的阅读载体不限于纸质媒介，阅读材料不限于文学作品）应该包括以下几部分：选择能力；认读理解能力；综合分析能力；鉴赏能力；质疑能力；批判性地评价能力。此外，阅读教学的目的不只是"鉴赏",而是培养学生能适应未来生活的能力。当信息载体在变化,阅读教学的客体也应该变化。我们也要重视学生批判能力培养。

将媒介素养教育与"新闻阅读"教学结合起来,是将媒介素养教育在语文阅读教学中实践的一个途径。但是,仅仅依靠必修教材中的几篇新闻,不足以建立媒介素养教育的平台。新课改之后的《普通高中语文课程标准(实验)》在选修课程中增列了"新闻与传记"系列,"新闻"部分的内容要求高中学生不仅要养成阅读新闻的习惯,也要关心国内外大事及社会生活,能准确、迅速地捕捉基本信息,就所涉及的事件和观点作出自己的评判。当然,阅读新闻、通讯作品,了解其社会功能、体裁特点和构成要素,把握语言特色也是必不可少的。与此同时,尝试新闻、通讯的写作。

(应通 摘)

农村留守儿童的媒介素养教育研究

西南大学 段永利

随着我国现代化和城市化发展的推进,农村留守儿童是其必然产物,由于长期不与父母在一块生活,留守儿童的学习状况、受媒介影响程度、学校和监护人媒介素养教育的缺失,不仅会影响他们每个个体的健康成长,而且将影响到整个社会的和谐发展。

本文采用文献综述、文本分析、个别访谈、实地调查采访的方法,从新闻传播学、社会学、教育学、心理学和艺术学的学科角度,通过对媒介素养、农村留守儿童及其研究范围的界定,梳理和参照国内外对这一课题的研究成果,概括留守儿童媒介素养现状,分析传统媒体和网络媒体对留守儿童的影响。

媒介对儿童产生的影响有三方面:印刷媒介、大众媒介(影视)和新媒介(网络)。而留守儿童因其年龄和知识结构的特定原因,决定了他们只具备阅读初级报刊的能力。在影视媒介方面,笔者认为:主要依靠视觉和听觉的影视媒介,更多强调的是画面质量和声音效果,使得儿童成为"沙发土豆",经常把电视作为同伴或背景音,这根本无法让儿童静下心来去思考文字背后蕴涵的特殊意义。网络对人的影响很大,尤其是对具有强烈求知欲和好奇心的青少年影响更大,不少留守儿童对此表现出特有的兴趣热情,以致沉迷其中,不可自拔。

除此之外,不少大众传播理论研究对媒介素养教育也产生了一些影响。

首先,议程设置理论认为,政府或媒介集团可以通过议程设置,编排儿童节目和电视频道,出版适合儿童身心发展的报纸杂志。通过对内容的适度加工提高儿童媒介素养教育水平。在学校教育中,采用分科设置和综合设置的方式,融入媒介素养课程,加强学生对信息和技术的学习;课余时间有选择地播放一些反映现实生活的影视节目,同时给予引导和解释,培养留守儿童的公民意识和社会责任感;自编实用的媒介素养教育的材料并建立一套科学的教育评估体系。

除此之外,培养分析理论认为,媒介制作者或者教育工作者在增强自身媒介素养的同时,还应对寄宿学校教师进行专业化培训,以便帮助留守儿童提高媒介素养。培训的形式包括:理论与实践并重的媒介素养知识讲授,介绍媒介素养教育背景、内涵和国内外发展现状;制作适合本国国情和儿童喜好的媒介产品。

另外，使用与满足理论认为，就中国而言，提高国内动漫产品质量，减少国外媒介产品的冲击，塑造儿童正确的核心价值观。针对留守儿童喜欢的节目展开分析讨论，初步形成媒介批评的意识和能力。

面对外来文化的侵袭，留守儿童媒介素养教育需要统筹区域的发展，政策建构是保障，家庭、学校和社会教育是核心，艺术教育为辅助。尊重教育对象的现实条件与文化语境，真正达到所谓的"本土化"，只有这样留守儿童媒介素养教育方能得到有效的推广。

（应通　摘）

农村实用信息传播及其对农民媒介素养提升研究

陕西师范大学　胡顺越

我国的农村经济比较落后，基础设施也不完善，传统媒体在信息传播中依然占主导地位，而且，传播的信息相对比较单一，主要以一些惠农政策、科技致富、市场供求、医疗卫生等实用性信息为主。对于文化程度普遍较低、观念相对闭塞的农民来说，这些与生产生活息息相关的信息就显得尤为重要。

在当前得到广泛重视的形势下，农村的信息传播情况有了明显的改善，农民的媒介素养也有所提升，但是，信息传播渠道不够畅通、传播效果也不够理想。这需要大众传媒对农村信息传播给予更多的重视，也需要各方面共同努力提高农民的媒介素养。首先，大众传媒已经成为农民生产生活重要的组成部分，却不能很好地促进农村经济社会发展。其次，农民对信息的理解和应用能力比较弱，大众传媒所传播的信息不能有效促进农民生产生活的改善，这一点突出表现在农业科技信息的传播中。最后，我国农民在信息传播中的参与性远远不够，不能有效地利用媒介资源。

除此之外，农村实用信息传播对农民认识媒介、理解媒介和运用媒介的能力都有一定的积极作用，受众在接受信息的同时也提升了自己的媒介素养，这也相应体现在媒介素养的三个具体方面。在实用信息传播与农民对媒介的认知和利用程度方面：首先，通过接触媒体收益以后，农民自然会更加关注媒体，增加对媒介的接触频率，也会对媒体有一个准确客观的认识。其次，实用信息在农村拥有更广泛的受众。再次，实用信息传播提高了农民对媒介的认知和利用能力。而在对农实用信息传播与农民对信息的辨识和传播情况方面：首先，实用信息最易用常识辨别。其次，实用信息是农民交流、传播的重要内容。大众传媒在实用信息传播活动中对农民的引导方面，第一要点，以农民的需要为最高标准。然后，鼓励互动，参与有奖。除此之外，深入田间地头为农民解决实际问题。最后，农民媒介素养提升对实用信息传播活动存在促进作用。

当然，对农实用信息传播在提升农民媒介素养中也存在问题。首先，传播资源匮乏且不能有效利用。其中包括城乡媒介资源分配不均，新媒体与农民之间距离较大。其次，传播渠道不畅。其中包括信息传播与农民的实际需求相脱节，媒介与受众之间的沟通不到位。最后，传播效果不佳。其中包括传统媒体对农村实用信息传播不够重视，农民自身文化素质普遍偏低，传播活动不能吸引农民积极参与。

针对以上问题，我们也有一些应对策略。第一，增加农村的媒介资源分配，其中包括政府和相关科技文化部门做好宏观调控的工作，传统媒介增加对农实用信息传播的投入，新媒体积极开拓农村市场。第二，确立受众本位，其中包括激发受众参与信息传播的积极性，保证农民话语权、重视受众反馈。第三，增强传播内容的实效性和针对性，其中包括大众传媒增强对信息的把关意识，传播内容应符合农村实际和农民需要，提高媒介工作者素质和能力。第四，提高农民对信息的理解和辨别能力，其中包括增加农村的教育文化投入提升农民的文化素质，走到农民身边进行宣传和讲解。

（应通　摘）

农民工网络媒介素养现状及提升对策研究

——以广州市为例

暨南大学　李洁玉

我们正在步入一个激动人心的网络时代，然而中国规模庞大的 2.4 亿农民工就处于网络鸿沟不幸的一边，受限于自己的经济状况和受教育水平，他们很少有机会参与到以信息、知识、智力为基础的新型经济当中，也很少有机遇参与到在线的教育、娱乐、培训、购物、求职和社会交往当中。让广大农民工共享社会传播资源及互联网发展带来的各种机遇，体现社会公平与正义，具有积极的现实意义。

本文采用的研究方法为实地调查法和文献研究法。本研究的工具是"广州市农民工网络媒介素养调查问卷"。综合农民工文化水平整体相对较低的现实状况以及当前信息社会对人的客观要求，笔者认为农民工的网络媒介内涵应主要包括五个方面的内容，即：上网技能、网络意识、网络利用能力、网络参与能力、网络伦理道德。

从农民工网络媒介使用的基本情况分析出：首先，近八成农民工在工作中基本不需要用到电脑。其次，农民工整体上网率低，新生代农民工经常上网。再次，农民工不上网的主要原因是技能和知识的缺乏。然后，农民工上网地点以网吧为主，手机成为仅次于台式电脑的上网设备。与此同时，近七成农民工上网费用低于 100 元。最后，娱乐消遣和社会交往是主要的上网目的。

从农民工网络媒介素养现状分析可知，首先，农民工上网技能缺乏，网络知识和技能主要通过人际传播习得。其次，农民工网络意识存在偏颇，亟待转变。再次，农民工网络服务使用不充分，利用网络媒介发展自我的能力有待提高。而且农民工网络参与能力较低，未充分行使网络媒介所赋予的话语权。除此之外，农民工具有较好的网络伦理道德修养。

农民工网络媒介素养的现状有几个方面。第一，数字鸿沟的"接入"障碍显著。第二，网络意识淡薄。也存在追求"娱乐至死"的情况，网络媒介使用负向效应明显。网络参与能力弱。

农民工网络媒介素养水平低下的原因有很多，主要是经济收入水平低，文化程度低，而个人主观能动性也有所欠缺。

针对以上问题，提升农民工网络媒介素养的对策为以下几点：1. 提升农民工网络媒介素养的意义。2. 提升农民工网络媒介素养的路径选择。3. 提升农民工网络媒介素养的具体对策。在发挥政府主导性方面：首先，加强互联网基础设施建设，推进农村的信息化进程；其次，强化基础教育，推进信息技术教育；再次，将网络媒介素养教育纳入到农民工职业技能培训体系；然后，加强农民工网络媒介消费公共场所建设；最后，加强互联网监管，构建良好网络环境。在利用资源方面：首先，充分发挥大众传媒的培养作用；其次，充分利用企业的各种资源；再次，充分发挥非政府组织的作用。

（应通　摘）

台湾高校媒体素养通识教育课程设计研究

西南大学　陈美灵

我们已经"迫不及待"地进入到了混合媒体、手机阅读、电子出版、博客直至今天的微博时代。我们越来越深地被包围在媒体给我呈现出的世界中。媒体已经成为影响我们年轻一代意识形态的重要因素。因此，对媒体素养教育的探讨无疑是当前时代下我们需要做并且必要做的事。

本研究的研究方法涉及：文献研究、内容分析、深度访谈、问卷调查、观察法、个案研究等研究方法。本研究的研究对象为台湾高校，主要锁定在政治大学、世新大学、慈济大学这三所高校。研究内容为媒体素养通识教育课程设计。

从宏观层面看台湾媒介素养教育的发展可以看出，解禁以后台湾媒体素养发展非常迅速，但是也带来了利益纷争。可归结为以下两点：首先，媒体商业化的恶性竞争带来低俗化内容；其次，政治力量的纷争导致媒体报道内容的民粹化倾向。除此之外，台湾各界对媒体素养的发展也起了推动作用。民间组织对媒体环境的监控，学术领域也推动了其发展。随着媒介的发展，台湾当局也出台相关政策促进媒体素质教育实践。

从中观层面看台湾高校媒体素养通识教育课程设计要素。在目的方面：首先，媒体素养教育的目的之一在于思维的训练；其次，当有了批判的意识与能力之后，媒体素养教育更为主要的目的还在于从"他"研究到"我"反思的转换。分析台湾高校媒介素养教育的课程内容，我们可以发现其主要包含以下几个方面：首先，分析媒介再现现实的讯息与方式，如分析语言与真实、媒体的叙事方法等；其次，分析媒介真实与现实真实的关系；再次，分析传播新科技与媒介素养，如数码、网络等新的信息技术给人们生活带来的影响；然后，分析媒体产品与消费行为的关系；最后，分析媒介近用与监督媒体以及媒体改造的问题。在教学方法上，台湾高校在进行媒体素养教育时主要采用讲授与讨论相结合的方式。

从微观层面看台湾高校媒体素养通识教育，针对台湾高校媒体素养通识教育的问卷调查可知学生对媒体素养课程的相关看法：第一，对课程名称的态度。课程名应该在一定程度上反映该课的主要思想及内容。第二，独立课程的必要性。虽然这门课教授的内容中有一部分可以在其他课程中学到，但它仍有独立存在的必要。第三，学习目的。就两个学校的统计结果来看，得分最高的都为"了解媒体在社会中的作用及其对阅听人的影响"。第四，教学内容。学生普遍对和他们的生活经历有密切联系的议题较感兴趣。第五，教学方法。分为四大类：以语言传递为主的方法、以直接知觉为主的方法、以实际训练为主的方法、以陶冶为主的方法。

台湾媒体素养通识教育课程设计借鉴价值分析，从宏观层面，学术及民间团体初期有力推动，台湾教育当局及校级高层的支援不足导致媒体素养教育推行受阻。从中观层面，以"师生同学"的课程设计理念贴近媒介素养教育，以实践为导向的课程设计使认知转为行动，学习支持资源的建设将课堂学识转化为实用性的知识。从微观层面，选课学生"类别化"情况明显，学生对课程设计相关要素有不同看法。

（应通　摘）

台湾媒体素养教育：背景、现状与反思

福建师范大学　常志刚

媒体素养教育在海峡两岸传播学和教育学界都已渐成显学。但是当前该领域的学者或将其当做是应用传播学的分支，或当做一种新的教育现象。就政治环境来看，台湾地区特有的政治文化脉络，使得台湾的媒介生态呈现其特有的形态。从学术层面来看，台湾传播学研究开展较之大陆要早，所以传播学的关注视野也较早地延伸到媒体教育这一领域。

裹挟于大陆政治和海洋经济之间的台湾政治文化，使得台湾的媒体发展呈现出特有的逻辑和意理。一、台湾的报业生态。《苹果日报》的出现为台湾报业带来新的布局情势，也引发了新一轮残酷竞争。各报在联合壮大和自力更生之间进行着博弈和抉择，共同做大市场是避免自相残杀的最好途径，然而，电子媒介的冲击又呈势不可挡的包围情势。这是媒介发展过程中必然面对的悖论格局。二、台湾电子媒体生态。电视媒体方面，公共电视台的设立对于台湾媒体生态变化是一个意义重大的举措。另外，台湾电视业态呈现出高度的垄断和寡头独占。网络媒体方面，网络普及率越来越高，但同样产生了很多社会问题。

可以从以下几个方面来窥视台湾媒体教育的现状：一、媒体教育的发展阶段：理念发展阶段（2000年前）、政策确立阶段（2000～2002年）、实践推广阶段（2002年—　）。二、媒体教育的参与主体：社会组织主要有媒体识读教育基金会、富邦文教基金会以及台湾媒体观察教育基金会等；媒体方面主要是台湾公共电视台；学界则是媒体素养研究室在推广和发展媒体素养教育。

当前的台湾媒介素养教育的局限性表现在：理论局限，包括批判取向的游离与变异、核心理论本土化省思的欠缺、与主流媒体相对的另类媒体实践研究屡弱。实践困境，包括阅听人媒体素养意识的缺失；教育政策虽令不从的尴尬；商业性媒体的缺席与回避。

对于台湾媒体教育的理论建构与实践推广，有以下几点建设性反思：一、跳出传统的研究者就事论事的研究方式，抓住媒体教育的本体详加阐述。二、对于新教育理念的"民主"的理论诉求与现实欲望的妥协与抗争，在未来应该进行分析。三、对于"识读"、"素养"这两个概念，台湾学界争执不休，二者貌似针锋相对，实则殊途同归。四、对于大学课程开展和媒体改造与另类媒体实践等方面进行反思。五、台湾媒体素养教育学的理论建立不可避免也理所应当向西方理论借力。

（种聪　摘）

我国中部地区农村消费者的广告素养研究

——基于江西省瑞昌市夏畈镇的调查为视角

江西师范大学　温玲英

广告素养是媒介素养的一个非常重要的组成部分，国内关于农村消费者的广告素养的专门研究几乎没有，只在一些研究农村传播相关课题时涉及一些，但大多数都是侧重围绕传媒与农村农民变化的作用关系进行研究。北京大学陈刚教授对我国农村居民对媒体的消费行为、品牌认识、广告态度、生活关照进行了大范围的调查。调查认为农村媒体市场的特征：农村媒体市场还没有进入多元化时代，电视媒介仍占绝对优势；由于互联网发展较为迅猛，今后有可能发展成为农村的第二媒体；农村人民手机拥有率较高，手机媒体具有很大的发展潜力。

选取江西省瑞昌市东北部的经济重镇——夏畈镇进行随机抽样调查，主要调查农村消费者的媒介接触行为。共发放 227 份问卷，最后得出有效问卷 196 份。得出以下研究结论：

一、农村消费者大众媒介接触行为概况。广播、报纸和电视依旧是农村消费者经常接触的强势媒体，特别是电视，在农村消费者所经常接触的媒体中占着极大的优势。互联网的不断发展，极有可能在短时间内超过杂志报纸，进而成为农村重要媒体。

二、农村消费者广告接触行为概况。1. 广告媒体接触频度。农村消费者接触最频繁和最多的是电视广告，其次是户外广告，对于广播广告和报纸广告接触较少。2. 媒介广告偏好度。各类媒介广告受农村消费者的喜欢程度从高到低，依次为电视广告、户外广告、报纸广告和广播广告。由于电视媒体的霸主地位，故又对农村消费者更容易受电视广告哪种表现类型影响其消费行为做了调查，调查显示，农村消费者偏好并相信"有权威机构认证的或在重要频道播出的广告"。3. 媒介广告的态度方面，关于广告信任度的调查表明，农村消费者对广告信息信任的比例略高于不信任比例 1.5 个百分点；广告满意度的调查显示，八成以上的农村消费者对他们目前所接触到的广告是比较满意的。

此外，农村消费者对广告信息虽有一定的辨识能力，但辨识能力不强，他们一般不会积极主动地思考、理解广告信息，批判性地接受广告所传达的信息的能力，对广告的使用情况也非常少。

在调查的基础上，该研究提出的我国农村消费者广告素养教育实施途径具体有：一、提高农村意见领袖的广告素养来起积极带头作用；二、宣传媒体本身要有意识地针对农村消费者制定一些节目，并做好社会责任本位化；三、政府部门要针对广告素养教育从制定相关政策法规等多方面采取措施；四、农村消费者也应化被动为主动，积极提高自己的广告媒介素养。

（种聪　摘）

西藏自治区领导干部媒介素养调查研究

陕西师范大学　魏　潇

　　社会信息化程度在不断提高，我国对于媒介素养的研究呈现出繁荣景象。鉴于当前在风险社会中不断出现公共危机，国内学者、政府开始对执政者的媒介素养进行关注和反思。但是，在这些研究中，相对于东部发达地区和中部发展地区而言，对西部地区的关注甚少，尤其是少数民族自治区域执政者的媒介素养考查和研究，几乎呈现空白。

　　对于媒介素养概念的界定，有能力说、知识说、理解说几种类型，还有人认为媒介素养是一个"赋权"的过程。执政者的媒介素养除包含普通受众所具备的媒介认知、接触和使用能力以外，还应具有接受舆论监督的素养、科学管理媒介的素养以及利用媒介制定公共政策的素养。

　　在此认知的基础上，采用问卷调查法，以个别访谈作为补充，用2个月的时间对拉萨市187名处级以上干部进行了调查研究。调查内容涉及执政者对媒体性质、作用及政府与媒体关系的认知；日常生活中的媒介接触情况；应对公共突发事件的媒体经验以及对新媒体的认知和态度。

　　调查结果发现西藏地区执法者在媒介认识、媒介接触、媒介使用和参与以及新媒体的接受等方面都存在着不同程度的缺陷。一、媒介认知方面，尚未形成相对完整的认知框架，对媒体的作用和政府与媒体的关系认识尚未厘清；二、媒介接触方面，领导干部接触媒体的主要动机是个人兴趣和习惯的需求，而缺乏主动接触媒体的意识，没有把媒介使用纳入到日常工作的范畴；三、媒介使用和参与方面，领导干部缺少与媒体打交道的经验和能力，在日常接触和危机公关方面都存在较大的提升空间；四、对于新媒体的态度和使用的不足，与领导干部群体的先进性存在偏差。

　　关于西藏地区执政者当前媒介素养现状产生的原因可以从以下几个方面考虑：一、西藏的历史地理和媒介发展环境；二、舆论监督制度本身的缺陷；三、执政者思想认识滞后以及知识的缺乏；四、藏民族文化中的消极部分。

　　对于执政者媒介素养提升，有三个可行途径：一、更新媒介素养教育观念，包括加强执政者的媒介素养教育，保持与时俱进的思想，提高与媒体打交道的能力；二、提升执政者的综合素质，包括提高领导干部的政治素养、人格修养、法律意识；三、建立健全政府信息传播制度，包括建立健全新闻发布制度，建立科学的信息测评体系。

（种聪　摘）

小学低段媒介素养教育课程资源开发研究

杭州师范大学　毕红梅

　　九年一贯制中的小学阶段课程提供给学校20％左右的弹性教学安排，给予学校一定程度的课程自主权以发展校本课程。小学低段的儿童处在皮亚杰认知发展理论中的具体运算

189

阶段，逻辑思维刚刚开始出现，逐渐掌握了类包含概念和群集的概念。因而，媒介素养教育的课程资源可以按照类属的分类方法进行课程开发。

作为媒介素养教育课程的资源，网络音像有高度的综合性、充分的交互性、方便性和快捷性三个显著特点；电视广播、报纸期刊和书籍也都各有优缺点。

对于小学低段媒介素养教育的课程资源开发，有以下几种策略：一、树立正确的媒介素养教育课程资源开发理念。（1）课程开发应引导小学低段儿童媒介素养教育的意识重构；（2）课程开发应提高小学低段儿童使用和分析媒介的能力；（3）课程开发应强调发展小学低段儿童媒介的意识和能力。二、编制有特色的小学低段媒介素养教育的课程内容。（1）课程结构的设计要符合学科的内在逻辑性；（2）教材的编写要适合小学低段儿童的特点；（3）知识的选择要充分融合小学低段师生的经验。三、选择灵活的小学低段媒介素养教育的教学策略。（1）探究体验与批判思考的教学策略；（2）主题透视与价值澄清的教学策略；（3）符号解码与媒介环境解读的教学策略；（4）跨媒体与跨学科的教学策略。四、实施合理的小学低段媒介素养教育的课程评价。（1）树立正确的小学低段媒介素养教育课程评价观；（2）建立合理的小学低段媒介素养教育的课程评价类型；（3）选择合适的小学低段媒介素养教育的课程评价模式。五、建立多元的小学低段媒介素养教育的课程资源开发主体。（1）媒介素养教育课程专家；（2）媒介素养教育社会机构；（3）小学低段教师。

小学低段媒介素养教育课程资源开发在未来将会：一、课程设计日趋成熟，理论研究越发细化。（1）依据已有课程的难易程度设计媒介素养教育课程；（2）主题式跨领域统整课程将成为媒介课程开发的重要资源；（3）媒介素养知识与课程领域知识应并重；（4）应鼓励多版本教材融入媒介素养内容。二、教学实践更加多样，自主研发赋权师生。应设计实践活动前的引导、合理运用奖惩制度、创造宽松的教学氛围、避免教师主观价值涉入、完善配备教材资源。

对于小学低段媒介素养教育课程资源的开发，教育行政机构首先应加速教材的研发工作，其次建立媒介素养教育资源中心，再次建立充足的教师进修渠道，最后发展媒介公民教育的培育工作。教师在教学的过程中，首先要记住媒介素养教育适合融入各个领域教学实施，其次教师应增加灵活变通课程的能力，再次教师应避免主观价值的涉入，最后教师应该在平时多搜集媒介素养相关资料，丰富教学。

（种聪 摘）

新媒体环境下我国青少年媒介素养教育研究

河北经贸大学 宋 爽

当今的新媒体环境主要呈现以下特点：一、新媒体时代的媒介环境错综复杂。一方面，在信息内容的制造和呈现上表现出"低水平满足"的倾向；另一方面，在价值观的引导上出现错位，导致媒介消费主义盛行。二、新媒体虚拟环境传播弊端凸显。新媒体时代呈现出交流平台虚拟化，交流身份匿名性的特征，带来了诸多社会问题，如道德失范、信任危机、信息垃圾、网络犯罪等，给青少年的成长带来极大的危害。

青少年具有独特的心理特征，包括叛逆心理增强，追求个性文化；寻求群体归属感，逃避孤独；主体意识欠缺，惰性心理明显。新媒体环境的特点和青少年独有的心理特征决定了青少年媒介素养教育的必要性。

在新媒体环境下媒介素养教育的概念应包含以下四点内容：培养媒介意识、学习媒介知识、延伸媒介能力、提高网络道德。青少年媒介素养教育的目的就在于培养青少年利用和驾驭媒介的能力。通过这种素质教育，提高青少年辨别、解读、批评和传播信息的能力，近用、善用媒介资源完善自我，参与社会发展。

我国媒介素养教育有以下特点：理论研究内容缺乏新意和深度、研究方法上定性分析多，定量分析少、实践环节严重滞后。目前我国媒介素养教育的形势不容乐观，理论研究缺乏创新性和系统性，实践严重不足。这一现状严重制约着青少年媒介素养水平的提高，甚至是健康成长。

新媒体环境下推行青少年媒介素养教育是一项长期的系统性工程，需要学校、家庭、媒体和政府通力合作。一、学校教育方面，学校教育基于系统性、规模化的正规教学方式和丰富的师资力量，进行媒介素养教育可行性高。学校教育可以从以下方面来努力：确定媒介素养教育的内容，可以概括为了解媒介和了解自己对媒介的需要；培养媒介素养教育的师资力量；开设媒介素养教育课程。二、家庭教育方面，家庭是孩子主要的生活和媒介使用场所。家长可以从培养孩子养成热爱阅读的习惯，指导孩子合理收看电视节目，同孩子一起学习使用网络等方面来着手提高孩子的媒介素养。三、媒体方面，对于媒体来说，提供优质媒介产品从自身发展和承担的社会责任来讲都是必需的。媒体可以做的有以下几个方面：提供媒介设备，对青少年进行媒介技术教育；利用大众媒介普及媒介素养知识。四、政府方面，政府是推动媒介素养教育顺利进行的保障。关于推行青少年媒介素养教育，政府应该加大媒介素养教育的政策支持力度，然后积极营造推行青少年媒介素养教育的社会环境。

（种聪　摘）

新媒体视阈中的大学生道德教育创新研究

山东大学　赵　敏

随着人类社会的发展，媒体形态经历了从传统媒体到新媒体的发展过程。当前新媒体的主要类型有网络媒体、手机媒体、数字电视媒体，具有去中心化的交互性与即时性、高度的自主性和参与性、全球化的共享性和相对封闭的社群化、个性化与受众的分殊化、信息内容的多元化等特征，并具有传播大众文化、引起人们交往方式和社会组织方式的变革、建构公共领域、推进社会民主、影响社会舆论等功能。

新媒体的发展对传统的大学生道德教育理念和方式方法提出了挑战，同时也为道德教育提供了拓展教育载体、传播道德价值、促进教育的互动性及主体性的发挥等机遇，道德教育创新成为其应对挑战与机遇的必然选择。同时，大学生道德教育创新是新媒体环境下实现道德教育意识形态功能的必然需求，是促进大学生全面发展的必然选择，也是实现道德教育现代发展的自身需求。

当前道德教育已经根据新媒体带来的新变化在教育方式、途径等方面进行了有益的探索和尝试，并取得一定成效。但仍存在着运用新媒体的自觉性不强，没有发挥学校、家庭、社会与新媒体教育的合力作用，对新媒体的传播规律把握不准确等问题，存在这些问题的原因主要是道德教育指导理念、模式、内容、方法、途径、队伍建设、新媒体管理机制、教育评价机制与新媒体环境不适应。

因此，在新媒体创设的虚拟与现实共存、多元化的环境下，应创新道德教育指导理念，树立虚拟与现实相结合的整体育人理念，一元主导与包容多样的理念，道德教育价值取向与社会道德整体发展趋向相一致的理念，道德教育内容、方式、方法、途径与新媒体传播规律相一致的理念；应根据新媒体环境的变化，建立新媒体虚拟空间与现实空间结合的道德教育模式，建立学校、社会、家长、学生四位一体的与新媒体相结合的立体教育模式；应注重新媒体环境下道德教育内容的创新，加强大学生社会主义核心价值观教育、公民伦理道德教育、道德选择教育，提升学生整体道德能力和水平；应注重大学生道德教育方法、形式的创新，运用网络媒体、手机媒体等新媒体平台创新德育方法，运用自主性德育、参与式德育、选择性德育、主体间性德育、嵌入式德育等新的德育形式；应注重大学生道德教育途径的创新，伦理规范建设、加强新媒体环境下大学生道德主体的建构，应注重大学生道德教育，加强新媒体环境下的大学生媒介素养教育，加强新媒体与传统媒体的通力合作，发挥媒体的道德教育功能；应创新新媒体环境下的大学生道德教育队伍建设，建立政府、社会、高校组成的队伍建设网络体系，丰富教育队伍的构成，明确队伍的素质要求，加强新媒体管理队伍、新媒体舆论引导队伍、道德教育队伍三支队伍的建设；应着力做好大学生道德教育环境的优化，实现中国传统社会伦理在新媒体带来的信息化、全球化时代的现代转化，优化道德教育的社会环境，建立健全新媒体管理、监控机制，优化新媒体环境，学校加强校园网管理和建设，优化校内教育环境；应创新新媒体环境下大学生道德教育的评价机制，建立新媒体环境下政府、社会、学校、家长四级联动的道德教育评价体系，完善政府对道德教育的奖惩机制。

（杨若翰 摘）

中国式媒介素养教育的本土探索与建构

西南大学 邱 勇

中国本土的历史土壤里蕴含着丰富的媒介素养教育文化资源。从先秦以前"口耳相传"、"实践演示"与文字媒介萌芽，到春秋战国儒道墨法四家所提供的媒介素养教育文化资源，再到中国近现代报纸、电影、广播等对公众媒介素养教育的影响、民国时期相关机构的建立与研究的开展以及中共的新闻教育，直至改革开放后国内媒介素养教育的研究与实践的兴起，这些均是我国媒介素养教育历史文化资源的沉厚积淀。

探索历史对于促进我国的媒介素养教育走向深入具有重要意义。第一，通过探索证明我国古代已有关于媒介素养教育历史文化资源，或隐或现地存在于我国本土文化的丰厚土壤中。第二，通过对我国媒介素养教育历史的探索发现，在我国媒介素养教育或隐或显的痕迹中，相关的产生渠道、宣传方式以及在教育实践中的方法论、课程设置等，皆是我们今天建构中国式媒介素养教育所要借鉴和融合的。第三，我国媒介素养教育的发展一路曲折，随着科学技术的发展与媒介的多元化呈现和广泛应用，媒介素养教育不断从无形到有形凸现，历经孕育到崭露头角，快要达到全民需求的如火如荼时，总遇官方利益的权威灭火或是战争而夭折，这即是当代我国的媒介素养教育正处于迫切的研究与探索实践中而又显得揠苗助长的原因。第四，从历史中可以看到，媒介素养教育的发展渠道都是由民间自下而上地产生和蔓延，若能找到这两个渠道的交汇点并让两个渠道同时发力，我国的媒介素养教育才能达到最佳效果。

在回顾了历史的基础上，再对媒介素养教育面临的难题进行分析可以发现，科举制度的化身——应试教育阻碍媒介素养教育发展。这种阻碍作用其一在于影响了我国媒介素养教育的效果；其二在于对"升学率"的追求严重地阻碍着媒介素养教育的落实和展开；其三在于"望子成龙"心态制约着媒介素养家庭教育的开展。与此同时，中国式现代公民媒介素养教育又是极为必要的。一直以来对于媒介素养教育的渠道存在着"自下而上"和"自上而下"的观点争议，但是这两种渠道并非不可调和，我们可以从其教育目标、教育内容、教育方法等方面可以找到两者的交叉点，针对不同层次的群体，采取多种方法通过正哺、反哺和互哺教育的途径进行共同构建、发展、实施和普及中国式现代公民媒介素养教育，以上的矛盾则不攻自破。

立足基本国情，同时在总结过去与分析难题的基础上，该研究搭建了一个中国式的现代公民媒介素养教育的可行性框架：第一，媒介素养教育要基于学校、社会和家庭的正哺教育，要因地制宜、因人而异，建设可行的媒介素养教育课程模式，在目标上体现媒介素养教育知识、技能、情感态度和价值观的相互统一，在内容上注重解读、反思与近用"媒介"，不仅要大力培养媒介素养教育的师资水平，还要在进行媒介素养教育时讲求方法；此外，媒介素养教育还应寓于社会教育与家庭教育中，注意正哺、反哺教育的结合。第二，重视青少年向年长一代的媒介素养反哺教育，实现信息文化的逆向传播。第三，确立继续教育和终身教育的理念，以多种形式的媒介提升现代公民媒介素养实现互哺的终身教育。

（杨若翰　摘）

终身教育视阈下的媒介素养教育

辽宁大学　王晓卉

在复杂多变的媒介信息面前，如何使受众终身具备对媒体认知、选择、使用和参与的媒介素养，已经成为建构健康媒介生态必不可少的一环，同时也是衡量社会文明的标志之一。该研究对终身教育、媒介素养、媒介素养教育等核心概念及其之间关系进行了分析，从媒介素养教育的方式及内容两方面了解并学习国外及我国香港、台湾地区的理论与实践经验，在此基础上以辽宁省为例在高等教育和社区教育两个领域进行了调查研究和实证分析。

对辽宁省高校在校生媒介素养状况的调查结果显示，高校在校生媒介接触的类型、内容与目的具有群体趋同性，这为终身教育体系下高等教育阶段媒介素养教育提供了方向；由于高等教育阶段的特殊性，学生对自身媒介素养的知识积累充满强烈欲望，这为终身媒介素养的学习提供了动力；高校已经开展了校园媒介活动，虽然学生参与范围并不广泛，但在实践中为学生进行终身媒介素养学习养成了习惯；高校在校生对媒介已经形成一定的认知结构和态度倾向，高等教育阶段的媒介素养教育需要引入"建构主义学习法"；高校在校生在家庭和社会中所受媒介素养教育差距明显，高校的媒介素养教育应在终身教育理念指导下与家庭、社会以及基础教育阶段形成合力。

对辽宁省社区教育中开设与媒介教育相关课程的调查结果显示，目前在终身教育理念的指导下，社区教育工作者们已经充分认识到了媒介知识的重要性，已经将媒介知识的培养列入到社区教育重要课程之内；媒介知识课程目标与内容也能做到与时俱进；同时，媒介知识课程能够得到政府和相关部门一定程度的支持。但是，如今在辽宁省社区教育中方兴未艾的"媒介知识课程"并不是完全意义上的"媒介素养教育"，它们在蓬勃发展的同时也存在着许多亟待解决的问题。我们的社区在终身媒介素养教育中的重点是要作为面向一切居民和各种群体开放的教育场所，满足各类对象对媒介素养教育的特殊需要，开展多元性和有选择性的媒介素养教育。

因此，从我国现阶段实际情况出发，终身媒介素养教育体系建设应遵循以下几条基本原则，即媒介素养教育要遵循以学习者为中心原则、与人生发展阶段相适应的原则和主动提供服务与适时引导相结合的原则。进一步地，该研究提出了以终身教育为理论基础的媒介素养教育发展的多维层次结构、贯穿人生各时期的终身媒介素养教育内容体系：（1）重视家庭教育，充分意识到家庭在媒介素养教育中的重要作用，让家庭成员的媒介素养共同成长。（2）立足学校教育，提高媒介素养教育意识，提升其在学校课程中的地位；科学构建学校媒介素养教育的目标及内容体系；准确把握媒介素养教育模式；建立合理的媒介素养教育师资培养及引进体系；开发适用于媒介素养教育的资源，缩小区域间教育差距。（3）利用社会资源，其中政府发挥主导作用，营造媒介素养教育社会环境；发挥民间机构和社会团体的作用；搭建社区媒介素养教育平台，满足不同受众的需求。（4）发挥传媒功能，其中大众媒介要认清自身责任，形成自律；为公众提供了解媒介以提高媒介素养的机会；发挥媒介的传播优势，推广媒介素养教育。（5）调动学习者自身能动性，这是终身教育理论指导下媒介素养教育的最终诉求。

（杨若翰　摘）

重庆地区大学生网络素养现状及培养研究

重庆大学　陈帆帆

当前，网络传播内容的丰富多元及以手机为代表的移动互联网接入设备的普及加剧了非社会主义核心价值观的自由传播，这对青年大学生的网络使用及信息分辨能力提出了更高的要求。然而现有的教育并不能适应这一要求，因此大学生群体的网络素养状况及培养途径便成为迫切需要关注的问题。该研究对国内外专家学者观点整合梳理，重新阐述了网络素养的概念并设计了相关评判标准，并以重庆地区六所高校在校大学生为研究对象对其媒介素养进行了调查研究。

调查结果显示，网络深度介入大学生的日常学习和生活，成为当之无愧的"第二课堂"，但是大学生存在不同程度的网络依赖心理，与传统媒体的接触频率明显降低；大学生对信息的需求有着很强的现实性、娱乐性特点，对网络信息的信任度较高，对网络媒介的"两面性"有较为清醒的认识；对新事物接受能力比较强，"围观"心态广泛存在，网上行为群组化趋势明显且有较强的维权意识；面临复杂的网络舆论环境并具备基本的信息分辨能力与一定的网络道德观念，但自控能力较差；能够客观评价网络舆论环境，对当前舆论氛围表现出一定的忧虑，但在平衡网络秩序和网民言论自由之间存在着明显的矛盾心理。重庆地区大学生网络素养存在以下不足：网络作为学习工具的职能在弱化、网络道德自律和守法意识程度不高、对网络媒介深层次影响的认识和批判不够等。网络素养教育的欠缺，是导致大学生网络素养存在诸多不足的根本原因。

针对大学生网络素养存在的问题，首先，应该树立网络素养培养观念。其中，政府层面上应加强对网络素养教育的支持力度，认识到网络传播环境下素养教育的必要性和迫切性，加强对西方先进网络素养教育理念的批判性学习，同时鼓励教育机构、社会组织开展网络素养方面的研究和实践，支持把网络素养教育纳入社会教育范畴；高校层面上应充分发挥人才和科技优势，加强网络素养方面的研究，为网络素养教育的开展提供有力支撑，同时结合地区特点，构建网络素养教育模式。其次，应该推动网络素养教育实施。一方面，高校应投入师资力量，积极开设网络素养教育课程并融入日常教学工作中，同时建立科学的网络素养评价体系，促进普及推广；另一方面，大学生应发挥主观能动性，加强学习和自律意识，针对不同程度的网络依赖情况，学会与互联网保持适度距离。最后，还应注重媒介环境熏陶影响。政府应积极利用本地媒介，发挥重庆市主流网站的带头作用，营造健康积极的网络环境，加强我市网络媒体信息对大学生的吸引力，减少大学生与不健康信息的接触空间，给大学生以良性引导；除此之外，高校应利用校园网络媒介，主动走入"第二课堂"，借助校园新闻网、BBS和官方微博等网络构筑健康向上的网络舆论环境，同时把握大学生心理特征，注重信息传播技巧，借助"两面提示"的"免疫效果"，增强大学生对不良信息的抵抗力。

（杨若翰　摘）

重庆市农村初中生媒介素养存在的问题与教育对策研究

西南大学　冯显超

加强对初中生媒介使用的合理引导，进行系统化、规范化、前瞻性的媒介素养教育已成为不可忽视的时代课题。该研究在归纳和总结国内外关于媒介素养教育研究和实践的基础上，对重庆市农村初中生的媒介素养现状进行了实地调查。

调查结果显示：（1）在学生的媒介认知理解能力状况方面，学生对"媒介素养教育"概念和相关知识存在知之甚少或理解有误的情况；对网络的认知还是比较单一、片面的，而且对于网络的利用也很不充分；在媒介内容的理解能力上存在着不同差距；同时大众媒介对初中生学习和生活的影响也有所不同；此外初中生对媒介社会功能的认识还不够完善和全面，尚处于一种主观的自我经验判断状态。（2）在学生的媒介选择评判能力状况方面，初中生在对媒介内容的认同度上存在着差异；同时，面对信息社会中种类繁多、参差不齐的媒介信息，接受调查的初中学生大多都认为他们都具备较高的对信息辨别和筛选的能力，能够正确选择适合自己的媒介信息。（3）在学生的媒介使用参与能力状况方面，大多数学生在学校教育和课本之外获取知识信息的途径主要是网络、电视和书籍三种媒介；人际交往方式依旧是初中生解决日常生活中出现的问题和困难的主要方式，但依赖大众媒介的情况依然不容忽视。

通过对调查问卷结果的梳理和访谈内容的整理，研究者发现重庆市农村初中生媒介素养存在的主要问题有：（1）学生接触媒介类型丰富，网络越来越受欢迎，媒介接触时间增多，但同时人际交往时间减少；此外，学生的媒介接触活动受限，缺乏正确有效的引导。（2）学生的媒介功能使用较单一，基本以娱乐休闲目的为主；他们的媒介互动参与较少，主动传播意识不强。（3）初中生心智发育尚未成熟，媒介素养水平偏低；媒介基础知识缺乏，不良信息抵抗力差；虽然具有一定的辨别能力，但是他们的媒介批判能力仍较为薄弱。

要提升学生的媒介素养，系统的媒介素养教育是最行之有效的方法。针对调查中反映的问题，重庆农村初中生媒介素养教育的目标至少应包括三个层次，即培养初中生的认知理解能力、培养初中生的选择批判能力以及培养初中生的使用和参与能力。其媒介素养教育的内容建构可以描述为一个"微观—中观—宏观—超越"金字塔模式：最底部的是对媒介微观层面的认知，即把媒介的基本常识作为媒介素养教育的内容；往上一层是对媒介中观层面的认知，主要包括辨别媒介信息、了解媒介技术以及树立受众观三个方面的内容；再上一层是对媒介的宏观认知，这是以媒介社会环境为背景，让学生了解媒介产业的社会功能、媒介对社会的影响以及社会因素对媒介的控制；最顶端是超越媒介认知层面，即媒介的使用与表达，包括构建价值体系与提升运用能力。

具体到实施上来说，重庆市农村初中生媒介素养教育的开展可从以下几方面入手：第一是需要家长学校合力，有效引导孩子的媒介接触行为；第二，要转变传统观念，加强对媒介素养教育的重视；第三，要集合各方力量，加强媒介素养教育的基础建设；第四，要合理参考借鉴，探索本土化教育的课程设置模式；第五，要结合生活实践，丰富媒介素养教育的教学活动；最后，还要积极探索研究，构建媒介素养教育的课程评估体系。

（杨若翰　摘）

2012 中国媒介素养研究论文索引

（按首字母排序）

澳大利亚的媒介素养教育及启示/李先锋，董小玉//教育学报，2012.03.38～45

澳大利亚新闻与传播学研究生课程中的媒介素养教育/潘洁//东南传播，2012.10.50～52

"标题党"与媒介生态恶性循环/张涛甫//青年记者，2012.07.40～41

博雅理念下的大学生网络媒介素养教育/文洁//中国电力教育，2012.19.124～125

参与式媒介文化下大学生新媒介素养培育/王莉//现代交际，2012.12.237～237

"超媒介传播"视阈下青少年成长问题透视——兼论实行媒介素养教育/周大勇，王秀艳//吉林师范大学学报（人文社会科学版），2012.03.79～81

长治市居民媒介素养与媒介接触情况调查报告/王嘉//长治学院学报，2012.04.48～51

超越解构主义：新媒体时代之媒介素养教育/何雪莲//教育发展研究，2012.02.24～27

城市近郊失地农民媒介素养现状的调查研究——以苏州市近郊区域为例/王靖，刘卫春//柳州职业技术学院学报，2012.06.16～20

城市融入之推手：新生代农民工的网络媒介素养/杨英新//中国劳动关系学院学报，2012.02.81～85

重庆地区大学生网络素养现状及培养研究/陈帆帆//重庆大学硕士学位论文，2012

重庆市农村初中生媒介素养存在的问题与教育对策研究/冯显超//西南大学硕士学位论文，2012

传播媒介的变迁与媒介素养教育的发展历程/周微娜//传承，2012.16.68～69

从草根运动到政策推动——全球媒介素养教育正走向理性化的发展道路/张开//现代远距离教育，2012.04.38～46

从互联网使用到文化身份认同：以大学生为例的定量研究/冉华，邓倩//现代传播，2012.06.115～118

从孔教大学到孔子学院——中国对外教育交流媒介之嬗变/张亚群//高等教育研究，2012.01.100～106

从媒介控制看微博实名制的实施策略/焦红强//新闻爱好者，2012.09.5～6

从媒介素养到品牌素养——新语境下品牌升值的必由路径/高萍//北京印刷学院学报，2012.05.27～30

从媒体应对到媒介素养——中国职业运动员媒介素养教育探析/岳游松//新闻界，2012.04.70～73

从《搜索》看提升公民媒介素养的重要性/刘婵君//新闻世界，2012.10.174～175

从网络传播的话语模式谈其对青少年的影响/游梦玥//中国电化教育，2012.10.52～56

从网络文化安全的视角谈青少年网络媒介素养教育/黄勤//内蒙古教育，2012.10.5～6

从"谣言惑众"看青少年网民媒介素养培育/张耀珍，叶正刚，唐娟//新闻爱好者，2012.24.33～34

大学教师媒介素养教育研究：现状及对策/李谋冠//中国广播电视学刊，2012.04.68～70

大学生媒介素养表意实践的内因性研究/李楠//白城师范学院学报，2012.06.15～18

大学生媒介素养调查报告——以西南边疆高校红河学院为例/杨佳//牡丹江大学学报，2012.08.134～137

大学生媒介素养教育的重要性及可行性方案/周微娜//传承，2012.18.54～55

大学生媒介素养教育模式的借鉴与建构/李军林//传媒观察，2012.01.36～38

大学生媒介素养教育研究综述/陈爽//北方文学（下旬刊），2012.05.136～137

大学生媒介素养教育刍议/张萍，方婧//湘潮（下半月），2012.05.124～126

大学生媒介素养及其在信息共享空间中的建构/陈维//浙江传媒学院学报，2012.02.101～104

大学生媒介素养现状的分析与启示——以阜阳师范学院为例/邓红影//阜阳师范学院学报（社会科学版），2012.06.126～131

大学生媒介消费与素养现状的实证研究/朱默//新闻世界，2012.12.159～161

大学生网络媒介素养教育的德育价值及其实现路径/李海燕//渤海大学学报（哲学社会科学版），2012.05.121～124

大学生网络媒介素养现状及对策研究/罗佳，杨晓博//中国报业，2012.10.195～196

大学生网络素养及其培育问题研究——以张家口市五所高校为例/肖立新//河北师范大学硕士学位论文，2012

大学生手机媒体媒介素养教育研究/李春梅，李思齐//青年记者，2012.22.94～95

大学生手机依赖症的克服与高校媒介素养教育/王萌//文学界（理论版），2012.05.286～287

大学生新媒介素养调查研究/陈劲新//南昌教育学院学报，2012.11.60～62

大学英语教学中的网络媒介素养教育探析/于莹//北京邮电大学学报（社会科学版），2012.05.9～15

大学语文教学中强化媒介素养教育的思考/徐协//教学研究，2012.05.70～72，76

大众传媒对儿童的正负面影响/张秀丽//新闻爱好者，2012.04.19～20

大众传媒对青少年主体性发挥的影响初探/何晓瑶//中国传媒科技，2012.16.248～249

大众传媒对新世纪儿童电视剧的影响/马力//沈阳师范大学学报（社会科学版），2012.04.82～84

大众传媒时代编辑媒介素养论/乔瑞雪//黑龙江社会科学，2012.03.158～160

大众媒介偶像塑造中的道德缺位及其对策/尹金凤//道德与文明，2012.03.132～136

大中学生媒介素养现状的异同及教育途径/柴迎红，邢子瑶//中国报业，2012.08.79～80

丹东市初中生群体的媒介素养现状研究/丁丽//辽宁大学硕士学位论文，2012

当代大学生媒介素养教育的现状、问题及对策——以福建山区高校大学生为例/金雷磊//新闻世界，2012.05.169～170

当代大学生媒介素养教育现状的实证研究——以武汉地区六所高校为例/徐毅//华中师范大学硕士学位论文，2012

当代大学生新媒介素养的现状及提升/杨真//河南工业大学学报（社会科学版），2012.02.163～166

当代中国网络思想政治教育环境的科学开发/冯国芳，邬思源//学术论坛，2012.12.42～46

当前我国媒介素养研究前沿与热点综述/彭少健//中国广播电视学刊，2012.06.65～67

党政干部媒介素养与突发公共危机事件的应对/朱德林//南都学坛（人文社会科学学报），2012.03.109～112

党政领导干部媒介素养的内涵及其培养/田萱//新闻知识，2012.12.18～19

德育视域青少年媒介素养教育的内涵、价值与策略/朱孔洋//思想理论教育，2012.18.4～8

地方性本科院校新闻学专业学生媒介素养教育现状及途径新探/音坤//黄山学院学报，2012.02.110～114

电视媒介对农村留守儿童社会化的作用及难点/杨斌成//传媒观察，2012.03.26～27

电影《搜索》对网民媒介素养教育的启示/侯晓慧//新闻世界，2012.10.91～93

东西部地区大学生媒介素养现状调查研究——以杭州和西安部分高校为例/韩燕，洪浩轶，刘佳佳//新闻知识，2012.05.29～31

对网络媒介批评缺失的思考/卢迪//新闻爱好者，2012.11.34～35

对新闻传播类大学生媒介素养调查分析——以河北省四所高校为例/冯瑞珍//新闻界，2012.21.70～74

儿童电视广告的诉求对象分析/韩靖//学理论，2012.10.175～176

儿童广告素养的现状及影响因素分析——以广东湖南两地为例/黄丽娟//暨南大学硕士学位论文，2012

儿童媒介教育：历史的考察与现实的追问/李锋//全球教育展望，2012.02.74～80

儿童媒介接触与使用中的家庭因素研究/王倩，李昕言//当代传播，2012.02.111～112

儿童媒介素养教育问题辨析/李树培//教育发展研究，2012.02.28～33

儿童权利、新闻与公众参与（上）——关于2011年度儿童新闻事件的讨论/卜卫//当代传播，2012.02.4～9

儿童权利、新闻与公众参与（下）——关于2011年度儿童新闻事件的讨论/卜卫//当代传播，2012.03.8～10

儿童网络交往的类型特征与意义阐释/李宝敏，李佳//全球教育展望，2012.01.62～67，92

儿童网络素养研究/李宝敏//华东师范大学博士学位论文，2012

儿童网络隐私保护不容忽视/陈建新//标准生活，2012.01.62～63

发达国家数字战略及新媒体在文化教育上的应用/何炜，何云//现代教育技术，2012.04.88～92

非群体化传播时代的青少年媒介素养教育/周伶//长春理工大学学报，2012.04.57～58

非政府组织媒介素养形成机制初探/梁芷铭//东南传播，2012.12.115～116

福建山区高校本科生媒介素养实证调查/金雷磊//三明学院学报，2012.03.81～84

父母因素、抵制效能感与青少年新媒介依赖行为的关系/徐颖，苏少冰，林丹华//心理发展与教育，2012.04.421～427

概念分析视阈的报刊媒介素养研究/葛红，徐晓梅//学术论坛，2012.11.194～197，209

甘肃少数民族地区媒介素养教育研究——以保安族聚居区积石山县为例/王韡龙，张浩//西北人口，2012.04.126～129

高校传媒专业学生全媒体素养培养策略研究/石中军，王朋娇//现代教育技术，2012.04.97～99

高校大学生网络媒介素养教育研究/刘庄，郭瑾//新闻爱好者，2012.08.58～59，70

高校辅导员媒介素养现状调研与对策分析——以北京师范大学为例/张红，张朱博//高校辅导员学刊，2012.03.92～94

高校服务广西新发展视阈下大学生媒介素养教育研究/旷晓霞//中国报业，2012.10.43～44

高校管理者的媒介素养对学生管理效果的影响研究/孙超//西南大学硕士学位论文，2012

高校媒介素养通识教育研究现状/赵越慧//浙江师范大学硕士学位论文，2012

高校校园媒体与媒介素养教育初探/张亚强，马红霞//中国报业，2012.04.269～270

高校新闻发言人的媒介素养/梁利伟//青年记者，2012.14.16～17

高校学生辅导员媒介素养及其提升策略/曾海艳//学术论坛，2012.05.200～203

高校学生管理工作者媒介素养分析与建议/侯爱民//青年记者，2012.20.95～96

高职学生媒介素养状况调查数据分析与理性思考/胡辉平//齐齐哈尔师范高等专科学校学报，2012.02.21～23

高职院校媒介素养教育的独特性分析/胡洪彬//江苏广播电视大学学报，2012.02.37～40

高职语言文化类专业教师新媒介素养调查——以苏州农业职业技术学院为例/陆恩//软件导刊（教育技术），2012.02.63～66

高中媒介素养教育植入式方法实践探索/毕立群，王丽//淮南师范学院学报，2012.02.130～131

个体传播地位的历史变迁与传育的时代命题/夏德元//复旦学报（社会科学版），2012.6.76～83

公共危机视域下的大学生媒介素养教育研究/饶丽虹，夏星//中国管理信息化，2012.17.126～127

公务员媒介素养问题研究/张鑫睿//长春工业大学硕士学位论文，2012

孤儿媒介素养水平与媒介接触习惯的关系——在天津 SOS 儿童村的一项实证研究/许志铭//天津师范大学硕士学位论文，2012

关于数字环境下媒介素养教育主体传播权利的再思考/闫欢//中国广播电视学刊，2012.02.63，68～69

关于网络环境下学生媒介素养的培养研究/郭淑娟//淮海工学院学报（人文社会科学版），2012.16.105～107

关于我国高校大学生媒介素养教育的思考/饶丽虹，夏星//当代经济，2012.20.101～103

广播电视机构在媒介素养教育中的作为/耿乃凡//视听界，2012.03.70～74

广州车陂村居民媒介素养调查研究/张继德//广西大学硕士学位论文，2012

国际中小学母语课程媒介素养教育及启示/李先锋，董小玉//中国电化教育，2012.01.100～103

国内高校推进媒介融合型教育的"冷"思考/宋永琴//现代传播（中国传媒大学学报），2012.09.123～127

国外媒介素养教育案例解析及方法启示研究/姜淑慧//南京师范大学硕士学位论文，2012

国外名校网络公开课对《视觉文化与媒介素养》课程建设的启示/张莹//软件导刊（教育技术），2012.05.61～62

国外中小学媒介素养教育新进展/罗生全，欧露梅//中国电化教育，2012.07.23～28

韩国人推特网络的结构和动态/张德镇，金倚勋//社会学研究，2012.04.127～145

合肥市大学生媒介素养现状研究/周丽娜//安徽医科大学硕士学位论文，2012

和谐社会构建中的媒介素养教育/徐春玲//新闻爱好者，2012.07.25～26

后喻文化时代大学生影视媒介素养的培养策略/李锦云//中南民族人学学报（人文社会科学版），2012.04.165～167

基于博雅理念的"视觉文化与媒介素养"国家精品课程开发与建设/聂竹明等//电化教育研究，2012.08.94～103

基于 CNKI 的大学生媒介素养研究文献计量分析/张永汀//温州职业技术学院学报，2012.03.85～88

基于教育媒介生态环境的大学生媒介素养教育路径/郝志刚//黑龙江教育（高教研究与评估），2012.02.87～88

基于媒介素养的会计专业浸入式教学研究/袁咏平//财会通讯，2012.34.29～31

基于手机媒体的青少年身份认同研究/袁潇//南京邮电大学学报（社会科学版），2012.03.15～19

基于微博平台的大学生媒介素养分析/曹陇华，戴紫娟，张海纳//科学经济社会，2012.02.166～172

基于智能手机媒体的青少年非正式学习研究/王露莹，于勇//现代教育科学，2012.04.64～66

加强大学生媒介素养教育，拓展思想政治工作的途径/王照华//经营与管理，2012.02.125～127

加强媒介素养教育　减少电视负面影响/廖玉娥//浙江传媒学院学报，2012.01.107～109

加拿大媒介素养教育的启示——以大西洋省份初中媒介素养教育为例/刘璐//新闻世界，2012.10.205～206

家庭媒介素养教育：媒介素养教育本土化的重要途径/卢锋，张舒予//电化教育研究，2012.05.11～16

健康传播中健康素养和媒介素养的教育反思/嵇怡，任正安，贺加//中国卫生事业管理，2012.03.216～218

将媒介素养教育纳入军校学员人文素质建构体系/袁莉//语文教学通讯，2012.7～8.124～127

教师媒介素养：意义及建构/孔祥渊//思想理论教育，2012.18.20～24

近代报刊对中国媒介素养的启迪/谢慧铃，赵立新//编辑之友，2012.03.120～121

军校媒介素养教育探讨/邹晶//当代传播，2012.04.92～94

课程群协同进化视野下的《视觉文化与媒介素养》课程建设/赵慧臣，杜华，张舒予//现代远距离教育，2012.05.55～59

利益、媒介素养：都市类报纸媒体暴力成因及对策/沈佳//中国传媒科技，2012.22.192～193

领导干部网络学习制约因素与对策研究——基于山东省干部网络教育平台问卷调查/翟霞//理论学刊，2012.02.87～91

留守儿童生活环境、生存状态与媒介环境调查/杨斌成，许珍花//新闻世界，2012.03.108～109

留守与非留守儿童电视观看与认知的比较实证研究——以广东省揭阳市锡场镇华清村为例/陈映，邹洁凡//东南传播，2012.08.131～133

鲁西地区大学生媒介素养现状调查研究——以聊城大学为例/方婧，张萍//科技信息，2012.34.204

略论数字出版时代的编辑媒介素养/陶克菲，李铁锤//传媒观察，2012.01.39～40

论大学生网络媒介素养及教育途径/吴静//信阳师范学院学报（哲学社会科学版），2012.05.33～35

论大学生新媒体素养对思想政治教育的影响/郭丽萍//国家教育行政学院学报，2012.06.64～67

论地方特色文化资源传播与大学生媒介素养培养——以湖北鄂南地区为例/杜正华//大众文艺，2012.09.283～284

论电视传媒在儿童文化传播中的作用——以哈哈少儿频道为例/徐斌//现代视听，2012.05.24～29

论电子化学习时代媒介素养教育的重要性——以北京市白家庄小学望京校区的调查为

例/张洁，况瑞娟，李篆//中国广播电视学刊，2012.10.61~64

论高校服装表演专业学生媒介素养的培养/徐元//江汉大学学报（社会科学版），2012.03.107~109

论高校媒体议程设置功能与大学生媒介素养的培养/周燕琳//中国报业，2012.02.168~170

论公民记者的媒介素养教育/申金霞//新闻界，2012.09.68~73

论空间教学环境下的大学生媒介素养教育/胡兵//中国传媒科技，2012.18.248~249

论媒介素养教育的核心/黄良奇//中国广播电视学刊，2012.02.73~74

论媒介素养教育的文化立场——一种文化研究的视角/李凡卓//当代教育科学，2012.09.6~9

论农村受众传媒生态失衡及其调适/余玉//中国报业，2012.14.25~28

论视觉文化传播语境下的媒介素养教育/武娟//山西大学硕士学位论文，2012

论网络社会的文化教育生态环境建构/王艳霞，林志淼//甘肃社会科学，2012.03.96~98

论网络舆论风险的生成机制与防范路径/刘吉冬//东南学术，2012.05.258~264

论新媒体传播对青少年个性道德与理性秩序观成长的影响/徐振祥//学术论坛，2012.04.210~212，225

论WEB2.0时代领导干部新媒介素养面临的挑战及提升路径/梅松//湖北行政学院学报，2012.03.28~32

论信息碎片化背景下的中学生网络媒介教育/张长晖//新闻知识，2012.02.83~85

论信息时代背景下网络编辑的媒介素养/董杰//新闻爱好者，2012.21.70~71

论信息自由与信息法律体系——以美国《儿童网络保护法案》事件为例/王慧，欧志英//新世纪图书馆，2012.06.82，83~87

论"自媒体"的兴起与大学生网络媒介素养教育的创新/李凯，梁浩明//东南传播，2012.02.125~126

媒介暴力对农村留守儿童的影响/杨靖//当代传播，2012.04.59~61，64

媒介竞争下电视新闻编辑的基本素养/刘承武//传媒观察，2012.06.60~61

媒介融合背景下新闻摄影记者的专业素养/周春红//新闻爱好者，2012.22.83~84

媒介融合发展与我国高校新闻传播教育的走向/张霆//今传媒，2012.04.138~139

媒介融合环境下新闻采编人员的职业素养/张霆//新闻爱好者，2012.14.59~60

媒介融合环境下政法干警的媒介素养/白东梅//新闻世界，2012.08.284~285

媒介融合时代大学生媒介素养现状研究——以三亚学院为例/肖灿//今传媒，2012.04.43~45

媒介生态学视域下我国电视媒体的发展/吴鑫，冯莉//江海学刊，2012.01.228~233

媒介素养变量在未成年人社会化过程中的影响研究——以河南省为例/王敏//河南大学硕士学位论文，2012

媒介素养教育：当代大学生思想政治教育的新视角/王可欣//内蒙古民族大学学报，2012.03.114~115

媒介素养教育：通讯员培训的重要内容/梁锋//新闻前哨，2012.10.11~13

媒介素养教育：中山市素质教育的新课题/朱鹏//浙江传媒学院学报，2012.03.93~95

媒介素养教育的本土化：从批判主义范式到功能主义范式/李智//现代传播，2012.09.137~138

媒介素养教育的本土实践与推进策略/郑春晔//中国广播电视学刊，2012.02.70~72

媒介素养教育的核心价值取向/任志明//新闻爱好者，2012.10.20~21

媒介素养教育对大学生的影响与对策研究/蒋小花，郎杭芳//科教文汇，2012.22.41~42

媒介素养教育课程本质探讨/张玲，况瑞娟//现代传播，2012.04.127～129

媒介素养教育视野下新疆南疆高校校园安全建设/解庆锋//塔里木大学学报，2012.01.58～63

媒介素养教育视域下的高中语文阅读教学/顾玉武//西南大学硕士学位论文，2012

媒介素养教育与青少年"粉丝"的引导/蔡骐//基础教育论坛，2012.08.5～6

媒介素养理论视阈中的个人影像/阎安//现代视听，2012.04.62～65

媒介素养：农民工使用手机情况的调查和分析——以山东省滨州市农民工为对象/李卫卫//辽宁大学硕士学位论文，2012

"媒介素养"缺失的微观经济学视角初探/吴蓓//贵州师范学院学报，2012.01.13～15

媒介素养融入"现代教育技术"课程改进初探/王刚//长春理工大学学报（社会科学版），2012.05.186～188

媒介素养与高校教师专业发展/王靖，陈卫东，刘卫春//长春大学学报，2012.01.123～126

媒介素养与网络传播"把关人"的颠覆与超越/廖峰//浙江传媒学院学报，2012.01.102～106

媒介素养：政府公信力的基础/张军//青年记者，2012.27.53～54

媒介中的正义暴力对农村留守儿童的影响及对策研究/杨靖//中国青年研究，2012.07.68～72

媒介资源重组与农民工媒介素养研究/徐艳//新闻世界，2012.06.194～195

媒体传播网络与党政干部的媒介素养/张林，李书群//中共乌鲁木齐市委党校学报，2012.03.38～41

媒体的多元取向与青少年成长的价值冲突/范晓光//郑州航空工业管理学院学报（社会科学版），2012.02.141～144

"媒体泛化"对青少年成长影响的分层探究/周大勇//吉林省教育学院学报，2012.05.4～6

媒体时代青少年文化价值建构的批判性反思/冯晨静，张丽敏//人民论坛，2012.20.192～193

媒体文化对青少年生活方式的影响研究/孔国庆//中国青年研究，2012.01.65～67，90

媒体在舆论领导中的问题及对策/陶芊//新闻世界，2012.06.246～247

美育视阈下的大学生媒介素养提升途径探析/陈瑞娟//湖南大众传媒职业技术学院学报，2012.05.62～64

美国K-12媒介素养教育课程及其特点分析/耿益群，刘燕梅//外国中小学教育，2012.02.21～26

美国媒介素养定义的演变和会议主题的变革/陈晓慧，王晓来，张博//中国电化教育，2012.07.19～22，28

美国媒介素养教育的发展、实施及其经验/刘晓敏//外国教育研究，2012.12.60～65

美国网络素养教育现状考察与启示——来自Lee Elementary School的案例/李宝敏，李佳//全球教育展望，2012.10.69～75

民族地区青少年新媒体媒介素养现状与对策分析/邹慧霞，陈崎俊//东南传播，2012.09.123～124

名人如何应对"微博暴力"——从舒淇删微博事件说起/张力丹//新闻世界，2012.09.126～127

农村居民媒介素养实证研究——以吉林省为例/邴冬梅，于天放，李彬//社会科学战线，2012.11.143～146

农村留守儿童的媒介素养教育研究/段永利//西南大学硕士学位论文，2012

农村留守儿童媒介使用与媒介素养现状研究/郑素侠//郑州大学学报（哲学社会科学版），2012.02.157～160

农村留守儿童媒介素养教育的参与式视角/鲁楠//新闻爱好者，2012.24.4～5

农村媒介素养教育的特点探析/吴玲玲//青年记者，2012.36.36～37

农村女性媒介素养调查——以贵州省毕节市林口镇为例/凌菁，陈雨曦//新闻世界，2012.08.201～202

农村实用信息传播及其对农民媒介素养提升研究/胡顺越//陕西师范大学硕士学位论文，2012

农村中小学教师媒介素养状况的调查研究/郭依林，王德清//教学与管理（中学版），2012.04.38～40

农民工媒介素养现状的调查研究——以宁波大学建筑工地为个案/宁波大学夏之韵暑期社会实践课题组，王海燕//东南传播，2012.02.55～57

农民工网络媒介素养现状及提升对策研究——以广州市为例/李洁玉//暨南大学硕士学位论文，2012

培养21世纪本领：浙江省媒介素养教育的目标实践/李月莲，王天德//中国广播电视学刊，2012.04.64～65

企业员工媒介素养教育的创新模式研究/孙素华//中国商贸，2012.07.132～133

浅论网络时代聋人大学生的媒介素养教育/韩梅，贾林，袁群//教育与职业，2012.27.175～176

浅论我国高校媒介素养的教育问题/高辛凡//经济研究导刊，2012.08.247～248

浅谈党报文化传播对当代青少年思想政治素质的影响/徐世勇//中国报业，2012.02.49～50

浅谈全媒体时代全面提高媒介公民的媒介素养/徐震洲//中国广播电视学刊，2012.10.60～61

浅谈新媒体环境下党政干部媒介素养的构建/周珂//吉林省教育学院学报，2012.01.71～72

浅析当代大学生媒介素养教育的现状及对策/马芹//镇江高专学报，2012.03.67～69

浅析交通部门干部的媒介素养构建/于晨晖//新闻世界，2012.06.288～289

浅析护理专业本科生媒介素养教育/周晓熙，唐四元//护理研究，2012.22.2017～2019

浅析少数民族大学生媒介素养教育与民族文化传播/常凌翀//理论界，2012.06.157～159

浅析网络编辑的媒介素养/李林容//出版发行研究，2012.10.44～46

浅析我国地方广播电视从业人员的媒介素养现状/孙瑾//中国传媒科技，2012.04.17～19

浅析我国高校大学生媒介素养教育/张晔//知识经济，2012.15.175～176

浅议高校校报学生采编队伍媒介素养的提升/蒋立宏//中国报业，2012.02.38～40

浅议媒介素养的认知与提高——以"张悟本现象"为例/李长月，杨芸//新闻传播，2012.07.19～20

浅议媒介素养教育在高校思想政治工作中的作用/商霄//中国报业，2012.04.265～266

浅议网络时代领导干部媒介素养问题/叶姝//学习论坛，2012.09.53～54

浅议信息时代背景下秘书的媒介素养/吴思佳//秘书之友，2012.10.12～14

浅议英语报刊教学与学生媒介素养教育/井媛//科教文汇（上旬刊），2012.01.120，159

青少年对广告负面影响的第三人效果研究/曾秀芹，熊慧//国际新闻界，2012.04.19～24

青少年媒介素养教育现状及其发展策略：基于成都市青少年媒介素养现状调查的研究/林三芳//四川师范大学学报（社会科学版），2012.04.122～128

青少年媒体使用习惯与暴力行为倾向调查/张学民，刘畅，张丽娜，傅鑫媛，孙发伟，

王浪浪//当代青年研究，2012.11.21~26

青少年偶像和榜样的社会示范与传播路径/邱伟光//思想理论教育，2012.14.4~7

青少年受体育媒介影响的问卷调查研究/李建华//中国报业，2012.10.155~156

青少年网络暴力：一种网络社区与个体生活环境的互动建构行为/江根源//新闻大学，2012.01.116~124

全媒体时代的新媒介素养教育/余秀才//现代传播（中国传媒大学学报），2012.02.116~119

全媒体时代公共图书馆开展媒介素养教育探微/王雅丽//图书馆工作与研究，2012.08.17~20

全媒体时代新闻人应具备的媒介素养/尹靓//青年记者，2012.03.44~45

日本广播电视机构媒介素养实践研究/高昊//新闻界，2012.22.67~72

日本文化传播对中国青少年社会化的影响研究/王继鹏//重庆科技学院学报（社会科学版），2012.18.154~156

"融媒时代"的高校图书馆馆员媒介素养初探/高翠林//河北科技图苑，2012.06.35~37

三网融合下的媒体人媒介素养问题研究/张洋，李燕临//今传媒，2012.12.98~99

陕南90后大学生媒介素养调查——以陕西理工学院为例/祝传鹏//牡丹江教育学院学报，2012.06.97~98

山寨文化背景下的大学生媒介素养教育/姜小凌，刘飞红//湖北文理学院学报，2012.07.83~88

上海少年儿童新媒体使用、评价的调查与思考/林频//上海青年管理干部学院学报，2012.03.46~49

上海市儿童新媒体使用情况的调查与思考/林频//少年儿童研究，2012.02.4~7

少年儿童新媒体使用情况解析/林频，倪琳//当代青年研究，2012.07.25~29

少年儿童阅读需求及阅读引导效果实证研究——基于新闻出版总署发布的少年儿童推荐书目/邓香莲//出版科学，2012.02.70~73

社会公众参与媒介素养教育的现状与对策研究/肖国飞//中国广播电视学刊，2012.10.55~57

社会公众利用微博非理性地自我赋权的治理策略研究/曹繁荣//中国传媒科技，2012.08.108~109

社会资本对参与式媒介素养的影响机制/严威，杨鹏//中国广播电视学刊，2012.12.65~66

社交媒体与青少年的政治社会化：以微博自荐参选事件为例/卢家银//中国青年研究，2012.08.35~41

"视觉文化与媒介素养"课程核心理念与教学设计/张舒予//现代远程教育研究，2012.02.38~43

试论媒体融合背景下网络编辑的媒介素养/李青//今传媒，2012.04.129~131

试论信息时代教师专业发展的媒介素养之维/李庆华，郝娅杰//中国成人教育，2012.18.5~7

试析公务员媒介传播角色与素养提升/白传之//现代传播，2012.05.124~126

试析基于新媒体艺术的媒介素养创新教育的可能性/阮艳//文学界（理论版），2012.10.402~403

试析以女大学生为对象的性别文化传播现状——兼论寓于其中的大学生媒介素养教育/阮艳//剑南文学（经典教苑），2012.10.224~225

手机不良信息对青少年的影响及媒介素养教育对策/温凤鸣，侯晓慧//东南传播，2012.12.71~73

手机媒体环境下的大学生媒介素养教育/王秋//编辑学刊，2012.05.42～44

受众媒介素养提升中的媒体作用/杜伶俐//新闻世界，2012.04.32～33

数字化时代网民媒介素养非理性表征原因探析/徐君康//中国出版，2012.06.27～29

数字时代背景下中国媒介素养教育的当下选择——西方媒介素养教育范式的演进及其启示/邱昊//湖南师范大学教育科学学报，2012.04.103～106

数字时代编辑的传播理念与媒介素养探析/乔瑞雪//中国报业，2012.02.66～67

数字时代高校媒介素养教育与大学生公民意识培育的关系探析/邱昊//东南传播，2012.01.104～105

数字素养：新数字鸿沟背景下的媒介素养教育新走向/李德刚//思想理论教育，2012.18.9～13

思考提升大学生媒介素养的途径/张智华//群文天地，2012.16.138～139

台湾高校媒体素养通识教育课程设计研究/陈美灵//西南大学硕士学位论文，2012

台湾媒体素养教育：背景、现状与反思/常志刚//福建师范大学硕士学位论文，2012

谈新媒体对少年儿童的影响/杨子彦//少年儿童研究，2012.10.42～43

提高官员政务微博媒介素养的策略研究/王娟//现代传播（中国传媒大学学报），2012.04.153～154

提高领导干部媒介素养的思考/吴根平//辽宁行政学院学报，2012.04.70～72

提高我区领导干部媒介素养的思考/谢会时，尉朝阳//西藏发展论坛，2012.04.52～56

提高幼儿教师媒介素养的策略探析/杨洁//四川教育学院学报，2012.11.17～19

提升农村居民媒介素养的对策探讨/胡娅莉，胡劲松//新闻世界，2012.04.7～8

童年的消逝：当前小学低段媒介素养教育的一种隐忧/毕红梅//基础教育研究，2012.01.6～7

凸显与表达：媒体时代青少年文化价值意识的多维镜像/杨斌，卢艳荣//中国报业，2012.06.159～160

网络道德失范的类型、特质及其应对路径/彭小兰，李萍//深圳大学学报（人文社会科学版），2012.05.65～70

网络环境下领导干部媒介素养的培养和提升/周韬//闽江学院学报，2012.01.48～52

网络媒介素养测量研究的现状分析及问卷设计/尚靖君，杨兆山//东北师大学报（哲学社会科学版），2012.05.232～235

网络媒介素养培养的策略/王成宇//科技传播，2012.12.7，10

网络时代领导干部的媒介素养/杜骏飞//新理财（政府理财），2012.10.84～85

网络时代提高大学英语教学效能的策略探究——以媒介素养教育为研究视阈/蒋学清，陈杰//现代传播（中国传媒大学学报），2012.08.117～120

网络水军的负效应与网络媒介素养的提升/杨衡//东南传播，2012.11.6～8

网络文化安全视角下的大学生网络媒介素养教育/刘东岳，高银玲//才智，2012.12.281～282

网络文化对我国青少年道德发展的影响/张茂聪//山东社会科学，2012.01.46～51

网络问政与新形势下党的群众工作探析/唐富满//学术论坛，2012.07.30～34

网络谣言的传播学分析/楼旭东，李斐//今传媒，2012.07.18～21

网民传媒素养对舆论监督水平的影响/党静萍//中国广播电视学刊，2012.06.68～70

微博传播功能的负效应及其治理/李建伟，郭文嘉//中州学刊，2012.06.206～208

微博传播功能的负效应及治理策略/代平//新闻世界，2012.09.86

微博传播与网络公共领域建构——以"随手拍照解救乞讨儿童"为例/韩峰，高红超//

新闻世界，2012.04.102～103

微博传播中的网民媒介素养分析/卫毅//科教导刊，2012.32.221，227

微博环境下的媒介素养教育：现实关怀与理论观照/张军芳，张晨阳//中国成人教育，2012.15.5～7

微博时代高校图书馆开展大学生媒介信息素养教育研究/王芩//情报探索，2012.03.94～96

微博中受众媒介素养的培育/王筱孛//今传媒，2012.01.87～88

微博营销异化问题论析/梁雪梅//东南传播，2012.02.69～71

"微"传播语境下大学生媒介素养教育的思考/高国伟，阎高程//学校党建与思想教育，2012.10.79～81

"微"传播语境下大学生媒介素养教育的挑战与应对/李杉//新西部下半月，2012.01.186～187

"微"传播语境下大学生媒介素养教育探究/李杉//世纪桥，2012.05.148～149，154

"文化孤岛"中回族儿童的文化传承研究——基于五顷塬回族自治乡龙咀子村的田野调查/王芳，曹馨月//当代传播，2012.04.74～76，84

我国大众媒介受众定位的不平衡性及解决途径/李染梦//今传媒，2012.05.19～20

我国儿童网络隐私权的保护研究/蒋玲，潘云涛//图书馆学研究，2012.17.55，91～93

我国高校媒介素养教育研究/焦红强//黄河水利职业技术学院学报，2012.01.75～78

我国高校新媒介素养教育之方法/高文苗//学术交流，2012.08.206～208

我国公民媒介素养教育发展路径探析/郑晓燕//老区建设，2012.16.45～49

我国媒介素养教育目标体系的建构/李德刚//教育学报，2012.03.30～37

我国"网络媒介审判"现象的分析及防范策略/黄茜//今传媒，2012.02.31～33

我国执政者的媒介素养：局限、成因及超越/张骞//湖北社会科学，2012.03.37～39

我国中部地区农村消费者的广告素养研究——基于江西省瑞昌市夏畈镇的调查为视角/温玲英//江西师范大学硕士学位论文，2012

武汉大学生媒介素养现状调查/刘杰，陈燕//新闻世界，2012.08.192～194

西方传媒保护儿童权利的法律规范与自律体系分析/董书华//中国广播，2012.10.62～64

西南边疆地区信息传播与社会和谐稳定关系研究扫描与前瞻/徐健//新闻知识，2012.01.5，12～14

西南地区高校师生媒介素养调研分析——以广西民族师范学院、玉林师范学院、河池学院为例/黄彩红//广西职业技术学院学报，2012.05.72～76

西藏大学生媒介素养状况及媒介素养教育路径/常凌翀//阿坝师范高等专科学校学报，2012.02.96～99

西藏自治区领导干部媒介素养调查研究/魏潇//陕西师范大学硕士学位论文，2012

现代风险社会视角下的传播研究——从新浪微博、腾讯微博关闭评论说起/周静//今传媒，2012.08.25～26

现代远程开放教育学生的媒介素养调查分析/朱庆好//贵州师范大学学报（社会科学版），2012.01.132～136

消费社会语境下图书娱乐化现象批判/谢诗敏//出版发行研究，2012.03.18～20

小学低段媒介素养教育课程资源开发研究/毕红梅//杭州师范大学硕士学位论文，2012

新疆高职学生媒介素养现状调查与分析/葛苑菲，张美玲//新疆职业大学学报，2012.04.14～18

新疆南疆高校各民族大学生媒介素养测评方法与指标体系研究/解庆锋//东南传播，2012.08.107～109

新技术条件下西藏藏族大学生媒介素养状况实证分析与比较研究——以拉萨和咸阳两地为例/常凌翀//西藏民族学院学报（哲学社会科学版），2012.04.91~97

心理学视角下的"儿童媒介素养教育"/李蕊//大众科技，2012.04.200~202

新媒介对青年休闲娱乐的影响研究/刘庆庆，杨守鸿，陈科//重庆大学学报（社会科学版），2012.01.143~147

新媒介环境下大学生网络素养教育的内涵/冯华，卿志军//新闻窗，2012.01.79~80

新媒介环境下的大学生广告素养研究——以手机和网络广告为例/李薇//新闻界，2012.09.33~36

新媒介生态视域下大学生媒介素养教育/朱琳//中国轻工教育，2012.05.26~28

新媒介时代大学生媒介素养教育的模式研究/焦红强//河南教育，2012.04.5~6

新媒介视阈下高校图书馆员媒介素养研究/郭彩峰//图书馆界，2012.03.8~10

新媒介素养教育与公民参与教育融合分析/陈苗苗//思想理论教育，2012.18.14~19

新媒介语境下大学生媒介素养的优化/李喜镟//赤峰学院学报（汉文哲学社会科学版），2012.05.261~263

新媒体背景下的青少年媒介素养研究/张雪黎，胡凌霞//山东省团校学报，2012.06.49~52

新媒体对青少年成长的影响及教育对策/张军辉//安庆师范学院学报（社会科学版），2012.01.141~145

新媒体对青少年的影响和对策分析——以网络和手机为例/陈阳//内蒙古农业大学学报（社会科学版），2012.03.264~265，292

新媒体环境下大学生媒介素养教育途径探析/张娓娓，王韦达，宗韵，刘侃//新闻传播，2012.08.130~131

新媒体环境下公务员传媒素养对执政能力的影响/党静萍//中国广播电视学刊，2012.12.67~69

新媒体环境下公众媒介素养的养成/张军，米如群//湖北社会科学，2012.11.193~195

新媒体环境下老年群体媒介素养教育探讨/丁卓菁//新闻大学，2012.03.116~121

新媒体环境下我国青少年媒介素养教育研究/宋爽//河北经贸大学硕士学位论文，2012

新媒体环境下新闻发言人的媒介素养/李贞//新闻世界，2012.09.219~220

新媒体技术在教育中的应用趋势研究——对历年《地平线报告》的元分析/牟智佳，张文兰//电化教育研究，2012.05.22~27

新媒体时代大学生媒介素养教育研究/刘可文//新闻窗，2012.04.67~68

新媒体时代大学生媒介素养问题思考/王莲华//上海师范大学学报（哲学社会科学版），2012.03.108~116

新媒体时代大学生思政教育工作的思考/洪昀//国家教育行政学院学报，2012.12.68~71

新媒体时代的青少年同一性危机与媒体素养教育/宋春蕾，徐光兴//新闻界，2012.11.72~75

新媒体时代的文化景观与应对策略/周星//艺术百家（双月刊），2012.04.23~33

新媒体时代高校大学生媒介素养的理性分析——以河南省高校大学生的实证研究为例/史雅娟//河南工业大学学报（社会科学版），2012.04.159~162，166

"新媒体"时代高校媒介素养教育与文化建设/陈媛媛//中国—东盟博览，2012.06.53~54

新媒体时代拍客的媒介素养/杨建荣//青年记者，2012.26.77~78

新媒体时代受众媒介素养提升之道/王静梓//东南传播，2012.09.114~115

新媒体时代透视青少年"屌丝"文化现象/王玉香//中国青年研究，2012.09.85~88

新媒体时代突发事件的网络传播分析——以"西安11·14餐饮店铺爆炸事件"为例/

方亭//新闻爱好者，2012.06.13～14

新媒体视阈中的大学生道德教育创新研究/赵敏//山东大学博士学位论文，2012

新媒体与儿童学业成绩、智力发展的关系研究/朱学文，吕国光//电化教育研究，2012.07.28～31

新媒体语境下大学生媒介素养动态研究/王劲松//新乡学院学报（社会科学版），2012.01.174～176

新媒体语境下的媒介素养建构/赵红勋//声屏世界，2012.04.55～56

新生代农民工媒介素养对其城市融入的影响探讨/陈芳//中国报业，2012.24.161～162

新网络环境下高校辅导员媒介素养的提升研究/刘芳//中国报业，2012.02.187～188

新闻发言人的媒介素养/陆高峰//青年记者，2012.33.103

新型媒介素养课程的策略与教法/王帆//新闻界，2012.11.68～71

信息传播环境下的媒介素养研究/田少华，李倩岚//大众文艺，2012.16.164～165

信息化视野中的教育均衡发展：关系、命题与对策/胡钦太//华南师范大学学报（社会科学版），2012.06.29～34

信息时代欧洲媒介素养体系的构建——一种政府主导，多政府部门支持的模式/王润珏//新闻界，2012.08.3～7

信息时代中学教师媒介素养的建构及意义/胡征兵，谢小静//中国教育技术装备，2012.27.6～8

形式还原与媒介自觉——关于"新媒介批评"的构想/周述波//南方文坛，2012.02.68～71

研究综述：海外媒介对青少年价值观的影响/杨银娟//新闻界，2012.09.55～59

应当对中小学干部教师进行媒介素养培训/张彦春//北京教育学院学报，2012.04.4～11

英国高校媒介素养教育的特点及启示/潘有志//教育探索，2012.06.158～159

英语报刊教学与媒介素养教育——南京地区十所高校英语报刊媒介素养调查报告/端木义万，郑志恒，赵虹//山东外语教学，2012.05.43～47，52

英语报刊阅读教学与媒介素养培养/孙姣夏//齐齐哈尔师范高等专科学校学报，2012.03.117～119

用新闻教学提升聋生的媒介素养/袁芯//现代特殊教育，2012.06.20～22

拥有≠会用：城市小学生媒介素养亟待提升——以北京市某所城区小学的全校调研为例/张洁，况瑞娟，李篆//中小学管理，2012.09.42～45

由"少女毁容案"看网络传播语境下受众心理特点/杨婧//东南传播，2012.07.84～85

再谈对媒介素养及其教育的一点认识/张智华//文学界，2012.282～283

政府的媒介素养与重大突发事件的处理/裴志林，张传香//学习与探索，2012.06.53～55

政府网络舆情理念与媒介素养的培养/高苑敏//新闻世界，2012.10.65～67

知识可视化与网络媒介素养教育的相关性探析/邓红影//宿州学院学报，2012.12.92～96

中国式媒介素养教育的本土探索与建构/邱勇//西南大学硕士学位论文，2012

中国知识精英媒介素养现状研究/张志安//同济大学学报（社会科学版），2012.03.47～54

中小学媒介素养教育的内容与策略研究/胡来林//教育教学论坛，2012.01.32～35

中小学生媒介素养教育内容初探/廖玉娥//龙岩学院学报，2012.S1.55～58

中西方关于电视对儿童社会化影响的比较研究/杨斌成//钦州学院学报，2012.04.56～59

中学媒介素养教育的目标、内容和策略——以深圳市龙城高级中学为例/余军奇//中国教育学刊，2012.09.28～31

中职生媒介素养现状的调查研究——以河南省部分中职院校为例/冯小燕，滕丽莎，胡金艳//中国现代教育装备，2012.18.41～43

终身教育视域下的媒介素养教育/王晓卉//辽宁大学硕士学位论文，2012

主动与被动：儿童收视行为的两面性/徐小立，刘姿均//当代传播，2012.01.39～41

主体之美：新媒体传播对青少年道德理性发展的影响/徐振祥//新闻界，2012.09.37～41

壮族高中生媒介素养教育现状调查与分析/黄勤//软件导刊（教育技术），2012.03.52～56

资讯时代农民工的媒介素养教育问题/王琦//新闻爱好者，2012.24.9～10

自媒体对青少年社会化的影响及教育应对/洪明//中国广播电视学刊，2012.06.1

自媒体环境下领导干部媒介素养的局限、原因与对策/汤兆武//中国广播电视学刊，2012.12.62～64

自媒体时代的网络流言、舆情分析与应对/杨晓//新闻爱好者，2012.07.20～22

自媒体时代培养大学生媒介素养的探究/杨晓宁//科教导刊，2012.22.61～62

走向媒介文化批评——媒介素养教育的理论反思与展望/李凡卓//现代大学教育，2012.03.16～21

图书在版编目（CIP）数据

2012中国媒介素养研究年度报告/ 彭少健主编.—北京：中国
国际广播出版社，2014.1
ISBN 978-7-5078-3685-1

Ⅰ.①2… Ⅱ.①彭… Ⅲ.①传播媒介－研究报告－中国－2012
Ⅳ.①G219.2

中国版本图书馆CIP数据核字（2013）第278507号

2012中国媒介素养研究年度报告

主　　编	彭少健	
责任编辑	祝　晔	
版式设计	国广设计室	
责任校对	徐秀英	
出版发行	中国国际广播出版社（83139469　83139489[传真]）	
社　　址	北京复兴门外大街2号（国家广电总局内）	
	邮编：100866	
网　　址	www.chirp.com.cn	
经　　销	新华书店	
印　　刷	北京艺堂印刷有限公司	
开　　本	710×1000　1/16	
字　　数	300千字	
印　　张	14	
版　　次	2014年1月 北京第一版	
印　　次	2014年1月 第一次印刷	
书　　号	ISBN 978-7-5078-3685-1 / G・1415	
定　　价	42.00元	

CRI
中国国际广播出版社

欢迎关注本社新浪官方微博
官方网站 www.chirp.cn